킹콩샘의
어린이 글쓰기 수업

킹콩샘의
어린이
글쓰기
수업

글 쓰 기 로
삶 을 가 꾸 는 교 실

윤일호 씀

지식프레임

　2023년 7월, 서울 한 학교에서 갓 2년 차 선생님이 돌아가셨어요. 학교에서 돌아가셨다는 것도, 2년 차 새내기 교사라는 사실도 모두 충격이었지요. 그때 이후 주마다 토요일에 집회가 열렸고, 7차 집회에는 20만 명이 넘는 교사들이 여의도 국회의사당 앞에 모였어요. 진실이 밝혀지기를 바라는 마음, 교육공동체를 회복하고, 교권이 보호되는 교실을 바라는 교사들 마음이지요. 그런데도 학교 현장은 마치 집단 우울증에 걸린 것처럼 분위기가 처지고, 많은 교사들이 힘들어하고 있어요. 또렷한 대책이 필요한데 부디 그 실마리를 찾았으면 좋겠어요.

　교사와 아이가 모두 즐겁고 행복해야 할 교실이 고소·고발이 난무하는 세상이 되었다는 게 서글픕니다. 아침에 학교에 가는 것이 즐거워야 하는데 그렇지 않은 교사들이 많다는 이야기도 들립니다. 물론 아이들도 그렇고요. 그렇다면 학교가 있어야 할 까닭이 사라지고 맙니다. 이오덕 선생님이 살아계셨다면 이런 뼈아픈 현실을 보시고 뭐라 말씀하셨을까 궁금해지네요. 우울하고 슬픈 교실보다 배우고 가르치며 행복과 꿈을 나눌 수 있는 교실이면 좋겠습니다. 선배 교사들이 그랬던 것처럼 지극히 평범하게 제자들이 커가는 모습을 보며 보람을 찾는 직업이면 좋겠습니다.

이런 어려운 현실에 교사는 21세기 학교에서 아이들에게 무엇을 가르치고 나누어야 할까요? 미래 교육이란 말로 AI, 에듀테크, 메타버스, 디지털 트랜스포메이션 따위 말이 지나칠 만큼 넘쳐납니다. 하지만 마치 이런 것이 미래 교육이라는 말에는 전혀 동의가 되지 않습니다. 이런 때일수록 오히려 학교 교육이 기본으로 돌아가야 한다고 생각해요. 그 기본은 몸을 많이 움직이고 쓰는 교육 말입니다. 그런데 갈수록 학교 현장은 아이들과 밖에서 활동할 수 있는 일을 안전과 책임이라는 굴레를 씌워 못 하게 막고 있는 건 아닌지 생각해볼 일입니다. 나이가 어릴수록 머리로만 이해하고 몸으로 겪지 않는 교육은 허상일 수 있어요.

교실에서 마음이 아픈 아이를 종종 만납니다. 교사의 말을 따르지 않는 아이와 어떻게 소통하고 나누어야 할지 난감하다는 교사가 많습니다. 어떻게 무엇으로 풀어갈까 고민스럽기만 합니다. 그럴 때 글쓰기도 한 방법으로 아주 유용하다는 걸 새삼 깨닫게 됩니다. 삶을 가꾸는 데 글쓰기만큼 좋은 게 없다는 건 조금이라도 글쓰기에 관심 있는 사람이면 알고 있지요. 교실에서 글쓰기를 하지 않는 풍경은 이제 흔하기에 역설로 글쓰기가 더욱 필요하지 않을까 싶어요.

마음이 아픈 교사와 아이들이 글쓰기로 치유하는 교실을 만들어보면 어떨까 싶어요. 교사는 교실 일기로, 아이들은 일기나 서사문으로 내 이야기를 풀어내고, 자연스레 내 둘레 이야기까지 풀어내면서 조금씩 마음을 열어가다 보면 서로 아픈 마음도 살피게 되고, 이해하는 마음도 생길 겁니다. 여러 가지 글쓰기 방법도 배우고 깨치면서 새로운 시선으로 글쓰기도 할 수 있게 되겠고요.

이 책에 소개한 방법은 아주 짧고 얕은 방법이거나 시선일 수 있습니다. 그럼에도 굳이 책으로 내는 까닭은 글쓰기로 소통하고 나누며 지내는 방법도 있구나, 하는 사례를 보여주고 싶었기 때문입니다. 물론 글쓰기는 도구나 수단이기 전에 정신이 중요합니다. 하지만 아직 글쓰기 지도가 서툴거나 처음 시작하는 분, 글쓰기 지도를 좀 더 쉽게 다가가고 싶은 분, 나만의 글쓰기 방법이나 시선을 새롭게 찾고 싶은 분이라면 삶을 가꾸는 글쓰기를 살피는 데 조금이라도 도움이 될 듯합니다.

글쓰기로
삶을 가꾸는 교실

히고, 남을 이해하고, 참과 거짓을 구별하고, 진실이 무엇인가를 깨닫고, 무엇이 가치가 있는가를 알고, 살아 있는 말을 쓰는 태도를 익히게 한다. 이것이 삶을 가꾸는 글쓰기다.

이오덕 선생님은 글쓰기가 아이들을 참된 인간으로 기르는 데 가장 훌륭한 방법이라고 밝혔다.

이오덕 선생님은 아이들 글쓰기 지도뿐만 아니라 스스로 글쓰기를 게을리하지 않았다. 산골 학교에서 선생으로 근무하던 1962년부터 2003년 8월 세상을 떠날 때까지 42년 동안 일기를 쓰셨다고 한다. 《이오덕 일기》(전 5권, 2013, 양철북)에는 평생 말과 행동을 같이 했던 한 인간의 고뇌가 고스란히 담겨 있다. 두툼한 일기장부터 작은 수첩 일기장까지 아흔여덟 권, 원고지로는 37,986장이라고 하니 실로 어마어마한 양이 아닐 수 없다.

또 다른 한 어른이 있다. 강원도 양양군 송천마을에 사시는 이옥남 할머니다. 어릴 적 글을 배우지 못했던 할머니는 시집살이할 적엔 꿈도 못 꾸다가 남편과 시어머니를 보낸 뒤 도라지 캐서 번 돈으로 공책을 샀다고 한다. 할머니는 글씨를 이쁘게 쓰기 위해 일기를 30년 넘게 써왔고, 백 세가 넘은 지금도 쓰고 있다고 한다. 1987년부터 2018년까지 쓴 일기 151편을 묶어 《아흔일곱 번의 봄 여름 가을 겨울》(2018, 양철북)이란 책을 내기도 했다. 한 자 한 자 꾹꾹 눌러 쓴 할머니의 일기를 읽다 보면 정말 글을 쓴다는 게 이렇게 귀한 것이구나, 다시금 생각하게 된다.

《노가다 칸타빌레》(2021, 시대의창)라는 책을 쓴 송주홍 씨는 공사장 잡부로 일하다가 어엿한 목수가 되기까지 현장에서 겪은 일들과 만난 사람들의 이야기를 꾸준히 글로 썼고, 그 이야기를 책으로 펴냈다. '공사판에서 일하는 사람이 글을 써?' 하고 생각한다면 오산이다. 땀 흘려 일하며 정직하게 살아가는 우리네 이웃의 삶이 고스란히 담긴 책이어서 읽는 내내 눈을 뗄 수 없는 책이다.

버스 운전이나 대리운전을 하는 기사님도, 요양보호사 일을 하시는 분도, 선생님도, 농부도 또 어떤 직업이든 어떻게 살아가든 누구나 글을 쓸 수 있다. 그 글은 그 사람의 삶을 풍성하게 하고, 내가 사는 지금 모습의 가치를 한층 높여준다. 일부러 멋지게 꾸미고, 허황한 이야기가 아니라 내가 살면서 정직하게 일하고 보고 듣고 겪은 일을 쓰는 게 가장 귀한 글이다. 이런 글은 읽는 사람에게 더 진한 감동을 준다. 직업엔 귀하고 천한 것이 없고, 글을 쓰는 건 내 삶을 더 귀하게 할 뿐이다.

글에 나타난 아이들 삶 1

윤구병 선생님은 '참'을 '있는 것을 있다고 하고, 없는 것을 없다고 하는 것'이라고 했다. 결국 '참'은 거짓으로 꾸민다고 해서 '참'이 될 수 없음을 말한다. 진실한 삶도 마찬가지다.

'삶을 가꾸는 글쓰기'에서는 자신을 있는 그대로 드러내거나 솔직하게 쓰는 것을 귀하게 여긴다. 이는 꾸미거나 흉내 내지 않고 있는 그대로 삶을 드러내기를 바라는 마음이다. 그런데 솔직하게 썼다고 모두 삶을 가꾸는 귀한 글이라 볼 수는 없다.

떠돌이 진돗개 ○ ○ ○ (6학년)

우리 진안에 떠돌이 진돗개가 돌아다닌다. 저번에 심부름을 가고 있는데 뒤에 떠돌이 진돗개가 뒤로 따라온다. 조금 빨리 걸었다. 그랬더니 진돗개도 빨리 따라왔다. 그래서 최대 속도로 달렸다. 근데 진돗개도 따라왔다. 진짜 기분이 더러웠다. 그러다가 내가 멈춰서 개한테 발길질을 했다. 그랬더니 날 물려고 달려왔다. 도망가다 절벽 3, 4미터 정도 높이에서 굴러 떨어졌다. 개도 내려와서 물려고 해서 내가 "저런 미친 놈의 개가 죽고 싶어 환장했나."라고 했다. 그리고 가려고 하니 막 짖는다. 너무 열받아서 개한테 가서 개 주댕이를 잡고, 주댕이를 쫙 벌리면서 "죽어라. 멍청한 똥개 색끼." 하며 내가 계속 죽으라고 하면서 진돗개와 싸웠다.

진돗개가 내 팔도 물고 다리도 물고 열 받아서 "이런 죽일 놈에 미친 개야."라고 화내며 개 얼굴을 죽어라 쳤다. 개가 입에서 피가 나면서도 나를 문다. "진짜 미친 개야." 했다. 그리고 개를 막 엎어지게 하고 머리통을 발로 밟았다. 그랬더니 이빨 두 개가 빠지고, 깨갱거리며 진돗개가 도망갔다. 돌멩이를 던졌다. 그랬더니 맞고 빨리 도망 갔다.

글을 읽는 내내 "아이고, 이를 어째." 하며 읽게 된다. 물론 떠돌이 진돗개가 자꾸 따라와서 짖고, 물고, 달려드니 아이도 스스로 몸을 지키기 위해 개를 때렸을 것이다. 하지만 개 머리를 발로 밟고, 이빨 두 개가 빠질 정도로 때렸다고 하니 좀 심하다 싶었다. 솔직하게 글을 썼지만 개를 존중하며 한 생명체로 대하는 마음이 없다. 그래서 그런지 글을 읽고도 마음 한구석에 꺼림직한 마음이 남는다. 이 글을 쓴 아이를 따로 불러서 나중에 또다시 이런 상황이 오면 개를 피할 수 있는 만큼 피하고 때리지 않았으면 좋겠다고 이야기를 나누었다.

솔직하게 썼으니 이 글을 삶을 가꾸는 글로 볼 수 있을까? 솔직하게 썼지만 이 글이 가치 있다고 선뜻 말하기 어렵다. 사람이든 동물이든 식물이든 함부로 대하는 마음은 가치 있는 마음이라고 할 수 없다. 가치 없는 마음을 글로 쓰면 가치 있는 글도 될 수 없다.

창피한 외숙모 ○○○(6학년)

나는 외숙모가 정말 창피하다. 왜냐하면 못생겼고, 키도 작고, 조금은 모자란다. 시계도 잘 못 보고, 그 아이들 녀석도 정말 못 생겨서 싫다. 그런데 참 신기하다. 그 여동생은 스물두 살인데 참 이쁘다. 그래서 인기가 최고다. 우리 외삼촌은 왜 그 사람이랑 결혼했는지 정말 모르겠다. 하지만 놀리거나 말을 씹고 나면 너무 불쌍하기는 하다. 그렇지만 너무 창피한 외숙모.

외삼촌이랑 결혼한 외숙모를 창피하게 생각하는 글이다. 외삼촌은 외숙모가 좋아서 결혼했을 터인데 아이가 보기에는 외숙모와 결혼한 외삼촌이 이해가 가지 않았나 보다.

윤구병 선생님 말씀처럼 '있는 것을 있다고 없는 것을 없다고' 하는 건 진실한 마음이다. 그렇지만 이 글은 내 생각대로 글을 썼지만 읽는 사람도 썩 기분이 좋지 않다. 다른 사람도 아니고, 우리 식구를 부끄러워하는 마음은 결코 자신도 존중받을 수 없다. 누군가를 부끄러워하는 마음은 결국 존중하지 않는 마음이다. 있는 그대로 바라보는 건 흉을 보거나 부끄럽게 생각하는 마음이 아니라, 있는 그대로 존중하는 마음도 있다.

지렁이 　○ ○ ○(3학년)

　지렁이가 땅속을 파고 들어간다. 지렁이는 이상하게도 징그러운데 땅을 좋게 만들어준다. 나는 지렁이를 죽인다. 나는 반절로 잘랐는데 안 죽는다. 내가 어렸을 땐 입이 쫙 벌어졌는데 이젠 안 벌어진다. 내가 지렁이였으면 이 꼴이 뭐냐고 하면서 울 텐데 말이다. (2004.3.15)

　아이는 땅을 좋게 만들어주는 지렁이를 왜 죽이고 싶었을까? 글을 쓴 아이에게 나중에 물어보니 "그냥요, 징그럽잖아요." 하고 대수롭지 않게 말했다. 하지만 지렁이도 귀한 생명이니까 다음부터는 죽이지 않았으면 좋겠다고 말해주었다.

　어떤 분들은 "그럼 우리 사람에게 해로운 파리나 모기도 생명이니까 죽이지 말아야겠네요?" 하고 물을 때가 있다. 물론 파리나 모기는 해충이기는 하다. 하지만 아무런 까닭도 없이, 나에게 피해도 주지 않았는데 일부러 죽일 필요는 없지 않은가. 또 어린 시절 그럴 수도 있지 않냐고 물을 수도 있겠다. 물론 그런 장난을 했던 추억을 가진 분들이 있을 터다. 하지만 그렇다고 곤충을 죽이고 장난쳤던 기억이 자랑일 수는 없지 않은가. 그럼에도 한 가지 놓치지 말아야 할 것이 있다. 이렇게 글을 쓸 수 있는 힘은 마땅히 칭찬해주어야 한다. 글을 썼는데 삶이 있느니 없느니 하며 아이에게 가르치려고 들면 아이는 금세 눈치 채고 글을 쓰지 않을런지도 모른다.

하는 글이다. 이런 글은 사실 모든 어른들이 읽어야 한다. 어리게만 생각해서 '너희들이 뭘 알겠어?' 하고 생각한다면 오산이다. 아이들도 어른들이 하는 말을 다 듣고, 자신들만의 생각과 판단을 한다. 잘하고 있는 동아리를 없애자고 했으니 얼마나 속상했을까. 또 어른들은 실천하지 않으면서 아이들에게만 실천하라고 한다면 아이들은 얼마나 억울할까. 아이들 모습은 어른들 거울이다. 아이들에게 함부로 말하지 않아야 한다.

학교 버스 아저씨 ○○○(6학년)

나는 학교 버스 아저씨가 싫다.

오늘 선생님이 교무실에서 늦게 오셔서

버스 타는데 약 5분 정도 늦은 것 가지고는 왁~ 소리 지른다.

"야 이 씨발새끼야. 니 선생이 지금 끝내주냐?"

하면 그때마다 나는 학교 버스 아저씨를 동영상 찍어 올려주고 싶다.

그런 생각을 하고 좀 있다가 자기 혼자 중얼거린다.

"아, 씨발 끝나면 바로 나와야지."

전에는 ○○이 싸다구 때린 적도 있다.

학교 버스 아저씨는 자기밖에 모르는 것 같다. (2007.6)

담임인 내가 늦게 끝내주었는데 아이에게 전후 사정을 묻지도 않고, 버스에 타자마자 욕을 했으니 얼마나 억울하고 황당했을까. 지금이야 학교에서 폭력이 일어날 수도 없겠지만 그 당시만 해도 아이를 때리기도 하고, 욕을 하기도 하던 때였다. 아이는 자리에 앉아 펑펑 울면서 그 억울함을 풀기 위해 바로 글쓰기 공책을 펴서 이 글을 썼다. 저녁에 아이 엄마가 전화를 했는데 엄마도 속상한 마음에 우셨다. 그나마 전화로 답답한 마음을 풀기는 했지만 아이와 엄마에게는 지금도 잊지 못할 날이 아닐까 싶다.

다음 날 아이를 따로 불러 이야기를 나누며 아이가 쓴 글을 읽는데 내가 낯이 뜨겁고 미안한 마음이 컸다. 지금도 그때 생각만 하면 더욱 미안해진다.

다음 글도 참을 말하는 글이다.

지루한 방과후 시간 박승현(송풍초 6학년)

오늘 방과후 시간은 정말 짜증 나고 졸리고 지루했다.
하기는 싫은데 안 하면 혼나고 학교는 정말 감옥이다.
탈옥도 못하고, 오늘의 방과후 시간은 마음에 안 든다.
형, 누나들은 노래방 가자고 하고
나는 다 귀찮고 정말 짜증 난다.
학교에 스트레스 해소실이라는 것이 있었으면 좋겠다.

그게 있으면 짜증 나고 화가 나면 그곳으로 가면 되니까...
방과후 하기 전에 체육을 해서 힘들고 지쳐서 더 그런 거 같다.
이럴 때는 진짜 이런 생각을 한다.
학교는 감옥, 선생님은 경찰. (2007.9.12)

답답하고, 짜증 나고, 우울할 때 말이나 글로 실컷 풀면 그나마 마음이 개운해진다. 어른들이 스트레스를 받는 것처럼 아이들도 스트레스를 받는데도 사회 분위기는 '무슨 애들이 스트레스를 받아?' 하는 정도로 어른들만큼 스트레스를 인정하지 않는다. 사회의 시선이 아이들을 독립된 인격체로 바라보지 않는다는 증거이기도 하다.

학교든 가정이든 요즘 아이들 노는 꼴을 보지 못하는 경우가 많다. 정규 수업이 끝나면 아이들은 쉬지도 못하고 바로 방과후 수업을 들어야 한다. 그리고 방과후 수업이 끝나면 또 학원이나 공부방으로 간다. 어떤 학교에서는 야간돌봄을 하는데 저녁 9시까지 하는 경우도 있다. 물론 부모가 직장생활을 하니 늦게 퇴근해서 아이들을 돌보지 못하는 경우가 대부분이겠지만, 그렇지 않은 가정도 9시까지 맡기는 경우가 제법 된다고 한다. 9시에 끝나서 집에 가서 씻고 정리하고 나면 바로 자야 한다. 이런 생활을 반복한다면 가정의 의미와 가치가 아이에게 정녕 조금이라도 있을까. 그냥 잠자는 곳 이상도, 이하도 아니게 된다. 가정의 역할, 가정에서 배워야 하는 가치와 덕목, 기본 생활 습관 그리고 무엇보다 소중한 부모의 사랑을 온전히 받을 수 있을까 하는 의문이 든다.

어른들에게 아무것도 하지 않는 온전한 휴식이 가끔 필요하듯 아이들에게도 쉼이 필요하다. 학교에서도 충분한 쉬는 시간을 보장해야 하고, 집에서도 충분히 쉴 수 있어야 한다. 오죽 답답하고 힘들면 학교를 감옥, 선생님을 경찰이라고 표현했을까?

무조건 짜증난다 ○○○(5학년)

우리는 왜 시키는대로만 해야 되냐고! 우리도 우리 마음이 있는데. <쓰기>에서는 있지도 않은 일을 쓰라고 한다. 선생님께 고마운 적도 없는데 스승의 날이나 교과서에 나오면 이런 걸 쓰라고 한다. 언제 스승의 날인가? 상을 받았는데, 지어서 썼다. 기분이 찜찜했다. 그런데 상까지 받으니 어이가 없었다.

우리 선생님은 진짜, 꼭 준비물을 챙겨와야 한다. 걸리면 혼난다. 며칠 전에 내가 책장에 있는 책 가져가려고 옆으로는 안 닿으니까 뒤로 돌아서 가려고 그러는데 친구들하고 얘기하는 줄 알고 "너 왜 이야기하려 하냐?" 하고 버럭 소리를 질렀다. "책 가지러 가요." 그랬는데 "책은 제자리에 앉아서 읽어!" 그러셨다. 짜증 난다. 진짜 어이없다. 정신없는 사람 같다.

언제는 진짜 심했다. 떠들었다고 어떤 여자애와 남자애를 창 모서리에 발 걸치고 몇 분 동안이나 엎드려뻗쳐, 하고 있으라고 했다. 결국 남자애가 울었다.

또 신문지 몇십 장 되는 것을 테이프로 꽁꽁 감아서 손바닥을 때리기도 한다. 어쩔 때는 쉬는 시간도 안 끝났는데 교과서 안 꺼내놨다고 때렸다. 다행히 나는 안 맞았지만 무서웠다. 완전 호랑이다. 또 있는데 너무 많아서 기억도 안 난다.

반장들은 시간마다 '열중쉬엇, 차렷, 선생님께 경례'를 해야 한다. 안 하면 "야, ○○! 공부 시작하면 뭐 하라고 했어?" 그런다. ○○이도 힘들다고 했다. 나는 반장 절대 안 나가.

좋은 점은 0.1%다. 좋은 것 딱 하나는 공부하다가 어쩔 때 컴퓨터로 이야기 보여주시는 거다. 선생님이 좀 바뀌었으면 좋겠다. 아니면 좋은 선생님 있는 데로 전학 가고 싶다. (2008.6)

어린이를 만나는 선생님이라면 기본으로 어린이를 존중하는 마음을 가져야 한다. 존중은 말 그대로 귀하게 여기는 마음이다. 어린이를 귀하게 생각한다면 함부로 말하거나 때릴 수 없다. 어떤 이야기를 하든 어린이 목소리에도 귀 기울여 들어주어야 한다. 왜 어린이들이 이런 목소리를 내는지, 왜 이런 글을 쓰는지 그 원인을 알고 아이 마음을 헤아려야 한다. 마음을 살피고 공감해주면 어린이도 존중받는 느낌을 가진다.

앞서 소개한 네 편의 글은 참을 이야기하기에 글의 힘이 있다. 읽는 사람도 속상한 아이 마음을 헤아릴 수 있을 만큼 글로 자신의 마음을 토해내고 있다. 어린이가 자신을 속이지 않고 있는 그대로 표현할 때 속상한 마음을 다독여주고, 힘들었겠구나 하고 공감해주면 속상했던 마음도 금세 풀어진다.

나를 드러내는 글쓰기

날마다 쓰는 일기가 부담된다면 일기 말고도 가끔이라도 꾸준히 글을 쓰면 된다. 하지만 글쓰기는 선생님이든 어린이든 여전히 부담스럽다. 글쓰기 연수나 강의 때 선생님들과 이야기를 나눠보면 스스로 글을 쓰는 게 참 어렵다고 한다. 어린이도 글쓰기가 부담스럽기는 매한가지다. 선생님도 글을 쓰는 게 어려우니 어린이에게 가르치는 것은 더 어려울 수밖에 없다.

어부에게 물고기 잡는 법을 가르쳐줘야 물고기를 잡을 수 있을 텐데, 아이들에게 글을 쓰는 방법은 가르쳐주지 않고 "얘들아, 열 줄 이상 써라." 하면 글쓰기가 더 싫어질 수밖에 없다.

"선생님이나 부모님이 쓰라고 하니까요."

"상 타고 칭찬받으려고요."

"나중에 도움이 되니까요."

그나마 글을 쓴다고 하는 아이들 반응도 이렇다. 시켜서 쓰는 어린이는 주로 내 생각보다 어른들 입맛에 맞게 글을 쓰려고 한다. 그런 글은 내 생각이나 영혼이 없는 글이 된다. 자연보호, 효도, 남녀평등, 통일, 안보, 저금 따위의 주제로 지어서 쓰다 보면 나는 존재하지 않고, 누구나 할 수 있는 평범한 이야기를 형식에 맞추어 쓴 꼴밖에 되지 않는다. 정해진 주제에 맞게 쓰기 때문에 머리로 지어서 쓸 수밖에 없게된다.

결국 자신이 쓰고 싶은 삶의 이야기는 쓸 수 없게 된다. 그야말로 '글짓기'가 되는 것이다. 이렇게 글을 쓰는 아이들은 시간이 지날수록 '글짓기'라는 단어만 보아도 머리가 지끈지끈 아프고 고개를 절레절레 흔들게 될 것이다. 아마도 선생님들이 글쓰기를 싫어한다면 어린 시절 이런 아픈 경험이 있을지 모르겠다.

처음 글쓰기를 시작할 때 자신을 드러내는 글쓰기로 시작하면 좋다. 나를 드러내는 것이 결코 쉬운 일은 아니나 가르치는 선생님부터 자신을 드러낸 글을 아이들과 함께 나누면 좀 더 가까워지는 계기가 될 수도 있고, 글쓰기를 시작하는 단초가 될 수도 있다.

다음 글은 내가 어린 시절 겪었던 추억을 있는 그대로 솔직하게 풀어낸 글이다. 결코 자랑스러운 과거는 아니지만 그렇다고 감추고 싶은 비밀도 아니다.

돼지고기 비계와 곤달걀 윤일호

정읍 신태인에서 살다가 아들놈 하나 잘 키워보겠다고 농사만 짓던 부모님은 일곱 살이던 나와 여동생 둘을 데리고 무작정 전주로 이사를 했다. 핑계는 자식 농사였지만 사실 신태인에서 짓던 농사도 신통치 않았고, 몇 해 흉년이 들어 시골에서 나올 수밖에 없는 형편이었다.

농사만 짓던 부모님이 전주에 나와서 할 수 있는 일이라고는 공사판에서 막일을 하는 것밖에 없었다. 흉년으로 마땅히 가진 돈도 없으셨고, 딱히 아버지가 할 수 있는 재주가 있으신 것도 아니었다. 그 당시에 누군가의 소개로 몇 달 취직이 되었다가 한 번 드시면 끊을 수 없던 술 때문에 출근을 하지 않아 그만두었다고 한다.

아버지는 노는 걸 좋아하시던 분이어서 시골에서 농사를 지을 때도 막걸리를 드시기 시작하면 끝낼 줄 모르는 분이었다. 그런데 문제는 전주로 나와서도 힘든 공사판 일을 하다가 술을 입에 대면 보름이고 한 달이고 일을 가지 않고 술을 달고 사셨다. 어머니는 그런 아버지를 원망하기도 하고, 많이 안타까워하셨다.

처음 이사를 와서 살 집이 없어서 뚝딱 며칠 만에 다섯 식구 살 아담한 벽돌집을 지었다. 지금 기억으로는 아주 작은 터였다. 돈을 주고 땅을 산 건지 아니면 누군가 빌려준 것인지는 잘 기억나지 않는다. 어쨌든 우리 다섯 식구가 한 방에 붙어서 잘 정도는 되었다. 아마도 우리 집 둘레에 오촌 당숙 식구들이 살고 있었는데 제법 그 동네에서는 잘사는 축에 들었고, 그 덕에 그 둘레에 터를 잡을 수 있지 않았나 싶다. 당숙네는 아이가 없다가 뒤늦게 아이가 태어났는데 나보다 다섯 살 어린 우리 막내보다 몇 살 더 어렸다.

내가 살던 동네는 전주에서도 변두리였고, 못사는 사람들이 많은 동네였다. 우리 동네 옆에는 숙사라는 곳이 있었는데 전주 〇〇초등학교 담장 뒤편으로 줄지어 있었다. 사실 지금은 상상할 수조차 없는 나무 판자촌이었다. 닥지닥지 나무집들이 붙어 있었는데 방 한 칸에 부엌이라고도 할 수 없는 공간뿐이었다. 화장실은 여러 사람이 함께 쓰는 공동화장실만 있었다. 그 집들 골목을 지나다 보면 어디가 어디인지 길을 잃을 정도로 판잣집들이 줄지어 있었고, 많은 사람이 살고 있었다. 불과 삼십 년 전이지만 그렇게 어렵게 살던 시절이 있었다.

그 시절 아버지는 술을 아주 좋아하셨고, 술을 많이 드시는 날이면 어머니를 때리곤 했다. 지금도 생생한 기억이 아버지가 어머니를 엄청 때리던 날, 나는 우는 동생들을 달래고 있었다. 어머니를 실컷 두들겨 패던 아버지는 술을 드시러 나가시고 어머니 얼굴과 몸은 온통 멍투성이였다. 퉁퉁 부은 얼굴로 어머니는 "엄마가 힘들고 집을 나가고 싶어도 너 때매 산다."고 말씀하셨다. 지금도 그 슬픈 기억은 잊을 수가 없다. 삐뚤어지고 싶기도 했고, 패륜아처럼 아버지를 패고 싶기도 했다. 집을 나가고 싶은 충동도 여러 번 있었다. 하지만 그렇게 맞으면서도 자식들을 위해 희생하는 어머니가 계셔서 버틸 수 있었다. 그럴 때마다 어머니를 함부로 대하는 아버지가 정말 밉기도 하고, 아버지처럼 살지 말아야지, 하고 스스로 되뇌고는 했다. 솔직히 결혼을 하기 전이나 결혼을 하고 나서도 아버지처럼 살지 말아야겠다고 마음으로 여러 번 다짐했지만 그래도 가장 큰 걱정은 아버지처럼 내 안에 잠재한 폭력성이 언제 아내에게 나타나면 어쩌지, 하는 불안감이 컸다. 가끔 화를 잘 다스리지 못하고 아내에게 함부로 하는 내 모습이 보일 때 자책도 여러 번 했다.

좋은 기억보다는 안 좋은 기억을 이야기했지만 물론 좋은 기억도 있다. 바로 돼지고기 비계와 곤달걀 이야기가 그렇다. 아버지가 즐겨 드시는 음식이었는데 아버지가 드시는 모습을 보면서 나도 자연스럽게 그냥 먹게 된 음식들이다.

어렸을 때부터 시골에서 살아서인지 아니면 비위가 약해서인지 나는 차를 타면 심하게 멀미를 했다. 차를 타기 두려울 정도로 심했다. 가까운 거리를 가는 시내버스만 타도 멀미를 할 정도였다. 그래서 차를 탈 때면 미리 검은 봉지를 준비해서 차를 타는 게 일이었다. 어머니는 그런 내가 안쓰러웠는지 어떻게 하면 멀미를 하지 않을까 알아보기도 하고 민간요법을 알아봐 약을 지어 먹이기도 했다.

내가 4학년이던 어느 날, 우연히 학교 선생님이 돼지고기 비계가 멀미에 좋다는 이야기를 했다고 한다. 어머니 말씀으로는 어느 날 내가 학교에 다녀오자마자 선생님이 그렇게 말했다며 돼지비계를 사 달라고 했단다. 아버지도 돼지비계가 좋을 수 있겠다며 맞장구를 치셨다. 그리고 며칠 지나지 않아 아버지가 돼지비계 두 근을 사왔다.

사실 아무리 어려운 시절이라지만 누가 돼지비계만 따로 사서 먹기나 하겠나. 나도 돼지비계는 그전까지 한 번도 먹어본 경험이 없었다. 돼지고기 살점에 붙은 비계도 떼어낼 정도였으니까.

아버지는 아주 식성이 좋으셔서 무엇이든 잘 드시는 분이었다. 물론 돼지비계도 잘 드셨다. 멀미가 엄청 심해서인지 아니면 아버지가 함께 드셔서인지 잘 모르겠지만 그날 사온 돼지비계를 어머니가 삶아주셨고, 나는 한 번도 먹지 않았던 돼지비계를 그날 한 근 넘게 먹었다. 정말 내가 신기할 정도였다. 왜 그랬는지 지금도 이해할 수 없다. 하지만 그날 이후로 나는 돼지비계를 자주 먹게 되었고, 좋아하게 되었다. 살점 하나 없는 순전히 돼지비계만 그렇게 잘 먹었다. 지금도 그 맛을 잊을 수 없는 것이, 참 고소한 맛이었고 씹는 맛이 일품이었다. 그것이 효과가 있어서인지 신기하게도 언제부터인가 멀미를 하지 않게 되었다. 그 이후로 나는 돼지고기 살코기는 전혀 먹지 않았고, 돼지비계만 먹게 되었다. 지금이야 누가 돼지비계만 먹을까 싶기도 하지만 그 당시에 먹었던 돼지비계 맛은 지금도 잊을 수가 없다.

곤달걀도 그렇다. 지금 곤달걀 이야기를 하면 의외로 모르는 분들도 많을 듯하다. 곤달걀은 암탉이 알을 품다가 병아리로 부화하지 못한 알을 말한다. 부화하지 못했으니 버려야 마땅한데 어려운 시절에는 그런 곤달걀도 영양 간식 가운데 하나였다.

어느 날 일을 가셨다가 들어오신 아버지가 검은 봉지 가득 무언가를 들고 오셨다. 어머니는 그걸 삶으셨고, 아버지는 저녁 식사를 하시면서 그렇게 맛있게 드셨다. 그냥 달걀인 줄만 알았다. 그러다가 아버지가 "너도 한번 먹어 볼래?" 하셨다. 삶은 달걀을 깨면 털이 보송보송하게 난 아주 작은 병아리가 들어 있었다. 털이 보송보송한 달걀을 삶아서 먹는 것도 신기했지만 아버지가 나에게 먹어볼 것을 권했을 때 주저하지 않고 곤달걀을 입에 넣은 것은 지금 생각해도 미스터리다. 무엇보다 곤달걀은 씹는 맛이 일품이었고, 고소한 맛도 최고였다.

지금도 그 맛을 잊을 수가 없다. 희한하게 털이 나지 않은 곤달걀보다 털이 보송보송한 곤달걀이 더 고소하고 맛이 있었다. 어떤 분들은 털이 나지 않은 것만 드시는 분도 있다고 하는데 나는 그때부터 털이 보송보송한 곤달걀을 먹게 되었다. 아버지는 달마다 여러 번 곤달걀을 사오셨다. 나는 기다렸다는 듯이 아버지와 곤달걀을 맛있게 먹었다. 어머니가 맛있게 삶아서인지 아니면 먹을 것이 없던 그 당시에 그나마 고소한 맛이 곤달걀이어서인지 잘 모르겠다. 중학교, 고등학교 시절까지 나는 돼지비계와 곤달걀을 아버지와 함께 즐겨 먹었다.

사실 아버지 생각을 하면 좋은 기억이 별로 없는데 좋았던 추억이 바로 돼지고기 비계와 곤달걀이었다. 고등학교를 졸업하고, 20대 이후로는 잊고 살다가 30대 초반에 결혼을 했다. 아버지는 내가 결혼하고 한 해 만에 돌아가셨다. 그런데 그 후로 얼마 지나지 않아 정말 희한하게 곤달걀 생각이 났다. 무엇인가를 그렇게 맛있게 먹었던 기억이 없어서일까? 아니면 어린 시절 추억이 돋아서일까? 아니면 아버지를 추억해서일까?

나는 곤달걀을 어디서 파는지 알아보기 시작했다. 하지만 어디서 파는지 알 수 없었고, 막연히 그냥 한 번쯤 먹어봤으면 하는 생각만 가지고 있었다. 그러다가 충남 금산에 있는 시장에서 판다는 이야기를 어르신들께 듣게 되었다. 너무 먹고 싶었는지 나는 그 소리를 듣자마자 바로 금산시장으로 차를 몰고 갔다. 물어 물어서 가보니 길가에서 곤달걀을 파는 할머니를 만날 수 있었다. 할머니는 젊은 사람이 곤달걀을 사러 온 것이 신기했는지 "나이 많이 드신 분도 잘 안 드시는디 젊은 분이 어떻게 털 있는 걸 달라고 허네." 하셨다. 나는 반가운 마음에 웃으면서 "어렸을 때 아버지랑 많이 먹어서요." 하고 털이 보송보송한 곤달걀로 두 판을 샀다. 집에 오자마자 아내에게 곤달걀을 삶아달라고 했다. 아내는 그런 내가 신기했는지 "신랑, 어떻게 이런 걸 먹어?" 했다.

아내가 삶아준 곤달걀 두 판을 나는 순식간에 먹었다. 먹이에 굶주린 사자처럼 먹어치웠다는 표현이 맞을 정도였다. 그 이후로도 나는 곤달걀이 가끔 생각났다.

장승초 근처로 집을 짓고 이사 와서는 마을 어른들과 이야기를 나누다가 어찌어찌 곤달걀 이야기가 나왔다. 소양에서 곤달걀을 판다는 거다. 옆집 동필 아저씨와 바로 곤달걀 다섯 판을 사와서 잔치 아닌 마을 잔치를 벌였다. 마을 어르신들도 털이 보송보송한 곤달걀을 잘 드시지 못했다. 결국 털이 난 곤달걀 두 판은 내 차지가 되었고, 어르신들은 털이 나지 않은 곤달걀을 드셨다.

그 이후로는 곤달걀을 어쩌다 한 번 몇 개 정도 먹기는 했지만 많이 먹지는 않는다. 그리고 언제부터인지 또렷하지는 않지만 더 이상 곤달걀을 먹고 싶은 생각이 들지 않았다. 왜 그런지는 잘 모르겠다. 돌이켜보니 아마도 글쓰기로 내 마음을 풀어내는 노력을 많이 한 것이 도움이 된 듯하다. 사람의 근본이야 나이 먹을수록 안 바뀐다는데 지금 이 정도라도 된 거 보면 말이다.

상담과 심리를 공부한 선생님에게 아버지 이야기와 곤달걀 이야기를 했더니 "스스로 아버지에 대한 상처와 트라우마를 극복한 거예요." 하고 말씀하신다. 그런 거 같기도 하고. 어쨌든 어린 시절, 아버지와 얽힌 사연 가운데 나에게 멀미를 하지 않도록 해주었던 돼지비계 그리고 곤달걀의 추억은 잊을 수가 없다. (2018)

아이들과 글쓰기를 멋지게 시작하고 싶은데 가장 쉬운 방법을 묻는 선생님들이 있다. 그러면 나는 "우선 선생님의 마음을 있는 그대로 드러내시면 돼요." 하고 말한다.

조금 떨어져서 바라보는 구경꾼처럼 "너희들은 솔직하게 글을 써. 너희들이 쓴 글은 선생님이 봐줄 테니까." 한다면 아이들은 솔직하게 글 쓰는 걸 주저할 수밖에 없다. '아, 우리 선생님도 이런 글을 쓰는구나.' 하고 울림이 있을 때 아이들도 '그래, 나도 한번 써볼까?' 하는 마음을 낼 수 있다.

어린 시절, 나는 넥타이를 하고 출근하는 아버지를 둔 아이들이 참 부러웠다. 어쩌다 친구 집에 놀러가면 꼭 친구 부모님이 "아버지는 뭐 하시냐?" 하고 물어본다. 그러면 나는 얼굴이 빨개져 대답을 못 하거나 한참 망설이다가 나도 모르게 "건설회사 다니는데요?" 하고 거짓말을 했다. 아버지가 공사판에서 일하는 것이 참 창피하기도 하고, 왜 우리 아버지는 많고 많은 직업 중에 저런 일을 하실까 원망스럽기도 했다. 술을 워낙 좋아하셔서 한 번 드시면 끊을 수 없기에 다른 직업을 가질 수 없었고, 이런 상황은 온 식구들에게 큰 피해를 주었다. 하지만 어쩌겠나. 삶이란 돌이킬 수 없는 일인 것을.

드러내기로 친해지기

'돼지고기 비계와 곤달걀' 이야기는 내가 아이들과 처음 글쓰기를 시작할 때 들려주는 이야기다. 따지고 보면 그리 재미있는 이야기도 아닌데 아이들은 정말 그런 시절이 있었을까 싶어서인지 귀를 쫑긋하고 잘 듣는다. 그러면서 "근데 어떻게 선생님 되었어요?" 하고 묻는 친구들이 간혹 있다. 아마도 어려운 가정 형편으로는 선생님이 되기 쉽지 않은 현실을 아이들도 알기 때문에 그런 질문을 했을 터다. 그러면 나는 "아픈 어린 시절이 있었기에 지금 내가 있는 거지." 하고 대답 아닌 듯한 대답을 하곤 한다. 어디 내놓고 자랑할 이야기는 아니지만 그렇다고 마냥 부끄럽거나 감출 이야기도 아니다. 무엇보다 나를 있게 한 과거를 부끄러워하는 건 지금 나를 부정하는 것일 테니까.

내 마음을 열면 아이들과 한결 가까워진 느낌이 들기에 해마다 담임이 되면 아팠던 어린 시절 이야기를 들려준다.

"킹콩이 어린 시절 이야기 좀 할 테니 한번 들어봐. 내가 어렸을 때 우리 아버지는 정말 술을 좋아했어. 한 번 드시면 한 달 동안 식사도 한 끼 안 하시고 그렇게 술만 드셔. 그리고 집안 살림을 때려 부수고, 엄마도 많이 때렸어. 아버지가 술 드시면은 그렇게 아버지가 미웠어. 집 나가고 싶고 그랬지. 어머니는 밤마다 짐을 싸놓고도 집을 안 나가셨어. 나 때문에 말이야. 아버지가 저녁 늦게 또 술 드시러 나가면 나와 여동생들 그리고 엄마는 그렇게 서로 부둥켜안고 울기도 했어."

아이들 앞에서 이십여 년 전에 돌아가신 아버지 이야기를 하는 게 처음에는 좀 불편했다. 살아계실 때 아버지를 좋아하지 않기도 했고, 트라우마처럼 내 마음에 아픈 상처로 남아 있기 때문이다. 하지만 지금은 전혀 불편한 마음이 없다. 결국 마음에 담긴 상처를 치유하는 힘은 꼭꼭 감추지 않고 드러내는 데 있다. 그럴 때 내 이야기를 듣는 사람들과 공감하는 새로운 경험을 하게 된다.

내 이야기를 마치면 자신을 드러내는 글쓰기를 돕기 위해 보기글로

2009년에 진안읍내 학교에서 만난 제자 글 두 편을 읽어준다. 그때 만났던 아이들은 어려운 가정 형편에서 자라는 아이들이 많았지만 그래도 참 정이 많았다.

엄마　○○○(진안중앙초 6학년)

아빠랑 엄마는 내가 여섯, 일곱 살쯤에 이혼했다. 내가 솔직히 쓰고 싶은 이야기다. 담아왔던 건데 애들은 거의 알고 있다. 우리 엄마 이름은 ○○○이다. 이제 기억도 가물가물하다. 나이는 모르지만 나갈 때 느낌은 생생하다. 엄마가 왜 집에 없나 싶었다. 내일이면 오겠지 싶었다. 그래도 오지 않았다. 내가 유치원 갔다 왔을 때 집에 있어야 할 엄마가 없었다. 그것도 모자라 다섯 살 때 군산으로 갔다가 6개월이 넘어서 오기도 했다. 지금까지 두 번이나 헤어졌다. 다섯 살 땐 만났지만 지금은 엄마를 만날 수도 없다. 생일이나 잔치, 혼날 때 엄마 생각이 난다. '엄마가 있으면 나를 이렇게 혼낼까?' 라는 생각도 든다. 내가 대학에 가야 하는 이유도 이 때문이다. 아빠가 대학을 졸업하면 엄마를 내가 찾아도 된다고 했기 때문이다.

며칠 전 선생님이 본 엄마는 새엄마다. 일학년 때 중국에서 왔다. 난 그래도 새엄마가 돈을 많이 써서 싫고, 아직 아기인 동생들 보라고 하면 별로다. 나는 돈도 안 주고 용돈도 안 준다. 할머니도 돈도 안 주면서 맨날 애기만 보라고 한다. 그리고 새엄마가 비교하는 게 싫다.

"너는 혼자 커서 동생하고 잘 지내지도 못하지만 동생은 같이 커서 이렇게 잘 지내는 거 봐라."라고 할 때 제일 싫다. 지금 기분은 왠지 새엄마가 내가 아빠 돈 쓰는 것을 너무 싫어하는 것 같다.

지금 친엄마가 있다면 어떻게 할까? 정말 궁금하고 나는 정말 언제 만날까? 내가 만나러 갔을 때 엄마가 돌아가신다면 어떻게 하지? 정말 엄마가 돌아가시기 전에 꼭 한 번 만나면 좋겠다.

우리 엄마 임보현(진안중앙초 6학년)

엄마는 다리가 편찮으시다. 뼈가 썩어서 병원에서 인공관절을 넣는 수술을 하였다. 곧 있으면 또 한쪽 다리를 수술해야 한다. 엄마는 수술받은 후에도 다리가 세 번이나 빠지셔서 응급실에 가시곤 한다.

나는 엄마를 대신해 집안일도 한다. 엄마는 가끔씩 외로우실 때마다 술을 드신다. 이제는 끊으려고 노력하는 중이다. 얼마 전엔 삼촌이 간경화로 돌아가셨다. 그래서 우리 집은 며칠 동안 울음바다였다. 나까지 울면 더 그럴까 봐 안 울었다. 삼촌이 돌아가신 것이 지금도 믿어지지 않는다. 우리 엄마는 공부하라고 안 하지만 인간이 먼저 되어야 한다고 늘 그러신다. 나는 도덕이 중요하다고 생각하고 내가 알아서 다 한다.

엄마는 약을 하루에만도 70알을 드신다. 엄마는 신경이 예민해서 신경과 약을 드신다. 엄마는 10남매 중에 막내에서 둘째이다. 엄마는 남편도 없고, 나만 보고 사신다. 자살 시도도 여러 번 하셨다. 엄마가 너무 불쌍하다. (2009.3.12)

시골이 도시보다 형편이 어려운 건 누구나 아는 사실이다. 교실에도 그런 형편이 고스란히 드러난다. 부모님이 이혼해서 엄마나 아빠와 살거나 할머니, 할아버지와 사는 아이, 이혼하고 재혼한 가정에서 사는 아이가 많은 편이다. 그 아이들은 내 어린 시절처럼 늘 마음에 상처를 안고 산다. 그 상처를 누군가 안아주고 들어주어야 하는데 마땅히 이야기를 꺼내기도 어렵고 누군가 들어줄 만한 사람도 없다.

아이들은 내 이야기를 듣고 또 아픈 상처가 있는 또래 아이들 이야기를 들으며 나도 내 속 이야기를 드러낼까, 하고 생각한다. 곰곰이 생각해보면 누구나 상처는 있을 테니까. 그렇다고 선뜻 글을 쓰는 게 어려울 수도 있으니 너무 재촉하지 않아야 한다. 저는 정말 쓸 게 없는데요, 하고 말하는 아이도 있을 테니까. 그리고 설사 글을 쓰더라도 "선생님, 제 글은 읽어주지 마세요." 하고 다른 아이들 앞에서 나누는 걸 꺼리는 아이도 있다. 그럴 때는 우리가 서로 위로하고 마음을 나누면서 더 친해질 수 있으니 함께 나누면 어떻겠느냐고 설득해보고, 그래도 안 되면 그 아이 뜻을 존중해서 나누지 않아야 한다. 하지만 대부분 아이는 다른 아이 글을 읽으면 글 나누기에 동의한다.

'나를 드러내는 글쓰기'를 시작하고 나서 대영(가명)이가 가장 먼저 시를 썼다. 무엇보다 나를 드러내는 마음이 귀하다. 줄글이든 시든 갈래는 그다음이다. 다만 되도록이면 나를 드러내는 글은 줄글로 쓰는 게 적당하다. 내 이야기를 담담하게 적어야 하고, 내가 자라온 이야기를 자세히 써야 하기에 더욱 그렇다. 하지만 아이들 처지에 따라 줄글 쓰는 걸 힘들어하거나 글쓰기 자체를 어려워하는 아이들에게는 이렇게 시작하는 것도 괜찮다.

망할 선생 이대영(장승초 6학년)

1학년 때
그 선생이 별것 아닌 일로
나를 매우 혼냈다.
학교 앞에서
불이 깜빡거릴 때 건넜다고
또,
그때 멈추라고 했는데
안 멈추고 그냥 갔다고
단단한 시멘트 바닥에
무릎 꿇게 하고
얼굴이랑 다리, 몸을 걷어찼다.
미친 선생, 망할 선생

너무 한심하고 어이없다.

난 그날

그 선생님을 죽이고 싶었다.

　대영이는 학년 초에 경기도에서 진안으로 전학을 왔다. 2월에 전학 상담을 하러 부모님이 학교에 왔을 때만 해도 이런 사연이 있는지 알지 못했다. 다만 부모님이 교육에 아주 열의가 있어 도시 생활을 정리하고 내려왔다는 이야기만 들었다. 이전 학교에서 이렇게 아픈 상처가 있을 줄은 전혀 생각하지 못했다. 어떻게 어린 1학년 아이에게 선생님이 이럴 수 있을까 속상하고 안타까웠다. 대영이는 그 상처로 세 해 동안 병원 치료를 받고 약을 먹었다고 하니 그 상처가 얼마나 컸을지 짐작이 된다.

　3월에 대영이와 교실에서 생활을 하니 그 상처 말고도 학원, 공부, 시험으로 무기력한 모습까지 보였다. 그래서 대영이 집에 가정방문을 갔을 때 대영이가 학교에서 어찌 지내는지 상황을 이야기하고, 상처가 잘 아물 수 있도록 편안하게 해주었으면 좋겠다고 말씀드렸다. 부모로서 자식 문제를 있는 그대로 바라보고 내려놓는다는 게 결코 쉬운 일은 아니다. 대영이에게는 누구든 따스한 마음, 격려와 용기를 주는 것이 필요했다.

　대영이 시를 받고, 아이들에게 읽어주어도 괜찮겠냐고 물으니 괜찮다고 이야기해서 아이들에게 바로 읽어주었다. 대영이 글이 나를 드러내는 글쓰기 물꼬를 튼 거다. 이렇게 트이면 다른 아이들도 주저하지 않고 글을 쓰게 된다.

관계 김지혜(장승초 6학년)

나는 전에 있던 학교에서 친구 관계는 그다지 좋지 않았다. 전 학교에서는 아이들이 여러 패로 나뉘어 놀고 그 많은 패에서 떨어진 아이들은 왕따가 되었다. 나는 아슬아슬하게 왕따가 되지 않았다. 그래도 거의 왕따라고 할 수 있었다. 내가 너무 소극적이고 친구들과 잘 놀지 못해서 쉬는 시간에는 책만 보았다. 공부는 잘하지 못했고 친구들에게는 그다지 관심받고 있지 않았다. 전 학교 애들은 내 뒷담도 까고 배신하였다. 그렇게 몇 년을 지내다가 장승초를 알게 되었는데 처음에 아빠와 할머니가 반대하셔서 포기했다가 1년 후 아빠가 다시 장승초로 가자고 해서 전학 오게 된 것이다. 장승초 친구들은 전 학교보다 나를 더 챙겨주고 있어서 학교생활은 잘하고 있다. 이것으로 내 이야기는 끝이다.

말수가 없고 조용한 지혜(가명)는 전주에서 학교를 다니다 6학년 때 전학을 왔다. 그 전에 전학을 오려고 했는데 전주에서 버스를 제법 타니 멀미를 해서 오지 못하다가 결국 오게 되었다. 성격이 차분하고 책을 참 좋아하는 아이였다. 일기를 하루도 빼놓지 않고 쓸 정도로 책임감이 강하고, 자신을 드러내는 걸 낯설어하지 않았다. 3개월간 지내보니 관계에 전혀 문제가 없고, 성격도 밝아서 친구들과 아주 잘 지냈다. 그런데 전에 있던 학교에서 아이들 관계 때문에 이런 어려움을 겪었구나, 생각하니 안타까움이 더 컸다.

지혜 글도 지혜에게 동의를 구하고 다른 아이들에게 읽어주었다. 아이들은 지혜에게 이런 사연이 있었구나, 하고 공감해주었다. 글을 읽어주고 나니 지혜가 "한 편 더 써도 돼요?" 하고 얼른 한 편을 더 썼다.

아빠 김지혜(장승초 6학년)

나는 "엄마가 좋아, 아빠가 좋아?" 하고 물어보면 한 치의 망설임도 없이 "엄마!" 라고 대답할 것이다. 아빠는 정말 나쁜 사람이다. 우리 엄마, 아빠는 둘 다 회사에 다닌다. 그런데 맨날 둘 다 늦게 올 때는 엄마한테 책임을 떠넘긴다. 그리고 맨날 자기도 잘못하고 엄마도 잘못했을 때도 엄마 탓을 한다. 우리가 아파서 쉴 때도 점심에 밥 먹었냐고 하는 전화도 엄마는 11시쯤 전화하고, 3시쯤 또 전화하는데 아빠는 12시쯤 한 번만 전화해놓고 전화 통화 내용이 "밥 먹었어? 엄마는 전화했어, 안 했어?" 헐~ 자기가 더 늦게 했으면서 그리고 전화를 엄마가 바빠서 못했어도 왜 전화를 안 하냐고 뭐라 한다. 자기나 잘하시지. 그래서 내가 "엄마하고 아빠하고 일을 바꿔봐야 알지."하고 아빠한테 말하니까 아빠가 "그래! 그럼 나야 좋지. 집에서 가만히 있고." 헐~ 엄마도 일하거든요? 엄마는 집안일까지 다하고 인터넷 강의도 듣고 동생들 잠도 재워주고, 저녁 늦게 자는데 아빠는 맨날 집에 와서 피곤하다고 밥 먹고 그냥 자면서. 그러니까 뱃살이 출렁이지. 아빠가 아침에 가끔 아주 가끔 1년에 두세 번씩 밥을 대신해줘도 기껏 많아 봐야 다섯 번이고. 아무튼 나는 엄마 편이다.

예전에는 엄마가 바쁜데 집에 와서 일부러 우리랑 아빠 먹으라고 밥까지 열심히 차려놨더니 자기가 늦게 왔으면서 밥 식었다고 다른 거 시켜먹어서 한 번 울었다. 그래서 지금까지 아빠한테는 말은 아직 안 했지만 나는 엄마한테만 효녀가 될 것이다. 저번에는 할아버지 돌아가시고 한 8개월 후인가? 그 정도에 외할아버지도 팔이 다치셔서 몇 번을 꿰맸는데 외할아버지 옆에 있어주느라 엄마가 늦게 왔는데 아빠가 현관문도 비번 바꿔놓고 못 들어오게 해놓고 하는 말이 "왜 이제 와? 애들한테 전화해보니까 늦는다고 전화만 해놓고. 그럼 애들 밥은. 어? 그리고 죽을 병도 아닌데 왜 이렇게 늦게 와? 어? 아나 진짜." 뭐가 아나 진짜여. 그럼 밥은 자기가 해주면 되고 죽는 병은 아니어도 부모가 다쳤는데 빨리 오냐? 할아버지 폐암 말기 진단받고 입원해 계실 때도 엄마가 매일 저녁마다 같이 가줬는데 외할아버지 아플 때 죽는 병은 아니어도 사위라는 사람이 문병 한 번 안 가냐? 그리고 문병을 가지 못하면 엄마한테 말을 해서 외할아버지한테 미안하다고 전해달라고 하든지 아니면 그것도 못 하겠으면 엄마라도 문병을 많이 가게 해주던가. 자기가 문병 갈 것도 아니면서 이런 것도 못 해주냐? 헐~ 아주 뻔뻔하시네. 우리나라 사람들이 외국 사람 노동자 시키고 차별하는 것처럼 아주 뻔뻔한 사람처럼 아빠도 진짜 뻔뻔하다. 진짜 짜증 대박이다. 좀 성격 좀 고쳤으면 좋겠다. 아빠는 진짜 좋은 사람 만났다. 아빠가 뭐라 해도 싸움 나면 안 좋다고 맨날 미안하다고 하는 여자가 어디 있겠냐? 어? 그런 여자는 거의 없다. 진짜 아내 한번 잘 만났네. 딴 사람하고 결혼했으면 아마 벌써 이혼했을 거다. 세상에 어린 애도 아니고 반찬 투정하는 어른이 어디 있냐? 그리고 아빠 같은 싸가지 남자를 누가 좋아하겠어? 엄마가 짱이지.

　　지금까지 하지 못했던 말이 많았는지 지혜는 서슴없이 썼다. 가정에서 아버지는 어떤 모습인지, 어떻게 역할을 하고 있는지 있는 그대로 다 드러내었으니 얼마나 대단한 글인가. 이 글을 읽는 내내 아이 넷 낳고 늘 애쓰며 사는 아내에게 진심으로 애쓴다는 말 한마디 못했던 나도 반성을 했다. 직장 일에 바빠서 또는 여러 가지 핑계로 가정에 소홀히 하는 아버지라면 참 마음이 불편할 만한 글이다.
　　언젠가 지혜 아버지를 만났을 때 이 글을 보여주었다. 자식이 이런 글을 썼다며 화를 내거나 인정하지 않을 법도 한데 지혜 아버지는 진심으로 아이와 아내에게 미안해했다. 오히려 지혜가 이렇게 표현할 수 있는 것만 보아도 집안 분위기가 나쁘지 않음을 알 수 있었다.

지혜 글은 아직 글을 쓰고 있거나 이렇게 써도 되나, 하고 고민하던 아이들에게 더 글을 쓸 수 있는 동기부여가 되었다.

부모님의 이혼 김수빈(○○초 6학년)

기억은 안 나지만 엄청 어릴 때 부모님이 이혼하셨다. 너무 울었다. 엄마는 아빠랑 이혼하고 몸이 너무 안 좋아지셔서 우리를(언니, 나) 외숙모네 집에 맡겼다. 동생은 아빠랑 살고. 엄마는 그리고 병원에서 너무 심하다고 했는데 ○○아저씨를 만나서 '단식'을 통해서 다 완치하시고, 외숙모네 집에서 우리를 ○○아저씨 집으로 데리고 갔다. 나는 그때 아토피가 너무 심했는데 단식을 5일 동안 해서 거의 완치되었다. 그리고 아빠한테 찾아가서 동생을 데려왔다. 동생은 그때 너무 울었다.

외갓집에서 초등학교를 다녔는데 아빠가 왔었다. 우리는 "아빠" 하고 달려갔는데 외할머니, 외할아버지는 아빠를 막 쫓아내시고 때렸다. 우리가 계속 우니까 외할머니께서 "너네 그러려면 아빠한테 가." 이랬다. 너무 너무 울었다.

초등학교 때 학부모님이 학교에 오실 때 ○○아저씨가 많이 왔다. 싫다는 건 아닌데 애들이 "너네 아빠가 저분이셔?" "아니야" 이렇게 말하면 "그럼 저분이 왜 와?", "너네 아빠는 왜 안 와?" 나는 진짜 이혼했다고 말하지 못했다. 왜냐하면 애들이 막 "제네 부모님 이혼했대. 어, 정말 불쌍하다." 이렇게 동정심 받고 놀림 받고 나는 이럴 수밖에 없다. 친구들이 자기네 아빠 이야기를 하면 나도 우리 아빠 이야기를 할 수밖에 없다. 그리고 더 어이없는 건 한 부모 가정이라고 우유를 방학 때 주거나 상품이나 물건들을 주는데 제발 그러지 말라고요. 난 이혼했다고 다른 애들보다 못하지 않다. 꼭 우유나 물건들을 줄 때 사람들이 "꼭 가져가, 응?"이라고 하는데 나한테는 "어유, 불쌍하니까 빨리 가져가라." 이것처럼 들린다. 동정심 제일 싫다. 니들이 뭔데 날 동정해. 짜증 난다. 그리고 우유를 주면 애들은 "우와, 좋겠다." 어이없다. 이런 거 먹지도 않는데. "그럼 가질래?" 이러면 불쌍하다는 듯이 "아니야, 너 가져가. 난 사 먹으면 돼." 그럼 난 돈이 없니? 짜증 나. 왜 우리를 거지처럼 생각할까? 왜? 이혼했다고? 꼭 그래야하는 것도 없다. 그런 거 안 줘도 우린 열심히 산다.

그리고 내 이야기를 아는 애들은 이런다. "너네 아빠 이혼했다며. 근데 왜 너네 아빠 이야기를 해?" 그럼 이혼했다고 우리 아빠가 아닌가? 정말 싫다. 우리 아빠가 차라리 없지 이혼은 더 싫다. 그리고 우리 아빤 하나뿐이다. 우리 아빠. 아빠랑 만날 때가 있다. 그때는 기쁘지만은 않다. 아빠의 표정이 너무 슬퍼 보인다. 그리고 고모네도 우릴 불쌍하게 보는 것 같다. 난 우리 반 여자 애들한테는 알려줬는데 날 똑같이 봐주는 것 같아 좋다. 선생님도 날 그렇게 불쌍하게 안 볼 거라고 믿는다. 그럼 끝.

여자아이가 6학년 정도 되면 특히 민감해서 그냥 장난으로 한 말인데도 어떻게 그런 장난을 할 수 있느냐며 상처받고 우는 경우가 종종 있다. 수빈(가명)이는 마음이 여리고 순수해서 좋은 책이나 영화를 보고 감동해 울기도 하고, 들에 핀 꽃 한 송이도 허투루 보지 않는 아이다. 그런 수빈이에게 부모님 이혼은 얼마나 큰 상처였을까? 겉으로 표현은 안 하지만 친구들 앞에서 부모님 이야기를 자랑스럽게 할 수 없으니 스스로 당당해지지 못하고 자꾸 움츠러들게 된다. 물론 수빈이는 엄마를 부끄럽게 여기거나 학교생활에 문제가 있는 아이가 아니었다. 그런데도 학교에서 주는 우유에서도 자유로울 수 없고, 친구가 던지는 말 한마디에도 자유로울 수 없다.

이혼 김수빈(○○초 6학년)

나는 내가 알고 있지 않았던, 하지만 지금은 알고 있는 이야기를 하려고 한다. 터놓아야 한다고 했는데 그게 더 좋을 것 같아서 그런다. 이혼, 그 이혼이 단순한 것이 아니라 모든 건 원인이 있어서 그 일이 일어나는 법. 그 원인을 이야기하려고 한다.

나는 처음에 '엄마, 아빠가 이혼을 왜 하셨을까? 하지 마시지.' 하는 생각을 했던 적이 있었다. 어제 그게 너무 궁금해서 "엄마, 나 궁금한 게 있어. 엄마, 아빠 이혼은 왜 한 거야?" 이렇게 물었다. 사실 너무 궁금했다. 엄마는 약간 망설이다 대답해주셨다.

"친할아버지 있잖아. 그 할아버지가 술만 마시면 할머니를 때리시는 거야. 엄만 우리 엄마, 아빠가 사이좋게 지내시는 것만 봐서 좀 충격이었어. 그게 충격이었는데 아빠도 그 행동을 하는 거야. 엄마는 너무 충격이었어. 처음엔 막 잘못했다고 했는데 두세 번 하니까 막 기억도 못 해서 엄마는 그렇게 살고 싶지 않았어."

많이 생략한 거지만 나도 내 나름대로 꽤 충격. 이런 이야기가 있다고 상상조차 안 했었다. 어떻게, 우리 아빠는 안 그렇다고 생각했는데. 궁금했는데 알고 나니 흐아, 정말. 하지만 아빠도 우리 친할아버지를 계속 봐서 그런 걸 텐데.

며칠 후, 수빈이는 또 한 편 글을 썼다. 사춘기 수빈이에게 부모님이 이혼한 까닭은 늘 궁금했지만 쉽게 꺼낼 수 없는 이야기였다. 하지만 엄마와 딸은 같은 마음이었다. 수빈이가 용기를 내어 엄마에게 물었고, 엄마 또한 언젠가는 하려고 했던 이혼 이야기를 하게 되었다.

수빈이는 이제 부모님의 이혼 이유를 속 시원히 알게 되었다. 하지만 할아버지와 아버지 모습에 실망했을 터이다. 그런데도 친할아버지에게 잘못 배워서 그런 것이라고 아버지를 이해하려는 마음이 참 기특하기도 하다.

우리 식구 강명석(○○초 5학년)

　세 살 때까지 순천에서 지내다 임실 산속에 있는 제각 같은 집에 살면서 많이 다쳤다. 지네에 물리고 99.9도의 뜨거운 물에 팔목을 데고, 풀독 오르고, 신발과 양말도 안 신고 산속을 뛰어 댕기면서 자연에서 나는 것만 먹으면서 사니까 아주 건강했다. 그러다가 아버지가 다른 '이모'가 생겨가지고 경기도 연천에 여섯 살 때 엄마가 혼자 나랑 지낼 능력이 없으니까 엄마의 '형님(아는 언니)'과 같이 지냈는데 농사짓는 분이라서 하루 다섯 시간씩 일하며 지냈는데 그리 힘들진 않았다. 아주 아주 엄한 분이라서 하루에 두 시간 이상 벌을 서고 맞았다. 그때 기타도 배웠는데 다 까먹었다. 면에 살면서 일이 많아서 읍에 많이 따라 나갔다.

　밤에 맨날 싸워서 도대체 잠을 못 잤다. 주로 나와 관련된 이야기였는데 보통 세 시간 안에 화해했다. 그리고 그때까지는 이름이 너무 약했다. 이름이 ○○○이었는데 아홉 살 때 다시 바꿨다. 집에 텔레비전이 있긴 있었는데 거의 안 봤다. 집 앞 텃밭에 거름 주느라고 소똥이랑 흙이랑 섞는 것도 막 맨손으로 하라 그래서 하고 나서 비누로 손 완전 빡빡 문질러 씻었다. 그때까진 일도 많이 했는데 요즘은 좀 덜하게 되고 게을러진 것 같다. 여섯 살 때인가부터 유치원 다니면서는 친구네 집에도 놀러 가고 자주 그랬던 거 같다. 주로 ○○이란 애 집에 많이 갔다. 걔네 어머니가 그때 선물로 준 휴지 커버가 다 낡았지만 아직까지 있다.

일학년은 거기서 팔월까지만 보내고 엄마가 정토회에서 만났던 친구를 따라서 진안으로 왔다. ○○리에 집 얻어서 일 년 정도 살다가 그 집을 누가 사는 바람에 옆 마을 제각 집, 지금의 집에 와서 학교를 걸어 다니면서 다녔다. 그리 멀지는 않았다. 그때까진 잘 놀고 잘 지냈다. 삼학년 때 어떤 교장 선생님이 오면서 재앙이 시작되었다. 한 번은 조회 시간에 "맨날 공부, 공부, 공부 잘해라. 좋은 대학 가라." 이 지랄만 하고 자기는 앉아 있고, 우리는 추운 데 서 있게 해놓고 공부 얘기만 하다가 수업 시간이 지났다. 그래서 쉬는 시간도 빼먹고 공부했고 그 교장 선생님이 학력신장인가를 신청해서 다섯 시 반까지 공부, 문제집을 풀었다.

고통의 세월을 보내다가 사학년이 되었는데 새로운 담임선생님이 처음엔 무서운 줄 알았는데 가면 갈수록 1, 3학년 때하고는 정반대로 갔다. 체육 시간도 한 번도 안 빼먹고 재밌는 얘기도 많이 해주셨다. 수업이 재미있었다. 하루하루가 재미있어서 기대됐지만 중간중간 그 교장 선생님이 학교를 다 돌아다니니까 어쩔 수 없이 학력신장 문제집 풀기는 계속 됐다. 그때 어떤 친구는 집에 놀러 가면 맨날 게임하고 있었다. 학원을 엄청 많이 다니니까 그 스트레스를 풀려고 엄마를 속이면서까지 게임만 해댔다. 그래서 그 집엔 별로 안 갔다. 그 뒤 잘 살다가 엄마가 어떻게 어떻게 해서 장승초로 왔다.

명석(가명)이는 5학년 때 전학을 왔다. 학교생활을 하면서도 사실 속마음을 다 터놓고 지내기는 쉽지 않다. 그냥 마음에 담아두고 살거나 기회를 줘도 쉬 이야기를 꺼내려고 하지 않는다. 학교 교육이 제 역할을 하려면 아이들 스스로 나를 드러낼 수 있어야 하고, 선생님은 아이들 이야기를 귀 기울이고 들어줘야 한다. 그러면서 학교에서 서로를 이해하고 소통하며 나누어야 한다. 아이들이 평소에 하지 못했던 말을 글이든 말이든 쓰거나 말할 수 있으면 아이들 마음도 자연스레 풀릴 수밖에 없다. 자유롭게 이해해줄 수 있는 누군가에게 풀어내지 못했던 삶 이야기를 속 시원하게 터놓고 나면 얼마나 후련할까. 바로 그런 곳이 학교가 되어야 한다. 경쟁, 시험, 공부에 아이들을 옭아매면 아이들을 틀에 가두는 꼴이 된다.

평소 솔직한 아이지만 풀어낸 글에 명석이가 자라온 삶이 있는 그대로 보여서 더 좋다.

돌아가신 엄마 손지연

내가 여덟 살 때 갑자기 엄마가 아파서 병원에 갔다 왔는데 유방암이란다. 그날 저녁 엄마랑 나는 엄청 울었던 것 같다. 아니 내가 우니까 엄마도 울었던 것 같다. 아직 어린나이에 암이란 게, 유방암이란 게 뭔지도 모르지만 그냥 암 덩어리가 생기면 아프다는 거, 고생한다는 거, 죽는다는 거... 그건 알고 있었다.

거의 매일 울었던 것 같다. 엄마가 전보다 훨씬 많이 아팠을 때 입 안 전체가 헐어서 말도 못했다. 집에 돌아오면 엄마는 방 안에서 자고 있었지만 엄마가 내 눈에 안 보이면 눈물이 그렁그렁 맺혔다. 내가 삼학년 때 엄마가 돌아가셨다. 눈물이 마르도록 울었다. 영안실에서 엄마를 잠깐 보고, 관에 넣는 걸 보지 못했다. 마지막 가는 모습을 보고 싶었지만 몸이 거부했다. 차라리 그리워했으면 그리워했지 관에 넣는 모습은 보고 싶지 않았다. 그래도 난 그날 이후로 크게 운 적은 없다. 엄마가 돌아가셨는데도 너무 웃고 밝아서 나랑 아는 언니는 "어떻게 엄마가 돌아가신 애가 이렇게 밝을 수 있지? 내가 아는 애는 아빠가 돌아가셨는데 그전과 달리 엄청 어두워졌어." 물론 나도 안 좋긴 하지만 참는 거다. 엄마 돌아가셨으니까 일부러 밝게 자라야 걱정을 안 하지. 또 어떨 땐 엄마가 너무 원망스러울 때가 있다. 친구네가 어디 학부모총회에 갔을 때 다른 애들 엄마는 다 애들 응석을 받아주고 챙기고 하는데 나는 그러지 못하니까 친구네 엄마가 챙겨주시긴 하지만 엄마의 빈자리가 너무 커서 집에 오면 밖에서 울기도 했다. 또 너무 심했을 땐 아는 ○○선생님한테 나 일 년만 데리고 있으면 안 되냐고 했던 적도 있다. 가끔씩 우울해져서 울면서 아는 사람한테 전화하면 제일 듣기 싫은 말이 "○○랑 집이 가까우면 찾아갈 텐데." 이 말이 제일 싫었다. 하지만 지금은 엄마 이야기를 꺼냈을 때 감싸주는 친구들이 있어 만족한다. 그래도 엄마 돌아가신 건 웃으면서 넘길 수 없는 게 좀 아쉽지만.

글마다 가슴 아픈 사연들이 펼쳐지니 교실이 울음바다가 되었다. 글을 쓴 아이도 울고, 듣는 아이들도 울고 나도 운다. 부끄러운 과거를 들춰내는 자리가 아닌 서로를 치유하는 자리가 되었다. 마음의 상처가 아물려면 혼자 가슴에 묻어두기보다 누군가에게 이야기하고, 함께 나누며 공감할 때 아물 수 있다. 물론 나도 그런 과정으로 상처를 조금씩 치유할 수 있었다.

지연(가명)이 사연도 얼핏 알고는 있었지만 어린 나이에 지연이가 온전히 감당하기에는 삶의 무게가 너무 무겁구나, 하는 생각이 들어 더 가슴이 아팠다. 돌아가신 엄마가 보고 싶어 눈물을 흘리고 싶지만 참을 수밖에 없고, 다른 친구들은 엄마가 응석도 받아주고 챙기는데 지연이는 그러지 못하니 어린 나이에 얼마나 서러웠을까. 그래도 고마운 건 같은 반 친구들이 힘이 되어주고 챙겨주니 얼마나 다행인가.

슬픈 이야기, 감추고 싶은 상처, 억울하고 마음 답답한 이야기를 풀어내는 건 결코 쉬운 일이 아니다. 한사코 자기가 쓴 글을 다른 아이들에게 읽어주는 것을 거부한 아이도 있지만 글로 정직하게 쓴 아이들이 참 고맙다.

아무리 큰 상처라도 누군가에게 풀어놓고 나면 그 사람과 내가 더 가까워진 느낌이 들고 오히려 마음도 편안해진다.

글쓰기로
삶을 가꾸는 교실

03
마음을 이어주는 글쓰기

맺힌 마음 풀어내기

　글은 쓰고 싶을 때 써야 한다. 그런데 문제는 쓰고 싶을 때가 많지 않다는 거다. 글을 쓰는 일은 누구에게나 불편한 일이다. 《태백산맥(전 10권)》《아리랑(전10권)》《한강(전10권)》등 장편소설을 쓴 당대 최고의 작가인 조정래에게도 예외는 아니었다. 작가는 인터뷰에서 세 작품을 쓴 20년 동안 날마다 원고지 평균 40매 분량을 썼고, 그때는 정말 고통스러운 기간이었다고 고백했다. 아픈 날, 쉬고 싶은 날, 일이 있는 날들을 빼고 나면 날마다 더 많은 분량의 원고를 썼을 테니 쉽지 않은 과정이었으리라 짐작할 수 있다. 이렇게 유명한 대작가도 고통스러운 기간이었다고 고백할 정도이니 글을 쓰는 일은 누구에게나 힘든 과정이다.

　글을 쓰는 일은 시간을 내어 쓰는 노력도 필요하다. 학교에서 하는 글쓰기는 어린이들에게 지도를 목적으로 하니 더 힘들 수 있다. 요즘은 일기를 쓰지 않는 학급도 많고, 여러 가지 까닭으로 글을 잘 쓰지 않는 어린이들이 많아서 더 어렵다.

"이 글 읽어주지 마세요. 다른 사람 보면 절~~~대 안 돼요."

"쌤만 봐요."

글을 써서 가지고 나오면 아이들이 귀에 속삭이며 하는 말이다. 마치 다른 아이들에게 글을 보여주면 큰일이 날 것처럼 호들갑을 떤다. 사실 내용을 보면 크게 비밀을 지킬 만한 내용이 없는데도 자신의 이야기를 드러낼 기회가 별로 없고, 그러다 보니 더 주저하게 된다.

결국 글을 쓰고 싶은 마음, 여러 사람과 함께 나누고 싶은 마음이 생기도록 기회를 자꾸 만들어주는 수밖에 없다. 그런 마음이 생기지 않는다면 마음의 문도 열지 않을 테니까.

글쓰기는 아이와 어른, 아이와 선생님이 소통하고 나누는 통로라 할 수 있다. 교실에서 글쓰기를 하지 않거나 글쓰기가 잘 되지 않는다면 진정으로 소통하기란 쉽지 않다.

우리 가족 ○○○ (중앙초 6학년)

우리 가족 중에서 할머니는 욕도 엄청 많이 하고 언제는 나보고 죽으라고까지 한 적이 있다. 나는 할머니가 내가 하는 모든 것에 상관을 하고, 잔소리하는 게 싫다. 그리고 여자니까 설거지는 여자가 하는 거라고 편을 가를 때면 나는 억울하고 할머니가 밉다. 나는 언젠가는 모르겠지만 지금까지 여러 번 서러워서 슬퍼서 운 적이 많다.

할머니 때문에 죽을 생각까지 했었다. 할머니는 내가 죽으면 지금까지 나에게 욕한 것에 대한 미안함을 느낄까? 또 '할머닌 나 때문에 울까?' 하는 생각도 든다. 나는 지금까지 할머니에게 욕을 들어왔다. 그렇지만 억지로 만든 잔소리도 많았기에 나는 할머니가 싫고 밉다.

　우리 동생 ○○이는 할머니, 아빠, 엄마가 "오냐오냐 어이구 이쁘다." 하며 키워서인지 예절, 싸가지가 없고, 위아래를 모르는 것 같다. 우리 동생은 컴퓨터 중독자이기도 하다. 컴퓨터를 못 하면 삐치고 운다. 울 동생을 정신병원에 보내버리고 싶다. 우리 아빠는 기분이 좋을 땐 좋은 아빠지만 화가 나면 무섭다. 언젠가는 아빠가 물건을 때려 부수며 할머니랑 싸우는데 너무 무섭고, 우리 아빠가 아닌 것 같았다. 그럴 땐 나는 아무 것도 못해서 슬프다.

　우리 오빠도 매일 할머니의 잔소리 때문에 스트레스를 받는다. 그래서 옛날엔 잘 쓰지 않는 욕을 쓴다. 우리 가족은 스트레스 가족 같다. (2009.6.30)

겉으로는 늘 밝고 긍정적인 아이라고 생각했는데 이런 걱정이 있었다니. 할머니, 동생, 싸움, 남녀 차별처럼 집에서 일상으로 일어나는 일에 오랫동안 스트레스받았던 마음을 고스란히 풀어내었다.

　요즘은 아이들 사춘기가 예전보다 더 빨라지는 추세다. 또 '공부' '부모' '친구' '돈' 말고도 사회가 복잡해짐에 따라 스트레스의 유형도 여러 가지로 나타난다. 이런 어린이들에게 선생님으로서 해줄 수 있는 일은 무엇일까? 바로 들어주고 이해해주는 일이다. 학교 일과 잡무로 힘들고 바쁘지만, 진정으로 소통하고 싶다면 아이들 처지를 이해하고 들어주는 노력이 필요하다. 결국 선생님이 가장 우선에 두어야 할 건 아이들이니까.

엄마 ○○○ (중앙초 6학년)

엄마가 오늘은 진짜 싫다. 별 것 아닌 일에 간섭하면서 잔소리하고 화낸다. 내 목이 좀 뻐근하다 하니까 자세가 삐뚤어서 그런다고 하며 잔소리를 한다. 난 매일 혼자 있는 시간이 없다. 혼자서 편하게 쉬고 싶은데 우정헌이 배드민턴 치자고 그런다. 싫다고 하니까 짜증내고 아빠는 계속 산책가자고 그러고 엄마는 계속 내 일에 상관한다. 시험 날 얼마 안 남았다고 공부하라고 수시로 계속 그러고 목에 때 좀 밀으라고 하고 정말 짜증난다. 딱 하루만 혼자 있고 싶다. 괜히 승질 낸다. 엄마는 이 일기를 보고도 글씨가 왜 이따구냐고 할 거다.

오늘도 예방접종 맞으러 갈 때 괜히 먼저 가라는 데도 따라오고 송○○ 글씨 잘 쓴다고 하면서 걔를 본받으랜다. 정말 내가 제일 싫어하는 게 다른 사람하고 비교하는 것이다.

쉬는 날에도 ○○이 붙어서 귀찮게 한다. 난 왜 이런 환경에서 태어났을까 모르겠다. 진짜 짜증난다. 이딴 곳에서 가출해버리고 싶다.

엄마는 나한테 하지 마라, 하면서 잔소리만 해대면서 난 먼 말만하면 자꾸 그러니까 재수 없다.

내가 ○○ 때문에 나만 혼났을 때 이런 엄마가 있느니 차라리 없는 게 낫다고 생각한 적이 있다. 이제는 어떨지 몰라도 그때는 진심이었다. 내 잘못은 정말 없는 것 같은데 잔소리만 하는 엄마. 난 엄마의 그런 면이 싫다. 난 사실대로 쓰라는 선생님 말씀 때문에 이렇게 썼지만 엄마가 이 글을 읽으면 왠지 혼날 것 같다. 그래도 사실대로 써서 보람을 느꼈다. 난 사실 이 일기를 쓰면서 조금 울었다. 이런 일기를 쓰고 우는 내가 찌질이 같다. (2009.6.17)

솔직한 글을 쓰면 마음도 풀어지고, 스스로 위로도 받고 용기를 얻기도 한다. 답답한 마음을 푸는 글을 쓰게 되면 스스로 마음이 자유로워진다. 그리고 깨끗하고 올곧은 마음을 지켜갈 수 있게 된다. 그래서 솔직하게 글을 쓰는 과정은 참으로 귀한 공부다.

글쓰기는 또 서로의 마음을 살피고 이해하는 데 도움을 준다. 글을 쓴 어린이가 솔직하고 진실하게 썼다면 그 글을 읽는 사람에게 '이런 사연이 있었구나.' 하고 이해의 폭을 넓혀주는 계기가 된다. 그러면 자연스레 글을 쓴 사람과 읽는 사람의 마음이 이어진다.

읽기만 해도 따스해진다

속풀이를 하는 글이 있다면 읽기만 해도 기분이 좋아지고 웃음이 절로 나오는 글이 있다. 또 위로받기도 하고, 따스해지는 글도 있다. 따스한 시선으로 글을 풀어내면 읽는 사람도 마음이 따스해진다.

어린이 글은 일부러 꾸미거나 지어내지 않고 정직하게 직관으로 풀어내기에 더 감동을 주기도 한다. 어린이의 동심은 감정이 풍부하다. 다른 사람의 어려움을 보고 함께 눈물을 흘리기도 한다. 또 다른 사람의 기쁨을 질투하거나 욕심내는 것이 아니라 함께 기뻐하며 축하해주기도 한다. 때론 잘못을 보고 그냥 넘어가지 않고 함께 분노하기도 한다. 이것이 곧 아이들 마음이다. 행여나 비뚤어진 마음을 가진 어린이가 있다면 모두 어른들에게 잘못 배우거나 물들어 그렇게 된 것이 아닌지 생각해볼 일이다.

전봇대 전진형(송풍초 4학년)

우리 마을엔 전기가 안 들어온다.
그래서 전봇대가 오랫동안 없었다.
그런데 어제부터 전봇대가
우리 마을에도 생겼다.
이젠 우리 마을도 전봇대가 있고,

전기도 곧 들어올 것이다.
전봇대를 보면 참 흐뭇하다.
마음에 전기가 들어온 것 같다. (2004.4.12)

어렵게 사는 다른 나라 이야기 같지만 불과 20여 년 전만 해도 전기가 들어오지 않는 곳이 제법 있었다. 진형이가 사는 마을은 큰길에서 차로 10분은 족히 들어가야 하는 용담댐 둘레에 있는 몇 가구 안 되는 아주 작은 마을이었다. 전기가 들어오지 않아 호롱불을 켜거나 자가 발전으로 살아야 했다. 하지만 주민들이 계속 민원을 넣어 드디어 전기가 들어오게 되었다. 전기가 들어오니 얼마나 기분이 좋았을까? 그러니 마음에 전기가 들어온 것 같다고 표현했다. 마치 내 마음에도 전기가 들어온 것처럼 이 시를 읽고 진형이와 함께 기뻐했던 기억이 생생하다.

운동회 최정안 (송풍초 6학년)

운동회 마지막 경기
청백 계주를 한다.
다른 사람이 뛸 때도
내 가슴은 쿵쿵거린다.

내 차례가 돌아올 때

지면 어쩌나 지면 어쩌나

바톤을 받고 전력 질주할 때

머리는 텅 빈 채로 막 달린다.

상대를 따랐다.

힘들어도 기분은 하늘을 날 것 같다. (2005.9.27)

운동회 분위기가 예전과 많이 달라지기는 했지만 그래도 참여해 본 사람이라면 누구나 느끼듯이 운동회 백미는 역시 청백 계주다. 달리는 아이도, 응원하는 아이도 한마음이 된다. 물론 구경하는 학부모들도 아이들 마음이 된다. 시대가 빠르게 변하고, 학교 상황도 빠르게 변하면서 운동회 풍경도 예전 같지 않다. 하지만 의미 있고, 귀한 활동은 더 살리고 권장하면 좋겠다는 생각이 든다.

정안이 생각이 요즘 같은 때에 더 귀하고 값지게 다가온다. 공부와 스트레스에 지친 아이들에게 어쩌다 한 번이라도 기분이 하늘을 날 것 같은 느낌을 줄 수 있으면 얼마나 좋을까.

불공평한 하늘 전준형(진안초 6학년)

아버지와 9시 뉴스를 볼 때

비가 와서 피해를 입은
농가들이 나왔다.
설거지를 하던 어머니가
"이놈의 비가 사람 잡네."
하지만 여기는 비가 많이 안 온다.
이러면 하늘은 불공평하다. (2006.7.25)

짧은 순간을 잘 잡아서 썼다. 내 둘레를 살필 수 있는 마음이 곧 따스한 마음이다.

교실 바닥이나 운동장에 쓰레기가 떨어져 있어도 내가 버린 것이 아니면 줍지 않는 아이들, 교실 청소를 하며 올린 의자를 내릴 때 내 의자가 아니면 내리지 않는 아이들, 급식실에서 식판이 제자리에 놓여 있지 않을 때 그건 내 일이 아니라고 그냥 본체만체하는 아이들을 교실에서 흔치 않게 만난다. 아이들 문화가 그렇게 조금씩 바뀜을 실감한다. 그럴수록 내가 버린 쓰레기가 아니어도 주울 수 있어야 하고, 내 의자가 아니어도 내릴 수 있어야 한다. 식판이 제대로 놓여 있지 않으면 내 손으로 정리할 수 있어야 한다. 개인주의, 이기주의가 만연한 세상에서 아이들을 더 단단하게 그리고 따스하게 키우는 게 부모, 선생님의 역할이 아닐까.

감 장서연(부귀초 6학년)

아빠가 나무 위에서 감을 따시는데
감 하나
저기 저 도로로 굴러간다.
차가 쌩쌩 달리는데
용케도 살아난다.
나랑 언니는 "어어?!"
아빠가 얼른 가서 주워 오신다.
운 좋은 감
넌 살았다. (2020.11.14)

　짧은 순간을 참 잘 잡아냈구나 싶다. 감을 따다가 차가 쌩쌩 달리는 도로로 굴러가는 감을 바라보면서 마음 졸였을 서연이 마음이 되어본다. 감은 용케도 살아났고, 아빠가 얼른 주워왔으니 얼마나 운이 좋은 감인가. 시를 여러 번 읽어보고 또 읽어보니 저절로 노래가 될 것만 같다.

　우리는 순간순간 수많은 일을 겪으면서 살아간다. 하지만 어떤 대상에게 집중하거나 몰입하기 쉽지 않다. 마음을 주는 순간 그 대상은 나에게 위대하고 큰 대상이 된다. 그 순간에 마음을 주면 그 순간은 나에게 의미로 다가온다. 그 순간을 잡는 것. 그것이 시 정신이 아닐까.

내 생각은 귀하다

줏대 있는 삶, 온전한 내 생각을 제대로 펼치며 사는 사람이 갈수록 귀한 시대다. 모두의 존경을 받을 만한 동시대의 어른도 갈수록 적어지는 느낌이다. 그러다 보니 옛날의 위인들을 더 찾게 되지만 아이들의 공감을 얻기에는 부족한 느낌이 든다. 또 위인을 탐구하다 보면 긍정의 부분도 있지만 위대한 분들은 나하고는 달라, 하고 오히려 자존감을 낮게 할 위험성도 있다. 좋은 사람이 둘레에 있어서 많이 보고 배우면 가장 좋겠지만 흔치 않은 일일 테다. 대안으로 좋은 책, 좋은 글을 많이 읽고, 내 생각을 글쓰기로 표현하는 과정이 무엇보다 중요하다. 특히 자신의 글을 제대로 알아주고 읽어주는 사람이 있다면 더할 나위 없이 좋겠다. 그러면 귀한 내 생각을 있는 그대로 표현하고, 내 생각이 귀함을 찾아갈 수 있다.

영어 민진홍(진안송풍초 6학년)

영어는 너무 어렵다.
베이비의 BABY는
'베비'인데 왜
가운데 '이'를 붙이는지
러브의 LOVE는

내가 알기로는
'로배' 같은데
'O'가 'ㅓ' 발음이 나고
'E'는 'ㅡ' 발음이 나는지
참 알다가도 모르겠다.

시골 아이들이 가장 힘들어하는 공부가 영어와 수학이다. 학교 공부만 해도 따라갈 수 있으면 참 좋으련만 변별력의 함정에 빠진 우리나라 시험은 사교육 힘을 빌리지 않고는 따라가기 참 벅차다.

시골에서 아이들 키우는 게 막막할 때가 있다. 도시에 있는 그 흔한 학원도 없으니 영어와 수학을 좀 더 공부해보려고 해도 쉽지 않다. 그나마 인터넷 강의가 있어서 진득하게 앉아서 하는 애들은 할 수 있겠지만 그것도 보통 의지로 하기엔 쉽지 않다.

진홍이도 영어가 힘들다고 했다. 영어 단어가 때에 따라 너무 달라서 어떻게 읽어야 할지 모르겠단다. 그렇구나 싶어 고개가 *끄덕여지는* 시다. 영어를 공부하면서 때에 따라 달라지는 영어 발음이 힘든 상황은 누구나 겪었을 법한 이야기다. 그 상황을 놓치지 않고 시로 쓰니 저절로 고개가 *끄덕여지고*, 웃음도 나온다.

이명박 대통령 아저씨께 송예진(진안중앙초 6학년)

나는 영어를 정말 싫어한다. 그래서 이명박 대통령 아저씨께 이 이야기를 하고 싶다.

"이명박 대통령 아저씨, 부탁드릴 게 있어요. 우리가 영어를 배우듯이 우리나라가 강대국이 되어서 다른 나라 사람들이 우리나라의 말과 글을 배우게 해주세요. 그렇게 되면 우리가 영어를 안 배워도 될 거라 생각이 들어요. 영어 하나 안 배우려고 이런 부탁드리는 것이 어이가 없을 거예요. 하지만 우리나라가 강대국이 된다면 광우병 소고기도 수입을 안 해도 되고, 북한과 통일하기도 쉬울 거예요. 비록 강대국이 되기 위해서는 그만큼의 시간과 노력이 필요하겠지만 저도 열심히 공부해서 하나의 인재가 되도록 할게요. 제가 영어를 싫어하는 까닭을 알려드릴까요? 제 머리 용량은 적은데 외워야 할 단어는 수백 가지이고 명사, 동사, 형용사, 복수형 등등 외워야 할 게 너무 많아요. 영어는 우리말과 순서가 달라 이해하기도 힘들어요. 그래서 정말 우리나라가 강대국이 되었으면 좋겠어요. 부탁드릴게요."

이렇게 이명박 대통령 아저씨께 당당히 말하고 싶다. (2009.3.15)

영어 공부로 어려움을 겪는 아이들을 볼 때면 영어처럼 한글이 전 세계에서 통하는 말이면 참 좋겠다는 생각이 들 때가 있다. 더군다나 영어가 의사소통을 위한 수단이기보다는 입시를 위한 도구가 된 것 같아 더 안타까울 때가 있다. 우리말을 귀하게 여기지 않고, 영어로 쓴 간판이며 언론이나 방송에서 쓰는 영어 그리고 지자체에서 주민들을 혼란스럽게 하는 영어 상용 도시와 같은 정책을 아무렇지 않게 하려는 상황이 안타깝기만 하다. 우리말의 귀함을 알고, 우리말 실력이 바탕이 되었을 때 영어도 제대로 공부할 수 있다. 외국인이 우리나라를 방문했을 때 영어 의사소통이 불편하지 않게 하는 게 흔히 말하는 세계화가 아니라, 우리 한글이 더 세계에 빛나는 말이 되어서 다른 나라 사람들이 더 배우고 익히는 것이 세계화 아닌가.

장애인 신윤주(진안중앙초 6학년)

많은 사람들이 애들을 놀릴 때 장애인이라는 말을 자주 쓴다. 장애인은 보통 사람들보다 몸이 약간 불편한 것을 말한다.

나도 일학년 때 사고가 나서 다리 쓰기가 불편하고, 5년이 지난 지금도 흉터가 심하게 남아 있다. 그로 인해 남들과 조금 다른 삶을 살고 있다. 우선 놀림이다. 나는 옛날부터 '장애인'이라는 말을 자주 들었다. 장애인이라는 말을 들을 때마다 눈물을 흘렸다. 아이들은 그런 내가 싫었는지 따돌림도 많이 했다. 그래서 고민도 흉터가 많이 있는 내 다리였다. 내 친구들은 자주 어두운 내 얼굴을 보고 고민이 있냐고 물어보곤 한다. 그럴 때면 자꾸 다른 대답을 했다.

"전쟁이 없으면 좋겠어." 등등

그럴수록 내 다리는 점점 부끄러워졌다. 아이들이 내 다리를 보고 놀릴까 봐 매일 긴 양말을 신고 다녔다. 무엇보다 약해진 마음이 큰 문제다. 이 글을 쓸 때도 참 많이 울었다. 뜻을 알고 장애인을 위해주었으면 좋겠다. (2009.3.8)

한때 아이들 사이에 장애아를 비하하는 말들이 한참 유행했다. 너도나도 쉽게 그런 말을 썼다. 잘난 사람과 못난 사람, 부자와 가난한 자, 똑똑한 사람과 똑똑하지 못한 사람처럼 이분법으로 세상을 바라보면 장애인의 반대는 정상인인 것처럼 보게 된다.

윤주는 다리에 화상을 심하게 입어서 2학년 1학기에 학교에 나오지 못했다. 여러 번 수술했는데도 완전하게 치료되지 않아 감추고 싶은 비밀이기도 했다. 그래서 치마를 입을 수 없었고, 자존감도 많이 떨어졌다. 윤주가 고민하는 글을 읽어주니 아이들 모두 숙연해졌다.

텅 빈 하늘 박시우(부귀초 6학년)

차 타고 집에 오는 길에
창문 밖으로 밤하늘을 본다.
오늘은 웬일인지
인공위성인지 별인지

모를 것 하나 빼고는

아무 별도, 달도

보이질 않는다.

너무 허전해

텅 빈 하늘처럼

내 마음도 텅 비어

허전한 것 같다. (2020.11.12)

    내 마음을 바라보는 힘이 있으면 스스로 마음을 다스릴 수 있다. 또 어떤 대상에게 마음을 주고 자세히 살필 수 있는 마음이 있다면 대상을 귀하게 여기는 마음이 있다는 말이기도 하다. 나만 아는 세상, 이기주의가 팽배한 시대에 더 필요한 마음이다. 어른이든, 어린이든 여유가 없어서 더 그렇다. 혼자 차분하게 생각할 시간도 없을 정도다. 하늘을 바라볼 수 있는 마음, 곧 여유다. 그리고 생각한다는 거다. 내 삶을 돌아보고 잠깐이라도 뒤돌아볼 수 있다는 말이다. 마음의 여유가 있어야 둘레도 바라보고, 내 마음도 바라볼 수 있다.

글쓰기로
삶을 가꾸는 교실

둘째 마당

글쓰기로 가꾸는 한해살이

01

시시하지 않은 시(詩)로
시작하기

이렇게 수업해요! 80분 · 2차시

- **시란 무엇일까?** 3분
- **동시와 어린이 시** 7분
- **진짜 시와 가짜 시** 15분
- **어린이 시 특징 찾기** 10분
- **본보기 시 함께 나누기** 10분
- **부모님 이야기로 시 써보기** 35분

시란 무엇일까?

　문학의 세계는 누구나 동경하지만 용기 내어 그 세계에 들어서기 쉽지 않다. 그만큼 문학은 누구나 할 수 없다고 생각하는 마음, 어렵다고 생각하는 마음도 있을 게다. 시의 세계도 그렇다. 왠지 시를 쓰는 마음은 그냥 아무나 할 수 없을 것 같은 특별한 마음, 공부를 많이 해야 쓸 수 있을 것 같은 마음이 든다. 그만큼 시 쓰는 마음을 특별하게 생각했기 때문이다.

　시란 무엇일까 생각해본다. 여러 책을 찾아보면 보통 '인간의 사상과 정서를 함축적이고 운율의 언어로 형상화한 운문 문학의 한 갈래'라고 나온다. 기원전부터 지금에 이르기까지 많은 사상가들이 시를 저마다 표현했는데 서양 철학자인 아리스토텔레스는 '시는 운율의 언어에 의한 모방이다.'라고 했고, 하이데거는 '시는 언어의 건축물이다.'라고 표현했다. 동양에서는 시경에 '시는 뜻을 말로 나타낸 것이다.'라고 했고, 논어에는 '시 3백 수는 한 마디로 생각함에 사특함이 없는 것이다.'라고 했다. 우리나라 당대 최고 시인 조지훈은 '시는 우주 생명의 본질을 인간의 감성적 작용으로 표현하는 언어의 통일적 구상이다.'라고 표현했다.

사상가들 이야기를 들어봐도 역시 시를 쓰는 일은 특별한 일이다. 생명의 본질을 추구하며 인간의 감성을 나타내는 최고의 경지라 할 수 있다.

사람들에게 "시는 어떤 특징이 있을까요?" 하고 물으면 중·고등학교 시절 시험 볼 때 곧잘 외웠던 말이 술술 나온다.

"행과 연이 있지요."

"리듬과 운율이 있어요."

"함축적이에요."

"비유와 상징이 있죠."

다 맞는 말이다. 시의 형식이나 내용으로 갖추어야 할 것들이다. 그런데 한 가지 문제가 생긴다. 이런 말을 듣기만 해도 왠지 위에서 사상가들이 말했던 것처럼 역시 시는 아무나 쓸 수 없는 특별한 것이고, 내용과 형식으로 봐도 시를 쓰려면 엄청난 노력이 필요하게 느껴지고, 감히 엄두가 나지 않는다.

"에이, 시인도 아닌데 내가 무슨 시야."

"시는 특별한 사람이나 쓰는 거야."

물론 시를 쓰기 위해서 많은 노력이 필요하다는 건 맞다. 하지만 꼭 특별한 사람만 써야 한다는 데 동의할 수 없다. 결국 시를 아무나 쓸 수 없는 영역으로 만들기 때문이다. 시만 쓰는 시인, 문학만 하는 문학인의 영역은 아무나 침범할 수 없는 특별한 영역이 되고 만다.

누구나 쓸 수 없는 게 시라면 들판에서 일하는 농부, 공사판에서 일하는 일꾼, 학교에서 아이들을 만나는 선생 말고도 세상의 수많은 일을 하며 사는 사람들은 특별한 시인이나 문학인이 아니기에 시를 쓸 수 없게 된다. 하지만 생각해보면 사람은 누구나 내 생각을 시로 펼칠 수 있어야 마땅하다. 아이도, 성인도, 어르신도 누구나 자기 생각을 담은 시를 쓸 수 있어야 한다. 하지만 막상 시를 쓰려고 하면 우리가 지금까지 배워왔던 시의 형식과 내용에서 멈추게 되고 '에이, 내가 무슨 시야.' 하고 포기하게 된다. 시의 형식과 내용이 잘못되었다는 것이 아니라 지금까지 배웠던 시는 너무 어렵고, 누구나 쓸 수 없는 높은 장벽으로 생각했던 것이다.

동시와 어린이 시

시가 정말 어려운 것이라면 아이들은 더더욱 쓸 수 없는 영역이 되고 만다. 하지만 누구나 쓸 수 있는 것이 시라면 아이들부터 편하게 쓸 수 있어야 맞다. 그래서 초등학교 아이들에게 시의 특징으로 행과 연, 운율 정도를 가르치는 것은 맞겠지만 함축이나 비유, 상징으로 넘어가면 어렵게 느낄 게 뻔하다. 또 아이들은 굳이 함축이나 비유, 상징을 가르치지 않아도 '연필을 꼭 잡았다 / 연필이 울고 있는 것 같다'처럼 뛰어난 직관으로 빛나는 비유나 상징을 표현할 수 있다.

　　우선 시 두 편을 보자.

시험 　류진(진안중앙초 6학년)

학교에서 시험을 쳤다.
시험문제는 모르는 것 투성이다.
머릿속에는 문제들이
막 뒤엉키는 것 같다.
국가에서 다 보는 거라 떨린다.
다음에 중간고사도 봐야 되는데
공부를 안 해서 걱정이다.
머리가 아파서
연필을 꼭 잡았다.
연필이 울고 있는 것 같다. (2009.10.15)

물들라 　윤일호

4학년 아이들
운동장에서 축구하는데

몰려다니는 꼴 좀 봐.

축구공은 암탉
아이들은 샛노란 병아리 같아.

저러다
운동장도 노랗게 물들라.
－《어린이와문학》(2019년 2월호)

흔히 쓰는 말로 두 시를 통틀어 '동시'라고 부른다. 하지만 엄연히 두 편의 시는 시를 쓴 주체가 다르다. 한 편은 6학년 어린이가 직관으로 쓴 시이고, 한 편은 어른인 내가 어린이 마음이 되어 쓴 시다.

교수요목기부터 최근 교육과정까지 국어 교과서는 여러 내용으로 많은 논란이 있었다. 그 가운데 시 단원은 더욱 그랬다. 시 단원에 대부분 동시가 실렸고, 이런 경향은 최근까지 이어졌다. 동시가 실리는 것까지는 문제가 아니었지만 어린이 시가 거의 실리지 않는 것이 문제가 되었다. 이 과정에서 어린이 시와 동시를 구분해야 하는지 논란은 지금도 이어지고 있다. 폭넓게 어린이가 쓴 시든, 어른이 어린이 마음이 되어 쓴 시든 모두 동시로 봐야 한다는 주장이 목소리가 컸다.

이오덕 선생님은 '아동문학의 장르로서의 동시는 어른이 쓰는 것'

이라고 또렷하게 밝혔다(《시정신과 유희정신》, p47, 굴렁쇠, 2005). 어린이
가 쓴 시(어린이 시)와 어른이 쓴 시(일반 시와 동요·동시)가 같을 수 없
음은 명백하다. 또한 어린이가 쓰는 시는 '생활 감동의 소박한 표현',
'모든 어린이가 쓰는 시', '어린이와 함께 성장하는 시', '사투리로 쓰
인 시'라고 언급하며 어른 시와 어린이 시의 다른 점을 밝혔다(《아동시
론》, 굴렁쇠, 2006).

아이들은 어른들이 쓰는 동화나 소설, 동시를 쓰기보다는 어린이만
의 특수한 직관을 바탕으로 한 표현 세계가 있다. 따라서 어린이가 쓴
시는 어린이 세계를 있는 그대로 표현하는 나름의 귀한 가치를 지니
고 있다.

진짜 시와 가짜 시

어린이가 사실 그대로 표현했다면 그대로 인정해주면 될 것인데 구
태여 진짜와 가짜로 나눌 필요가 있느냐는 이야기를 하는 분이 제법
있다. 맞는 말이다. 어린이가 쓴 시를 잘썼네, 못썼네 하고 나눌 필요는
없다. 하지만 시를 지도하는 교사라면 어떤 시가 진짜 시이고 가짜 시
인지 구분할 필요는 있다. 앞에서 동시와 어린이 시를 구분한 것처럼
어린이가 머리로 꾸며서 쓴 시인지, 아니면 있는 그대로 자신이 보고,
듣고, 겪은 일을 쓴 시인지 알아야 한다.

아이스크림 4학년

겨울에 먹으면 추워!
여름에 먹으면 시원해.

내가 먹으면 언제나 맛있는
아이스크림

내 마음을 몽땅 가져간
아이스크림
그러다
숙제도 못했네

이 시를 보여주면 진짜 시라고 말하는 분들이 제법 된다. 왜 진짜 시 같냐고 물어보면 "재미있잖아요" 하고 말한다. 결론부터 말하면 이 시는 가짜 시다.

우선 상황극으로 들어가보자. 선생님이 4학년 아이들에게 수학 익힘책 풀기를 몇 쪽 냈다. 다음 날 한 아이가 숙제를 못 했다. 그리고 선생님 앞에 와서 "저 어제 아이스크림 때문에 마음을 몽땅 뺏겨서 숙제를 못 했어요." 하고 말했다면 선생님 반응은 어땠을까? "뭐라고, 아이스크림에 마음을 빼앗겨서 숙제를 못 했다고?" 하며 오히려 혼이 났을 것이다. 아이스크림을 먹다가 배탈이 났다거나 부모님과 함께 어디를 나갔다가 늦게 들어와 숙제를 못 했다면 이해할 수 있는 상황이겠지만 마음을 빼앗겨 숙제를 못 한 상황은 실제 생활에서 거의 일어나기 어려운 상황이다.

또 다른 예를 보자.

'내 마음의 향기를 / 날려 보내니 / 나풀나풀 나비가 / 날아와요'라는 표현은 어떨까? 내 마음의 향기를 날려 보냈더니 나비가 날아온다고? 도저히 일어날 수 없는 일이다. 이 시가 그나마 마음을 나타내는 시가 되려면 '내 마음의 향기를 / 날려 보내니 / 나풀나풀 나비가 / 날아올 것만 같다'라고 표현하면 그럴 수도 있겠구나, 하는 생각이 든다.

또 다른 시에서 〈나무〉라는 제목으로 쓴 시를 보자. '나무 나무 / 든든한 나무 / 나무는 나에게 / 언제나 넓은 그늘을 / 만들어주지요'라고 썼다. 또 〈산〉이라는 제목으로 쓴 이 시는 어떤가? '봄 오면 / 부자가 되는 산 / 울긋불긋 옷을 차려 입지요 / 산은 산은 / 예쁜 옷이 많아요'라고 썼다. 이 두 편의 시가 지닌 가장 큰 문제는 무엇일까? 우선 머리로 지어서 쓴 시이기에 가짜 시라 할 수 있다. '나무'나 '산'이 도대체 어떤 나무이고, 어떤 산인지 알 수가 없다. 우리 집 마당에 심은 지 십 년 된 배롱나무인지, 우리 마을 입구에 500년이 넘은 느티나무인지 실체를 알 수 없다. '산'도 마찬가지다. 우리 마을 뒷산인지, 마이산인지, 지리산인지 어떤 산인지 알 수가 없다. 그냥 머리로 지어서 만든 나무이고 산이다. 마이산을 썼다면 마이산의 특징이 눈에 그려지게 썼을 터인데 어떤 산인지 알 수 없으니 누구도 알 수 없는 나무와 산이 된 것이다.

있지도 않은 일을 머리로 꾸며 쓰거나 단순히 재미를 위해 지어 쓴 시, 억지 비유와 기교를 끌어다 쓰는 시는 가짜 시라 할 수 있다.

빛나는 한 줄의 힘

이번에는 다른 시를 한 편 보자.

팔려 가는 소 조동연(경산부림초 6학년)

소가 차에 올라가지 않아서
소 장수 아저씨가 "이라" 하며
꼬리를 감아 미신다.
엄마 소는 새끼 놔두고는
안 올라간다며 눈을 꼭 감고
뒤로 버틴다.
소 장수는 새끼를 풀어와서
차에 실었다.
새끼가 올라가니

엄마 소도 올라갔다.

그런데 그만 새끼 소도 내려오지 않는다.

발을 묶어 내릴려고 해도

목을 맨 줄을 당겨도

엄마 소 옆으로만

자꾸자꾸 파고 들어간다.

결국 엄마 소는 새끼만 보며 울고 간다. (1987)

1980년대 쓴 시로 이호철 선생님이 가르친 반 어린이가 쓴 유명한 시다. 이 시는 집에서 키우던 소가 팔려가는 모습을 보고 쓴 시다. 엄마 소와 새끼 소가 헤어지는 모습이 참 슬프게 다가온다. 그런데 이 시를 아이들에게 보여주면 "쌤, 저거 일기 아니에요?" 하고 묻는 아이가 있다. 얼핏 행을 나누지 않고 줄글처럼 쓰면 정말 일기처럼 보인다. 줄글을 행만 끊어서 쓴 것 같다고도 말한다. 아이들에게 충분히 '이거 시야'라고 자신 있게 말해야 하는데 시의 특징으로 살폈던 '비유와 상징'이나 '함축', '행과 연'으로 도저히 설명할 수 없다.

'팔려 가는 소'를 읽으며 "마음에 가장 와닿는 한 줄은 어디일까?" 하고 물으면 아이들은 저마다 자신의 느낌으로 빛나는 한 줄을 찾는다. 어떤 친구는 '엄마 소 옆으로만 자꾸자꾸 파고들어 간다'를 뽑고, 다른 친구는 '결국 엄마 소는 새끼만 보며 울고 간다.'를 뽑기도 한다.

엄마 손현아(장승초 6학년)

할아버지가 없는 지금
이따금씩 이런 생각을 한다.
'아 밥도 없네. 밥 해야겠다.
오늘 저녁은 뭐 먹지?'
이런 생각을 하면 난
엄마가 된 것 같다. (2012.8.27)

검은 봉지 권민찬(장승초 6학년)

우리 아빠는 올 때
검은 비닐봉지를 들고 온다.
"아빠, 이게 뭐야?" 물어보면
아빠는 "한 번 봐봐." 하신다.
보면 어쩔 땐 저녁 반찬
어쩔 땐 간식
우리 아빠 손에 있는 비닐봉지는
나를 참 설레게 만든다. (2016.4.28)

시를 맛볼 때 '빛나는 한 줄' 찾기를 하면 참 좋다. 이 방법은 부산에서 고등학교 아이들을 가르치는 구자행 선생님께 배운 방법인데 시와 줄글의 차이를 설명하는 데 큰 도움이 된다. 아이들이 "시와 줄글의 차이를 구분하지 못하겠어요." 하고 말할 때 설명이 가능한 말일 수 있겠다. 결국 시에서 빛나는 한 줄이 없다면 시 맛을 잃고 만다. 시에서 빛나는 한 줄을 가리고 읽어보면 더욱 또렷하게 드러난다. 빛나는 한 줄이 있기에 시가 더 빛난다.

앞 두 편의 시를 읽고 마음에 와닿는 '빛나는 한 줄'을 저마다 찾을 수 있다. 사람은 누구나 느낌이 다르니 그 빛나는 한 줄도 충분히 다를 수 있다. 이렇게 빛나는 한 줄을 생각하면서 시를 읽거나 시를 쓸 때도 빛나는 한 줄이 있도록 쓰면 좋겠다고 말을 해주면 나만의 느낌을 담아 표현할 수 있게 된다.

장면이 떠오르는 시

어린이 시의 첫 번째 특징이 '빛나는 한 줄'이라면 두 번째 특징은 '장면'으로 표현하면 어떨까 싶다. 현아가 밥하는 장면, 아버지가 집에 들어오실 때 검은 봉지를 들고 오는 장면은 눈에 그려질 만큼 또렷하게 떠오른다. 엄마처럼 밥걱정하는 현아를 떠올리면 마음이 아프기만 하다. 또 민찬이가 아빠 손에 있는 비닐봉지를 떠올리며 얼마나 설레었을까 생각하면 고스란히 그 마음이 전해진다. 어린이가 자신이나 부모의 삶을 쓴다는 것은 삶의 주인공이 되는 일이다. 허황한 꿈을 좇는 것이 아니라 내가 발 딛고 선 현실에 단단히 두 발을 붙이고 그 삶을 헤쳐 나가는 일인 것이다.

이런 장면 말고도 시를 쓰려고 하면 생각나는 장면이 여럿 있다. 엄마가 아픈 장면, 아빠가 미운 장면, 친구와 다툰 장면, 고마운 장면 말고도 일상생활에서 겪는 여러 가지가 있겠다. 그 장면으로 돌아가 다시 겪어본다. 그때 어떤 마음이었는지 혼잣말처럼 해보기도 하고, 생각하면서 몸으로 표현해보면 그 장면을 시로 나타낼 수 있다.

'호흡'으로 나만의 시 느낌 살리기

시 쓰기 지도를 할 때 행과 연 지도를 어찌해야 할지 모르겠다는 말을 자주 한다. 보기를 보자.

보기1

나는 엄마가 잔소리하는 것이 싫다.

보기2

나는 엄마가
잔소리하는 것이 싫다.

보기3

나는 엄마가 잔소리하는 것이
싫다.

　보기1은 1행이고, 보기2와 보기3은 2행이다. 아이들 가운데 행을
잘 나누지 못하는 아이들이 있다. 예를 들자면 '나는 엄마가 잔소리하
/ 는 것이 싫다.' 이렇게 쓰는 경우가 있다. 행이 어떤 뜻인지 잘 모르
고 쓴다. 행을 어떻게 나누어야 할지 잘 모를 때는 '호흡'을 알려주면
된다. 시인들이 시를 쓸 때도 아무런 뜻 없이 행을 나누는 것이 아니라
자신만의 시 호흡에 따라 행을 나눈다.

　아이들과 보기1을 낭송할 때는 호흡을 하지 않는다. 그런데 보기2
는 '나는 엄마가' 하고 크게 호흡을 한 다음에 '잔소리하는 것이 싫다'
하고 낭송을 한다. 또 보기3은 '나는 엄마가 잔소리하는 것이' 하고 크
게 호흡을 한 다음에 '싫다'를 낭송한다.

　이렇게 보기에 따라 낭송을 해보면 보기마다 주는 느낌이 아주 다
르다. 내가 쓴 시의 마음이 잘 드러나도록 쓸 때 '호흡'을 생각하면서
써보라고 하면 온전히 전하고자 하는 마음을 담을 수 있게 된다. 처음
에는 잘 되지 않을 수도 있으니 우선 생각나는 대로 시를 써보도록 하
고, 시 고치기로 호흡하면서 "어디서 호흡하면 좋을까?" 하고 물어보
면서 고치도록 하면 된다. 행 구별을 전혀 하지 못하는 아이들도 여러

번 이런 방법으로 하다 보면 나아질 수 있다.

본보기 시 함께 나누기

시 단원을 공부하면서 어린이 마음이 온전히 잘 표현된 시를 찾기 어렵다는 말을 자주 듣는다. 마땅히 좋은 시가 없을 때, 석 달에 한 번 나오는《올챙이 발가락》을 아이들과 함께 읽어보길 권한다. 계절마다 나오는 시집이어서 계절에 맞게 시 공부를 할 수 있어 더욱 좋다.

교과서에 나온 동시를 공부하다 보면 형식을 흉내 내는 경우가 많아 조심스럽다는 이야기를 종종 듣는다. 그래서 좋은 본보기 시를 보여주는 것이 더욱 중요하다.《올챙이 발가락》에 나온 시를 함께 한 편씩 낭송하면서 시를 쓴 어린이 마음을 살피기도 하고, 내 처지로 돌아와 생각해보는 기회를 가지면 좋다.

02

봄꽃으로 그림 그리며 시 쓰기

이렇게 수업해요! 80분 · 2차시

• **봄꽃 시 소개하고 나누기** 5분

• **여러 가지 봄꽃으로 이야기 나누기** 5분

• **준비한 봄꽃으로 그림 그리기** 20분

• **관찰한 것을 시로 쓰기** 20분

• **쓴 시와 그린 그림 함께 나누기** 20분

• **소감 나누기** 10분

봄꽃 시 소개하고 나누기

봄이 되면 시골은 온통 꽃 천지다. 물론 도시도 조금만 밖으로 나가 관심을 두면 꽃을 볼 수 있다. 봄이 되면 우리 집 마당에도 들꽃 천지다. 마당을 있는 그대로 두는 까닭은 자연스레 꽃씨가 날아와 핀 들꽃 때문이다. 3월부터 얼음새꽃(복수초)이 피기 시작해서 버들강아지가 피고, 4월이 지나면서 마당에 수북하게 민들레가 핀다. 할미꽃, 제비꽃, 수선화도 피었다가 진다. 그리고 금낭화와 산괴불주머니가 피었다가 진다.

작은 학교에 있을 때, 아이들과 직접 밖으로 나가서 들꽃을 보고 시도 쓰고 꽃구경도 했지만 도시 학교에서는 들꽃 구경이 쉽지 않다. 그래서 생각한 것이 발품을 팔아 꽃을 꺾어와 교실에서 아이들과 나누는 것이었다. 어떤 해에는 마당 담벼락에 많이 퍼진 버들강아지를 잘라서 가져가기도 하고, 금낭화를 가져간 적도 있다. 또 이팝꽃이 활짝 피었을 때는 아이들에게 보여주고 싶어서 꺾어간 적도 있다.

버들강아지를 가져갔더니 처음 본 아이들이 대부분이었다. 강아지 꼬리 같다고도 하고, 손으로 만지면서 부들부들하다고 참 신기해했다. 그리고 아이들은 느낌 그대로 이렇게 시를 쓴다.

버들강아지 박하영(진안초 4학년)

버들강아지는 추운 겨울을 지나
3월에 얼음을
바사삭 바사삭 깨고
봄을 빨리 알리러
빨리 나온다.
버들강아지는
고추 모양 같다.
버들강아지는
강아지 꼬리가
살랑살랑
흔드는 거 같다. (2017.4.6)

버들강아지 김세인(진안초 4학년)

버들강아지야

버들강아지야

너를 만질 때마다

느낌이 신기해

부드럽기도 하고

까칠하기도 하고

촉촉하기도 해

너는 냇가에

귀엽게 핀다며?

그래서 더 이뻐. (2017.4.6)

이렇게 가져온 버들강아지를 손으로 만지고 보기만 해도 시는 살아 있다. 하영이는 강아지 꼬리가 살랑살랑 흔드는 것 같다고 하고, 세인이는 부드럽기도 하고 까칠하기도 하고, 촉촉하기도 하다고 표현했다. 저마다 다른 느낌으로 버들강아지를 겪는다.

봄꽃으로 이야기 나누고 준비한 봄꽃 그리기

공부를 시작하면서 잔잔한 음악을 미리 틀어두면 좋다. 누리그물(인터넷)에 들어가면 개나리, 진달래, 민들레, 찔레꽃, 아카시아, 조팝꽃 말고도 이미지로 얼마든지 봄 냄새 물씬 풍기는 봄꽃 사진을 아이들과 나눌 수 있다. 어떤 봄꽃을 좋아하는지, 왜 좋아하는지 나누다 보면 분위기도 익어간다.

"봄 하면 떠오르는 꽃은 무엇이 있을까?"

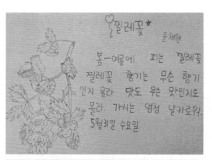

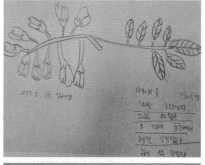

제비꽃, 진달래, 민들레, 아카시아, 찔레꽃, 조팝꽃, 싸리꽃. 봄이 되면 온통 꽃이니 어떤 꽃이든 둘레에서 쉽게 구할 수 있는 꽃이면 무엇이든 준비하면 된다. 꼭 특별한 꽃을 준비할 필요는 없다. 둘레 가로수에 핀 꽃도 좋고, 조금 발걸음을 도시 외곽으로 옮겨 오고 가는 길에 준비할 수도 있다.

자연스레 코로 향기도 맡아보고, 손으로 꽃을 만져보기도 한다. 그리고 자세히 살피고 그림을 그린다. 오감을 살려서 몸으로 겪고 쓰는 글만큼 살아 있는 글은 없다.

마당에 예쁘게 핀 금낭화가 눈에 들어와 아이들과 그림을 그려 보았다. 도시에서 쉽게 구할 수 없는 꽃이기는 하다. 아침에 꽃을 화분에 담아 교실에 들어서는데 아이들이 "선생님, 그게 뭐예요?" 한다. 역시 예상처럼 어디서 본 것 같다는 아이는 여럿이지만 금낭화를 아는 아이는 없다.

"이 꽃 이름이 뭘까?"

"사랑꽃, 하트꽃, 이쁜꽃, 분홍꽃."

이름을 모르니 모양을 빗대어 표현한다.

"혹시 이런 꽃은 들어봤어? 복수초, 금낭화, 산괴불주머니, 다래, 망초."

흔한 봄꽃이 아니어서 아는 아이들이 별로 없어 사진으로 보여주었다. "아~" 하는 아이들이 있기는 있지만 처음 본다는 아이들이 대부분이다. 사진으로 보았던 꽃을 칠판에 쓴다.

"칠판에 적은 꽃 이름 가운데 이 꽃에 어울리는 이름은 뭘까?"

모양을 보고 바로 알겠다는 듯이 "금낭화 같은데요?" 한다.

"맞아. 금낭화야. 꽃 이름부터 비싸 보이지? 모양을 한번 자세히 봐봐. 어떤 모양인지. 그리고 향기도 맡아보고, 손으로 만져도 돼."

신기한 표정이다. 금낭화는 꽃이 낭창낭창한 느낌이어서 쉽게 떨어질 것처럼 보이는지 조심스럽게 만진다.

"분홍 색깔이 이뻐요."

"모양이 특이해요."

"꽃봉오리 안에 뭔가 들어 있을 것 같아요."

모양과 이름이 참 잘 어울려 꼭 그 이름일 것 같은 느낌이 들 정도

다. 하지만 이름과 전혀 어울리지 않는 꽃도 있다.

금낭화는 화려하지만 향기는 별로 없다. 가까이 다가가서 향기를 맡아보아도 풀 냄새만 난다.

"모양을 자세히 살펴봐. 자세히 살피다 보면 금낭화만의 특징을 찾을 수 있어."

자세히 살피는 것

《관찰한다는 것》(너머학교, 2015)을 쓰신 김성호 교수님은 책에서 잘 관찰하려면 어떤 대상에 가까이 다가가야 한다고 했다. 그런 다음에 그 대상을 자세히 오랫동안 끈기를 가지고 살펴야 한다고도 했다. 그렇게 하다 보면 그 대상을 잘 알아가고 그 대상과 더 친해지게 된다. 물론 이 과정이 쉽지만은 않다. 하지만 세상을 살아가면서 어떤 대상에 집중하고, 자세히 그리고 꾸준히 살피는 힘은 필요한 힘이기도 하다. 하지만 안타깝게도 자세히 살피는 것을 힘들어하는 아이들이 많다. 조금 보고 나서 "쌤, 다 봤는데요." 하거나 "별로 볼 것이 없는데요." 하고 금세 포기해버리거나 해보려고 하지 않는다. 대체로 산만한 아이들이 그렇다. 무언가를 집중해서 살피고 그림을 그리는 것을 어려워한다. 그래서 더욱 이런 활동이 필요하지 않을까 싶다. 자꾸 더 살피고 자세히 봐야 한다. 그러다 보면 안 보이던 것이 보이고, 그리지 못

했던 것도 그릴 수 있게 될 테니까.

문장 표현 생각해보기

아이들이 시를 쓰거나 줄글을 썼을 때 무엇을 어떻게 봐줘야 할지 모르겠다는 이야기를 종종 듣는다. 아이들과 시 쓰기 공부를 할 때 진짜 시와 가짜 시를 꼭 구분할 필요는 없을지라도 시를 볼 줄 알아야 지도할 수 있는 것처럼, 문장 표현이 어떤지 볼 수 있어야 가르칠 수 있다.

문장은 '사실 문장'과 '생각 문장'으로 구분할 수 있다. 말 그대로 '사실'은 실제 일어났던 일이나 현재에 있는 일을 말한다. 또 '생각'은 머리에서 떠오르거나 마음으로 그리는 것을 말한다.

사실을 쓴 문장은 눈으로 보고, 귀로 듣고, 입으로 말하고, 코로 냄새를 맡거나 손으로 만지는 감각, 즉 오감으로 겪은 문장을 말한다. 생각 문장은 우리가 어떤 사실을 겪고 나면 자기만의 생각을 갖게 되는데, 그 생각의 순간을 잡아서 글로 나타내는 것이다. 따라서 문장을 볼 때 사실 문장인지 생각 문장인지, 사실 문장에서는 보는 것인지, 말하고 듣는 것인지 구별하면서 보면 아이들 글쓰기 지도에 도움이 많이 된다.

관찰하고 시로 쓰기

금낭화 고영현 (진안초 6학년)

금낭화는
꽃이 간지난다.
꽃은 멋진데
보자마자 별명이 떠올랐다.
엉덩이꽃
애들이 나보고
변태라고 소리쳤는데
이것 밖에 안 떠오르는 데
어쩌라는 거지. (2018.5.4)

영현이는 자세히 살피는 힘이 있는 아이여서 특징도 잘 찾아내었다. 엉덩이꽃. 생각해보니 정말 엉덩이처럼 생겼다. 영현이가 쓴 시를 보고, 생각 문장과 사실 문장은 어디인지 찾아보면 사실에 따른 내 생각을 좀 더 잘 나타낼 수 있게 된다. 또 함께 입으로 낭송하면서 앞에서 공부한 호흡으로 시를 다시 고쳐보면 좀 더 생동감이 넘친다.

금낭화 박승윤(장승초 5학년)

금낭화를 펼치면
드레스를 입은 여자 같다.
무대에 나가면
1등 할 것 같다. (2022.5.31)

승윤이도 뛰어난 직관으로 드레스 입은 여자를 떠올렸다. 무대에 나가면 1등 할 것 같다는 표현은 빛나는 한 줄이다. 승윤이는 보이는 사실은 쓰지 않았지만 본 사실을 토대로 생각 문장으로 나타냈다. 물론 이 시도 승윤이와 함께 호흡으로 고쳐보았다.

쓴 시와 그림으로 소감 나누기

아이들이 그린 그림과 시를 칠판 가득 붙였다. 한 폭의 그림이다. 잘 그렸거나 못그린 것을 평가하는 자리가 아니라, 저마다 다른 시선으로 바라보고 쓴 시와 그림을 나누는 자리다. 따라서 잘한 점은 칭찬할 수 있지만 잘못한 점은 지적하지 않는 것이 좋다. 다른 아이들 앞에서 지적받으면 금세 움츠러들고 자신이 잘못한 것으로 생각한다.

처음부터 잘할 수 없으니 봄꽃이 피는 계절인 봄에 두 차례 정도 하면 좋을 듯하다. 무엇보다 본보기 작품을 보여주면 좋다. 다만 그 본보기가 따라하는 것이 되어서는 안 된다.

이렇게 대상을 자세히 살피면서 자기의 생각이나 느낌을 적어보는 활동을 하면 마음의 힘도 조금씩 길러진다. 마음의 힘을 기르는 일은 결국 삶을 좀 더 자유롭고 행복하게 살아가기 위한 과정이기도 하다.

글쓰기로
삶을 가꾸는 교실

03
바라보지 않는 것에 마음 주기

이렇게 수업해요! 80분 · 2차시

학교에서 일어나는 일

요즘엔 학교 담장이 많이 사라졌다. 그래서 대부분 학교와 도로 경계에 사람들이 앉을 수 있도록 등나무를 심고, 그 아래서 쉴 수 있도록 긴 의자를 놓은 학교가 많다. 학교를 개방해서 좋기도 하지만 그곳을 지날 때마다 쓰레기가 널려 있는 모습이 안타까울 때가 있다. 마치 쓰레기를 줍는 사람이 따로 있기나 한 것처럼 어른이든 아이들이든 아무도 줍지 않는다. 결국 학교 주무관님이 늘 치웠다. 문제는 그런 현상이 이어진다는 것이었다.

아이들이 등나무 아래 의자에 앉아 손전화 게임을 하고 있길래 "얘들아, 쓰레기통도 있는데 주워서 버리면 어떨까?" 하면 내 일 아니라는 듯 모르는 척한다.

쓰레기 줍는 문제 말고 급식소에서도 비슷한 일이 일어났다. 마치 깨진 유리창의 이론처럼 식판을 한 아이가 그냥 던져놓고 가면 다음 아이부터는 그냥 그대로 아무렇게나 던져놓고 갔다. 아무리 식당을 정리하는 분들이 따로 있다고는 하지만 그래도 이건 아니지 싶었다. 마음이 불편했다. 내가 먼저 식판을 정리하기 시작했다. 그럴 때마다 지나가는 아이들이 말을 툭툭 건다.

"킹콩샘, 뭐해요?"

"응, 식판이 제대로 놓여 있지 않아서 정리하는 거야."

아이들이 신경을 쓰거나 말거나 그렇게 두 주 정도를 했더니 그냥 지나쳤던 아이들도 "킹콩, 저도 식판 정리할래요." 하고 옆에서 돕기 시작했다. 또 어느 순간부터 흐트러진 식판을 아이들이 하나 둘씩 정리했다. 기특하고 신기해서 자랑도 하고, 내가 먼저 하면 이렇게 바뀔 수 있구나, 하는 생각도 들었다.

화장실 대변기에 물을 제대로 내리지 않는 문제도 심각했다. 예전에야 아이들이 교실이나 화장실, 교무실, 복도를 청소했지만 요즘은 학교마다 청소를 해주시는 분이 계셔서 아이들이 청소하는 모습을 거의 볼 수 없다. 그래서일까? 아이들이 쓰는 화장실에 갈 때면 주마다 한두 번은 꼭 대변기에 물을 내리지 않아 똥이 그대로 있다.

아이들과 어떻게 하면 등나무 아래 쓰레기를 버리지 않게 할 수 있을까 고민하다가 '빛나는 명언'을 등나무 둘레에 붙여놓기로 했다. '○○초 자랑스러운 100년의 역사, 쓰레기가 웬 말이야?' '나는 양심이 빛나는 사람, 쓰레기를 그냥 바닥에 버릴 수 없지' 따위의 명언을 붙여놓으니 정말 사람들이 쓰레기를 버리지 않았고, 한동안 깨끗해졌다. 하지만 붙여놓은 명언은 한두 달이 지나니 떼어지고 없었다. 결국 쓰레기 문제는 그 이후에도 여전히 해결되지 않았다.

무심코 지나쳤던 것에 마음 주기

아이들과 시 쓰기도 하고, 나도 시를 쓰면서 도대체 시 정신이 무얼까 늘 생각하게 된다. 좋은 시를 쓰고 싶은데 잘되지 않은 마음, 시 지도를 잘하고 싶은데 잘되지 않는 마음이 있기 때문이다. 그래서 글쓰기 지도를 잘했던 여러 선배의 글쓰기 지도 사례를 살피기 시작했다. 어떻게 아이들과 시를 만나고 나누는지 장면을 그리며 살폈다.

글쓰기 지도를 잘했던 지도 사례에서 몇 가지 특징을 찾을 수 있었다. 그것은 다름 아닌 '자세히 살피기'와 '마음 주기'였다. 이것이구나, 하는 생각이 들었다. 시뿐만 아니라 좋은 글을 쓰려면 어떤 것을 자세히 보아야 하고, 마음을 주어야 쓸 수 있겠다는 생각이 들었다. 그런 마음으로 시를 쓰고 시를 나누면 시도 잘 쓰게 될 것이고, 자연스레 시 쓰기 지도도 잘할 수 있겠다는 생각이 들었다.

주마다 한 번 있는 글쓰기 시간, 칠판에 큰 글씨로 썼다.

'누구도 바라보지 않는 것에 마음 주기'

2017년에 4학년 아이들과 지낼 때 이 주제로 시 쓰기를 해보았다.

"집에서 또는 오고 가는 길이나 어느 곳에서 평소에 마음을 주지 않아서 미안한 마음이 들었거나 또는 바라보지 않았던 것을 자세히 살피고 마음을 주는 거야."

무심코 지나치던 것에 마음을 주는 일, 쉽지 않은 일이다. 이런 경험이 없어서인지 아이들은 어떻게 써야 할지 어려워했다. 그러다 보니 아이들이 시를 어떻게 써올지 궁금하기도 했다.

상자에 쌓여 있는 카드 안세훈(진안초 4학년)

내 방 택배 상자엔 한 7개월 정도 안 쓴
내 유희왕 카드가 득실득실 쌓여 있다.
2, 3학년 땐 유카 할 사람이 있었는데
인기가 없어지면서
할 사람이 성원이 밖에 없다.
한 번 봐보니 외로워 보인다.
나도 갖고 있는 유카로 놀려고 해도
인기가 없다.
카드에 먼지가 쌓여 있어
얼마나 답답할까?
카드가 외롭다며 울고 있다.
적당히 사놓고 할 걸.
너무 많이 사놓고 쓰지도 않으니
내가 한심하다.

돈만 아깝고.

"미안, 너희를 갖고 놀지도 않고 두기만 하니까."

"괜찮아, 2, 3학년 땐 쓰기라도 했으니까." (2017.6.26)

구석에 있는 동화책 한 권 박지현(진안초 4학년)

내 방 안에 있는 작은 동화책 한 권

구석에 박혀 있어

먼지가 위로 수북이 쌓여 있다.

"미안, 읽지 않아서."

"괜찮아."

나는 그런 책을 읽고 싶지만

엄마가

"너는 그런 책 읽을 때가 아니야."

나는 엄마가 그런 말을 할 때

그 책이 생각난다.

세훈이가 쓴 시는 유희왕 카드 때문인지 남자아이들이 참 많이 공감했다. 저학년 때만 해도 인기가 많았던 카드지만 고학년이 되면서 시들해진 것이다. 여자아이들은 구석에 있는 동화책 한 권에 마음을 준 지현이 시에 공감했다. 어릴 때 자주 읽던 그림책도 학년이 높아 가면서 마음을 주기 쉽지 않다. 또 버려진 인형에 마음을 준 시, 이쑤 시개에 마음을 준 시, 버려진 과자봉지에 마음을 준 시, 쓰레받기에 마음을 준 시 등 여러 아이들 시를 읽어주었다.

마음은 드러나되 미안한 말이 드러나지 않게

한 가지 문제가 생겼다. 마음을 주지 않아서 미안한 마음이 든 것은 이해했지만 "미안, 너희를 갖고 놀지도 않고 두기만 하니까." "괜찮아, 2, 3학년 땐 쓰기라도 했으니까."처럼 미안한 마음을 직접 표현했다. 물론 지현이도 "미안, 읽지 않아서." "괜찮아"로 세훈이와 마찬가지로 대화체로 "미안~" 하고 "괜찮아"로 직접 시에 담아 표현했다. 그런데 세훈이와 지현이 말고도 유진이도 "미안, 이쑤시개야. 내가 많이 안 써서." "괜찮아, 그래도 아예 안 써주는 건 아니잖아." 하고 표현했고, 다른 아이들도 "미안" "괜찮아"와 같은 유형으로 대부분 시를 썼다. 아차 싶었다. 시를 쓰기 전에 미리 안내해야 했다. 미안한 마음이 드러나되 시에 직접 드러나지 않도록 쓰면 좋겠다고 이야기하지 않은 것이다.

'고마운 마음'이든 '화난 마음'이든 '불쌍한 마음'이든 '기쁜 마음'이든 직접 '고마웠다'라거나 '화가 났다' 또는 '불쌍했다'거나 '기뻤다'

를 쓰지 않아도 그런 마음이 잘 그려지거나 드러나도록 써보면 좋겠다는 이야기를 꼭 해주어야 한다. 줄글이 아닌 시에서 직접 그 감정을 드러내면 시가 지닌 상징이나 장면이 그려지지 않게 되어 시 맛을 떨어지게 한다.

평소 마음에 두지 않았던 것에 마음을 두다 보면 평소 스스로 놓친 것이 무엇이었는지 알게 되고, 그냥 대충 넘기는 것이 아니라 좀 더 신중하게 행동하게 된다. 그렇게 마음을 주는 과정을 여러 번 하다 보면 자연스럽게 허투루 보지 않게 되고, 그러다 보면 둘레를 유심히 살피는 힘도 생긴다. 그런 마음이 조금씩 모이면 둘레에 좀 더 따스한 기운이 넘치지 않을까.

손전화를 이용해 시 쓰고 보내기

뜻은 좋지만 이런 내용으로 아이들에게 시를 쓰라고 하면 "또 시요?" 하고 말할 때가 있다. 그리고 길을 다니거나 또 다른 곳에서 순간을 잡아 써야 하는데 연필과 공책을 꺼내 쓰는 게 만만치 않기도 하다. 그래서 생각한 게 요즘은 누구나 가지고 다니는 손전화를 이용하는 것이었다. 손전화를 쓰라고 하면 아이들이 익숙해서 그런지 더 거부감이 없는 편이다.

"길을 가다가 또는 집에서 평소에 여러분들이 마음을 주지 않았던 것에 마음을 주는데, 본 것을 자세히 살피고 마음을 주면 되는 거야. 그리고 그 순간 손전화를 꺼내서 바로 카톡으로 보내면 돼. 어때 어렵지 않지?"

손전화를 쓴다는 말에 호기심이 생겼는지 "오호!" 한다. 아이들은 무엇에 마음을 줄까, 어떤 시를 쓸까 궁금했다.

학교가 끝나고 아이들이 집으로 간 지 얼마 되지 않아서 종화가 제일 먼저 시를 보냈다. 카톡으로 보낸 시를 그대로 보여드리면 이렇다.

제목 : 공
나는 6살때아빠가 공 을사주셨다
아빠가 공 을사주셔서6살7살때가지고놀아따 공이조금찌저젓다
조금있대나는가지고놀지않았다
공 을보니공이울고있다
공아미안해 내가너를가지고더놀아써야하는데공에는먼지도싸여
있었다
숨을쉬지못하는것갔어서먼지를따까우었다
공아진짜미안해먼지가싸여있으면잘따가주고 너 가지고잘놀게
한번만요서해조
괜찮아 그래도 날가지고놀았잔아
날가지고놀은거만해도고마워

내가이제널가지고잘놀게 (2018.7.14)

　금세 보내고 싶었는지 급하게 쓴 티가 났다. 손전화로 보내다 보니 맞춤법이나 띄어쓰기가 안 되어 있다. 그래도 제일 먼저 보낸 건 성의가 있는 것이니 칭찬! '종화야, 정말 멋지다. 제일 먼저 보냈어.' 하고 카톡으로 하트를 날리면서 칭찬을 했다. 하지만 여전히 시에는 '미안해'와 '괜찮아'가 있다. 되도록 그런 표현을 쓰지 않고 미안한 마음이 나타나도록 하자고 했는데도 말이다.

　두 번째로 보낸 가희도 역시 마찬가지다. 가희가 카톡으로 보낸 시는 이렇다.

　버려진 연필
　6-1반에는 교실 바닥에 버려진 연필이 떨어져 있다.
　연필들은 애들의 발에 차인다
　나는 그 연필을 주어서 쓰고 싶은데 그 연필은 주인이 있는 연필이다.
　만역 내가 연필을 주어서 쓰고있는데 주인이 외서 너 내꺼 연필
　훔쳤니??라고 말을 할까봐 나는 줍지않고 준인을 찾는걸 해본적이 있다.

나는 다시 이번에는 연필에게 물었다

"연필아 너는 맨날 애들한테 발로 차여서 아프겠구나 미안해 다음부터는

내가 주인을 찾아서 너를 도와줄게 연필아"라고 나는 대답을 했다. 그순간

연필이 대답을 했다"아니야 괜찮아 너가 다음부터는 주인을 찾아준다니

고마워"라고 연필도 대답을 했다.

나는 연필과 대화를 해서 긴분이 좋았다. 연필아 미안해

애들아 너네도 바닥에 연필좀 버리지마

가희가 보낸 시도 종화가 보낸 시와 마찬가지로 시라고 할 수 없을 정도. 그래도 이런 방법으로 해보니 카톡으로 스물넷 아이 가운데 스무 아이가 시를 보냈다. 역시 종이로 쓰는 것보다 아이들 호응이 크다.

문자로 보낸 시 컴퓨터로 고치기

다음 날 아이들이 카톡으로 보낸 시를 A4 용지로 뽑아서 시를 보냈

던 아이들에게 나눠주었다. 아이들이 카톡으로 보낸 상태로는 시라고 할 수 없는 경우가 많았다.

"어제 열심히 보내서 고마웠는데 오늘은 우리 함께 고쳐보면 좋겠어. 우선 맞춤법과 띄어쓰기가 너무 많이 틀렸어. 그리고 빼야 할 말도 많고. 시는 너절하게 할 말을 다 하는 게 아니라 하지 않아도 되는 말은 과감하게 빼는 거야."

아이들 시를 보니 고칠 부분이 많이 보인다. 빼야 할 말도 많다. 어제 자신이 보냈던 시를 고치는 작업이다. 진지하게 자신이 쓴 시를 고쳤다.

"어제 카톡 파일을 한글파일로 줄 테니까 컴퓨터로 고쳐보렴. 아직도 '미안해'와 '괜찮아' 같은 표현을 쓴 사람이 있는데, 그 말을 쓰지 않고도 그 마음이 나타날 수 있도록 고쳐보자. 그리고 행을 나누어야 하는데 지금 보낸 거 보면 행 구분을 안 한 친구들이 있어. 행을 나눌 때는 지난번에 이야기한 것처럼 호흡을 해봐. 시는 호흡이 중요해. 어디서 호흡을 하면 좋을지 생각해서 호흡하는 곳에서 엔터를 쳐서 행을 나누면 돼."

컴퓨터로 고칠 때 좋은 점은 맞춤법이나 띄어쓰기가 틀리면 빨간 줄이 생기는 것이다. 아이들에게 미리 이야기를 해주고 빨간 줄이 있을 때 고치도록 이야기했다. 또 궁금하거나 잘 안 되는 아이들은 손을 들면 가서 설명을 해주었다.

종화와 가희는 빨리 보내기는 했지만 고칠 것이 많았다. 아이들마다 편차가 있어서 호흡으로 행 조절을 하는 정도로 거의 고치지 않은 아이들도 여럿이었다.

고친 시 나누기

시를 쓰는 것도 중요하지만 함께 나누는 시간도 참 귀하다. 아이마다 마음을 준 것이 다르고, 다른 친구들이 어떻게 시를 썼는지 나누면서 서로 배울 수 있다.

집 짓는 사람들 김수희(진안초 6학년)

오늘도 집을 지으려고
높은 곳을 올라가
집을 짓는다.
무거운 짐을 어깨에 받히고
두 손으로 잡고
짐을 옮긴다.
아침 일찍 7시에 나와
5시까지 일을 하는 목수 아저씨들
짐을 나르고, 못질하고

너무나도 힘들어 보인다.
아저씨들끼리
지붕 위에 앉아 쉬는데
그림 속의 한 장면을 보는 것 같다.

　수희는 집 짓는 아저씨들을 살폈다. 평소에는 그냥 지나치거나 관심을 두지 않았을 텐데 집 짓는 아저씨들에게 마음을 주었다. 짐을 나르고, 못질 하는 장면을 보면서 힘든 표정도 살폈다. 자세히 살피지 않으면 볼 수 없는 장면이다. 또 오감 가운데 눈으로 본 것과 생각만 썼는데도 시가 참 느낌이 좋다. 한 일이나 겪지 않아도 눈으로 살피고 보는 것을 있는 그대로 쓰면 좋은 시가 될 수 있다.

　아저씨들이 쉬는 모습을 보고는 그림 속의 한 장면을 보는 것 같다고 빛나는 한 줄을 썼다. 잘 살피기도 했고, 마음을 제대로 준 수희 마음이 고스란히 보여 칭찬해주었다.

　종화와 가희도 열심히 맞춤법과 띄어쓰기가 틀린 곳을 고치고 호흡도 해본다. 다 했다고 손을 들면 "다시 한 번 호흡에 따라 읽어볼래? 빛나는 한 줄이 있는지도 살피고." 하면서 여러 번 읽게 했다. 진지하게 앉아서 살피는 모습이 보기 좋다. 종화는 '공'이라는 시를 이렇게 고쳤다.

공 이종화(진안초 6학년)

아버지가 공을 사주셔서
6~7살 때 공을 가지고 놀았다.
가지고 놀다 보니까
공이 찢어졌다.
몇 년이 지나고
다시 가지고 놀았다.
공을 보니 아파하고 있는 것 같다.
만약 내가 공이라면
주인이 안 쓰니까 나 같아도 울 것 같다.
공에는 먼지가 쌓여 있다.
먼지가 쌓여 있어 공은 숨을 못 쉬고 있다.
나는 공을 보고는 공을 닦아 주었다.
그래도 나는 공을 가지고 논
기억이 있어서 좋다.
다음에도 가지고 놀아야겠다.

종화가 공에 마음을 둔 것은 까닭이 있다. 바로 아버지다. 종화 아버지는 종화가 3학년 때 돌아가셨다. 그 아련한 추억이 바로 공에 있는 것이다. 3월에 종화가 쓴 '아버지'란 시를 보고 종화가 아버지를 얼마나 그리워하는지 알게 되었다. 겉으로는 무뚝뚝한 것처럼 보이지만 마음은 따스한 아이다. '딱 한 번 만이라고 보고 싶은 아버지'가 사준 공이니 더 마음이 갔겠지 싶다. 이제는 먼지가 쌓이고, 찢어지고 했지만 안쓰러워서 먼지도 닦아주었다. 종화는 했던 일만 쓰지 않고 먼지가 쌓여 있는 모습도 보고 썼다. 글을 쓸 때 한 일만 쓰게 되면 글맛이 떨어지게 된다.

종화가 공에 마음을 낸 것이 예뻐서 빛나는 문장을 찾아보자고 했더니 '공을 보고는 공을 닦아주었다.'는 문장이 마음에 든다는 아이들이 많았다.

가희도 시를 고치고 다듬었더니 이런 시가 되었다.

버려진 연필 이가희(진안초 6학년)

6-1반에는 바닥에 버려진 연필이 있다.
연필들은 애들 발에 차인다.
그 연필을 주어서 쓰고 싶다.
연필을 쓰면
'주인이 너 왜 훔쳐 쓰니?' 라고 할까 봐
나는 쓰지 않는다.
그 연필을 보면
애들 발에 차이니까 아프겠다.

내가 만약 연필이라면

애들 발에 차일 때 피하고 싶다.

그리고 연필 주인은 나쁘다.

왜 연필을 버리는지 모르겠다.

나 같으면 연필이 떨어져 있을 때

내 것이니까

나는 주어서 쓸 거라고 말한다.

한참 생각해보니

내 연필이 발에 차일 때는

마음이 안쓰럽고 속상하다.

뜬금없이 연필에 대해 시를 썼다면 흉내 내는 시가 되거나 마음을 전혀 주지 않은 가짜 시가 되었을 것이다. 하지만 가희는 버려진 연필에 마음을 두고, 자기만의 생각을 썼다. 이렇게 연필에 마음을 내었으니 절대 연필을 함부로 버리는 일은 하지 않겠지.

마음을 주는 시 한 번 썼다고 단숨에 착한 아이가 된다거나 따스한 마음이 생기는 건 아니다. 하지만 둘레를 허투루 보지 않고 마음을 내는 연습을 조금씩 하다 보면 둘레를 따스한 시선으로 바라보는 힘이 생기지 않을까.

파를 파는 할머니 이한용(진안초 6학년)

버스에서 내리니
코스코마트 쪽에
파를 파는 할머니가 있다.
내 마음은
할머니 파를
모조리 사주고 싶은 마음이었다.

폐지 줍는 할아버지 최병준(진안초 6학년)

우리 아파트에는
폐지 줍는 할아버지가 계신다.
난 할아버지를 언제나 본다.
할아버지는 말을 잘못하시고
귀도 잘 안 들리는 거 같다.
할아버지는 곳곳을 돌아다니신다.
친구들하고 놀 때도 가끔 본다.
할아버지는 똑같은 옷만 입으신다.
무거워 보이는 것도 혼자서 들고
돌아다니신다.
심지어 경사진데도 올라가신다.

할아버지는 쉬기라도 하는 걸까?

되게 힘들어 보인다.

나는 할아버지가

하루 정도 쉬다가

일을 했으면 좋겠다.

한용이는 5남매 가운데 셋째다. 그리고 할머니와 함께 사는 대가족이다. 그러다 보니 시장에서 파를 파는 할머니에게 마음이 갔나 보다. 이런 마음이 참 귀한 마음이다.

병준이는 폐지 줍는 할아버지에게 마음을 주었다. 진안읍내 쌍다리에서 폐지를 줍는 할아버지는 정해진 시간에 하루도 빠지지 않고 상자를 주우러 오신다. 그런 할아버지가 병준이 마음에 들어온 것이다. 허투루 지나갈 법도 한데 자세히 살피고 마음을 주었다.

노을 박시우 (부귀초 6학년)

누나와 건담을 조립하다

무심결에 창문 밖을 흘깃 스쳐본다.

그러다가 "어?" 하고

휘둥그레진 눈으로

다시 창문 밖을 본다.

하늘이 노을로 빨갛게 물들어 있다.

신기하게도 하늘은 파랗고,

구름만 빨갛게 물들어 있다.

추운 날 신나게 밖에서

뛰어다닌 내 얼굴처럼

하늘은 볼이 발개진 얼굴 같다. (2020.11.14)

워낙 바빠서 하늘을 바라볼 마음의 여유가 없다는 분들이 많다. 아이들도 물론 그렇다. 수업 끝나고 방과후 그리고 학원으로 가야 하니 어른 못지않게 바쁘다. 그러니 하늘 볼 여유가 있을까 싶다. 하늘 볼 여유가 있어도 도시는 미세먼지로 하늘이 맑지 않다. 그나마 시골인 진안은 하늘이 참 맑고 곱다. 시우가 건담을 조립하다(한 일) 마음을 준 노을을 보는 장면이다. 그 순간을 잘 잡았다. 저녁 무렵이면 노을이 빨갛게 물든다. 그 하늘을 보고 있노라면 누구든 마음이 편안해진다. 마음을 준 노을은 밖에서 뛰어다닌 시우 얼굴처럼 발개진 느낌이다.

다시, 시 정신으로

　시를 쓰는 것은 기교만 표현하는 것이 아니다. 어떤 대상에게 마음을 주고, 그 준 마음을 기교가 아닌 나만의 시선으로 온전히 시로 표현하는 과정이다. 마음을 준 대상은 다른 사람에게 별로 귀하지 않을 수 있지만 나에게는 특별한 대상일 수 있다. 아이들과 한 학기에 한 번이라도 이렇게 마음을 준 대상에게 말을 걸어보고 시로 써보고 함께 나누면 좋겠다는 생각이 든다.

글쓰기로
삶을 가꾸는 교실

04
동시로 놀기

이렇게 수업해요! 200분 · 5차시

- **시 제목 짓기** 40분
- **빛나는 한 줄 찾기** 40분
- **제목으로 손바닥 동시 써보기** 40분
- **제목으로 어린이 시 써보기** 40분
- **쓴 시 나누기** 35분
- **소감 나누기** 5분

동시 전성시대

　그야말로 동시 전성시대다. 2000년대 이전만 해도 동시를 읽는 독자층이 워낙 좁다 보니 그들만의 리그라는 비아냥이 있었고, 동시를 바라보는 시선에 따라 호불호가 아주 강한 편이었다. 이러다가 동시가 영원히 묻히는 것은 아닐까, 어떻게 해야 사람들이 많이 읽을 수 있을까 고민이 크던 때였다.

　2000년대를 넘어서며 점차 동시 판에 새바람이 불기 시작했다. 동시를 눈여겨보지 않았던 큰 출판사들이 동시집 시리즈를 내기 시작한 것이다. 동시집 출판으로 수익을 내기 어려운 상황에서 동시집 시리즈를 낸다는 건 큰 출판사가 아니고는 하기 힘든 도전이었다. 기존에 동시를 쓰던 아동문학가들과 더불어 안도현, 박성우, 이안, 곽해룡 등 많은 기성 시인들이 동시에 관심을 가지고 쓰기 시작하면서 동시 판에 새로운 활력을 불어넣었다. 이와 더불어《동시마중》을 시작으로《동시 먹는 달팽이》,《동시 발전소》처럼 새로운 동시 잡지가 생기기 시작했다. 이는 동시를 발표할 수 있는 잡지가 많아졌다는 의미도 있지만 기존 시풍과 다르게 좀 더 과감한 시를 선보이기도 하면서 동시의 판을 넓히고 키우는 역할을 톡톡히 했다.

동시집 시리즈가 이어서 출판되고, 동시 잡지도 꾸준히 나오면서 동시를 바라보는 시선도 예전과 다르게 바뀌기 시작했다. 도서관 구석한 켠에 있는 듯 없는 듯 존재감이 적었던 동시집이 문학의 중심 갈래로 독자들의 조명을 받으면서 많은 관심을 일으키고 있다.

동시로 어떻게 수업할까?

학교에서 교사는 어떻게 하면 어린이가 동시를 제대로 이해하고, 동시를 재미나게 읽을 수 있을까 고민하는 노력을 해야 한다. 아무리 좋은 재료가 있어도 음식을 만드는 요리사가 제대로 요리를 하지 않으면 맛있는 음식이 되지 않는 것처럼 동시도 주 독자인 어린이가 어떻게 읽고 재미나게 놀 수 있느냐가 중요하지 않을까 싶다.

교육연극을 하는 교사들은 동시 한 편을 함께 낭송하고 행마다 몸으로 표현해보거나 상황극으로 표현하는 수업을 하기도 한다. 또 음악에 관심 있는 교사들은 동시 여러 편을 나누고 아이들이 쓴 생각이나 느낌을 나눈 시로 곡을 붙여 함께 부르는 공부를 하기도 한다. 미술로 표현할 수도 있는데, 마음에 남는 동시 한 편을 그림이나 만들기 등 미술의 다양한 방법으로 표현할 수 있기도 하다. 교과를 넘어 여러 가지 방법으로 동시를 가지고 아이들과 노는 수업은 충분히 흥미와 관심을 이끌 수 있다고 본다.

여기에서는 온전히 동시를 가지고 단계별 시쓰기로 어떻게 다가갈 수 있을까 소개해보려고 한다.

1단계 _ 시 제목 짓기

동시로 무언가를 가르치거나 공부한다는 느낌이 아니라 자연스럽게 아이들과 재미나게 놀아보는 단계다. 시 제목을 가린 상태로 시를 읽고 제목을 맞춰보는 거다. 우선 시를 읽고, 시 제목을 머릿속으로 상상한다. 그리고 먼저 말하지 않고, 함께 종이에 써보고 왜 그런 제목을 생각했는지 발표해본다.

시인이 시를 쓰고, 제목을 붙일 때 다 까닭이 있다. 마땅히 내용과 관련이 있겠지만 시를 쓴 시인의 뜻과 의도를 생각해보면서 '아, 이렇게 시 제목을 붙이는구나.' 하고 생각하는 힘을 기를 수 있다.

☐

물과
물이
손잡고
어깨동무하고
꽁꽁

안고 업고
하나가 되어
꽁꽁

– 김마리아, 동시집 《내 방이 생겼다》(리잼, 2020)

    아이들에게 제목을 가린 시를 한 편 보여주면 호기심이 발동한다. 위 시를 읽으면 자연스레 제목이 떠오른다. 중학년이라면 제목을 예상할 수 있는 시다. 제목은 〈얼음〉이다. 학년 단계에 맞게 동시집을 살피면 이런 시들이 제법 많이 보인다. 앞에서 밝힌 것처럼 '문학동네 동시집 시리즈'나 '창비 동시집 시리즈' 말고도 여러 출판사에서 나온 동시집을 이용하면 아이들과 수업할 수 있는 자료는 얼마든지 만들 수 있다. 처음부터 시를 쓰기보다는 이렇게 제목으로 놀면 아이들 호기심도 자극할 수 있고, 재미난 수업이 될 수 있다.

제목이 바로 떠오르는 시도 있지만 좀 더 단계를 높여서 할 수도 있다.

> 감나무 발전소는 느리다
> 감 이파리가 태양열 발전을 시작한 지
> 두 계절이 지나서야 불이 켜진다.
> 감나무에 켜진 알전구들
> 가을이 환하다.
>
> – 김현숙, 동시집《아기새를 품었으니》(국민서관, 2020)

단순히 동시를 낭송하는 단계를 넘어 시를 음미하면서 무슨 제목일까, 생각하게 하는 시다. 감나무 발전소라고? 알전구? 하면서 감나무를 그리다 보면 맞아, 하고 제목이 떠오르게 된다. 결국 시를 음미하면서 제목이 떠오른다. 조금 더 생각해야 제목을 맞힐 수 있는 시도 제법 많다. 이런 시들을 두 번째 단계로 맞춰보면 아이들이 더 적극 참여한다.

그 섬에

가 들어온 것은

몇 년 되지 않았대요,

가 들어오기 전에는

고길 잡으면 이웃과

나눠 먹었대요,

가 들어오면서

생선을 잡아도

혼자 먹는대요,

냉장고에 넣어 두고

— 강정규, 《목욕탕에서 선생님을 만났다》 (문학동네, 2014)

시를 읽으면서 제목을 생각할 수 있는 시도 있지만 시 내용에 제목이 나오는 시도 제법 많다. 제목이 시 내용에 나오지만 그 제목을 모두 가리면 좀 더 깊이 생각해야 한다. 이처럼 시 제목으로 놀 수 있는 방법은 얼마든지 있다.

쉬운 단계부터 조금 어려운 단계, 제목이 내용에 나오는 단계, 내용을 음미하면서 맞춰야 하는 단계, 우리 말 공부를 더불어 할 수 있는 단계 등 여러 종류별로 시를 나누어 자료를 준비해서 공부하면 시 공부가 얼마나 재미난지 아이들이 더 하자고 난리다.

2단계 _ 빛나는 한 줄 찾기

제목으로 한참을 놀다가 보면 동시의 세계에 푹 빠지게 된다. 그러다 한 단계 더 높여서 빛나는 한 줄 찾기로 놀면 생각을 더 자극할 수 있다. 앞에서도 아이들과 시를 쓸 때 빛나는 한 줄을 써보는 공부를 했는데, 어린이 시뿐만 아니라 좋은 동시도 읽어보면 빛나는 한 줄이 보인다. 시를 읽을 때 빛나는 한 줄 부분을 가린 상태로 낭송하다가 "빛나는 한 줄에 무엇이 들어가면 좋을까?" 하고 물어보면 아이들은 나만의 생각을 펼치게 된다. 아이들 생각이 펄떡거린다. 물론 동시를 쓴 시인의 시도 좋다. 하지만 시를 쓰는 마음은 정답이 정해진 게 아니다. 아이들이 직관으로 던지는 빛나는 한 줄이 더 찬란하게 빛날 때가 있다. 결국 시를 쓰는 마음은 저마다 생각을 펼칠 수 있는 기회를 주는 것이다. 이런 기회가 많으면 많을수록 나만의 생각을 툭툭 던지면서 시를 쓰는 마음을 키울 수 있다.

차 사고

우리 동네 교차로에서
꽝
차가 부딪혔다
오던 차는 눈알맹이가 빠져서
덜렁덜렁
가던 차는 귀때기가 너덜너덜
가던 차 운전수하고
오던 차 운전수하고
멱살을 잡고
고래고래 소리를 지른다
가던 차들도 멈추고
오던 사람들도 멈추고

┌─────────────────────────┐
│   │
└─────────────────────────┘

– 김창완, 동시집 『무지개가 뀐 방이봉방방』(문학동네, 2019)

　　김창완의 시 〈차 사고〉를 낭송하고 마지막 행에 빛나는 한 줄을 찾
는 내용이다. 차 사고가 났을 때 흔히 볼 수 있는 장면이다. 교통사고
가 난 상황에서 어떤 말이 빛나는 한 줄이 될 수 있을까, 생각해보면

저마다 생각이 나온다. 터무니없는 이야기일 수도 있고, 빛나는 이야기일 수도 있다. 또 어떤 아이는 쉬 말을 꺼내지 못할 수도 있다.

- 다친 사람이 걱정이다
- 꽉 막힌 도로에
  장터 사람들이 북적북적하다
- 도로가 아니라 장터가 되었다
- 넋을 잃고 구경하다가
  앗차, 학교 가야 하는데

저마다 생각은 다를 수밖에 없다. 그리고 그 다른 생각이 귀하다. 동시 가운데 유난히 빛나는 한 줄이 돋보이는 시가 있다면 그 시를 활용하여 아이들과 생각 나누는 시간을 가지면 좋겠다.

3단계 _ 제목으로 손바닥 동시 써보기

일본에 '하이쿠'라는 시가 있다. 세 줄 동시다. 우리나라에서도 전부터 짧은 동시를 쓰는 시인이 있었는데, 유강희 시인이 '손바닥 동시'라는 이름을 붙여 처음 쓰기 시작했다.

"일본에 하이쿠라는 시가 있는데 쉽게 말하면 세 줄만 쓰는 시야.

우리나라에서도 예전부터 짧은 시가 있기는 했어. 그런데 최근에 유강희라는 시인이 짧은 손바닥 동시를 발표했지."

일본에 하이쿠가 있다면 우리나라에는 손바닥 동시가 있다. 시가 무조건 길다고 좋은 것도 아니고, 순간을 잘 잡아야 느낌이 온다.

"유강희 시인의 '차가 지나갔다'라는 제목으로 시를 써볼까?"

우선 시는 낭송하지 않고, 제목으로 아이들 생각을 쓸 수 있도록 기회를 준다. 그러면 잠깐 생각을 하고 바로 쓴다. 무엇보다 길지 않고, 짧은 순간을 잡아내는 것이니 부담이 없기도 하다.

차가 지나간다. / 경찰이 있다. / 음주운전

차가 지나갔다. / 방귀를 잔뜩 뀌며 달려간다. / 사람들이 눈살을 찌뿌린다.

차가 달려간다. / 과속 / 그 사람 통장이 불쌍하다.

연예인 차였다. / 사람들이 차를 타고 / 차를 따라간다.

차가 지나간다. / 쌩~ 하고 지나간다 / 바람 참 좋다.

차가 지나갔다. / 앞에 사람이 / 있는데

물웅덩이를 차가 밟았다. / 아이가 물을 맞았다. / 야, 127사 4852야

그런데 왠지 부정의 내용이 많다. 아이들 시를 나누고 유강희 시인

이 쓴 〈차가 지나갔다〉 시를 낭송했다. 짧은 세 줄 동시다.

"물웅덩이가 있는데 웅덩이 가운데로 차가 지나가면 물이 튀기면서 날개처럼 보인다는 거지."

툭툭 쓴 세 줄 시에 음주운전, 사고, 죽음 이야기처럼 좋지 않은 내용이 더 많은 걸 보니 요즘 풍토를 반영하는 것 같기도 하다.

"이번에는 '비 온 뒤'라는 제목으로 한 번 써보자."

한 번 써봤으니 이번에는 좀 더 낫겠지 싶다.

옆집 강아지가 / 물에 휩쓸려 / 떠내려갔다.

오늘 놀이공원에 간다 예~ / 긴급속보입니다. / 오늘 소나기가 퍼부을 예정으로.. 아이 씨~

사람이 / 물에 빠져 죽었다는 / 뉴스를 봤다.

강이 불어나고 / 산사태도 나고 / 사람이 다치면 안 되는데

농부가 있다 / 좋아한다 / 어? 생각보다 많이 오네?

강에는 물이 넘치는데 / 하늘에 있는 무지개는 / 아무 것도 모른 체 맑게 떠 있다.

조금 더 깊이 생각하고 써보면 좋겠다 싶은 욕심은 있는데 바로 쓰는 아이들이 더 많다. 그래서 이번에는 아이들이 좋아하는 먹을거리로 해보기로 했다.

"이번에는 짜장면이야. 짜장면 좋아하잖아. 제목은 '짜장면이 오면'이야."

짜장면이 오면 / 짬뽕도 오고 / 탕수육도 오네.

와, 짜장면 / 맛있겠다. / 근데 난 짬뽕이 더 좋아.

엄마 아빠가 먹으라고 덜어준다. / 나는 거절하고 / 볶음밥을 먹는다.

그런 일은 없을 것이다. / 왜냐하면 / 우리 집은 산골짜기다.

짜장면이다. / 어? 근데 왜 군만두가 없지? / 화가 난다.

엄마가 짜장면을 사 왔다. / 나는 좋았지만 / 형들은 면이 불었다며 성질을 냈다.

빨리 먹고 싶다. / 허둥지둥... 망했다. / 짜장면이 엎질러졌다.

와아~ 짜장면! / 맛있겠다. / 근데 난 짬뽕이 더 좋아.

한 달 만에 짜장면 집에 전화를 걸었다. / 두근두근 / 영업을 안 한다고 했다.

쓰면 쓸수록 재미난 시가 많다. 김찬곤 시인의 〈짜장면이 오면〉이란 시를 나눈다. 아버지 마음이 고스란히 나타난 시다. 그렇구나, 하고 고개도 끄덕여진다. 아이들이 쓴 시도 재미나고 시골에 사는 아이의 마음을 고스란히 담았다. 산골짜기라서 짜장면이 올 일이 없다는 내용도, 엄마가 짜장면을 사왔는데 형들이 면이 불었다고 화내는 장면도 고스란히 그려진다. 또 한 달 만에 짜장면 집에 전화를 걸었는데 영업을 안 한다니 얼마나 서운했을까.

이처럼 아이들에게 제목을 주고 '손바닥 동시'로 쓰고 함께 나누면 유쾌한 시간이 된다. 톡톡 튀는 아이들 생각을 볼 수도 있고, 길지 않으니 시를 쓰는 아이들도 전혀 부담을 갖지 않고 쓸 수 있다.

4단계_ 동시 제목에 얽힌 이야기 풀어내기

아이들 삶과 관련이 있는 동시의 제목이나 내용은 아주 많다. 공부, 식구, 친구, 식물, 동물 말고도 온통 아이들과 풀어갈 이야깃거리다. 아이들과 함께 나누고 싶은 주제가 있다면 이와 관련된 동시를 찾아야 한다. 앞에서 소개한 동시집 시리즈를 펼쳐놓고 어떤 주제로 이야기를 나눌까 찾아보면 이야깃거리가 차고 넘친다. 예를 들어 '눈물'이라는 주제로 이야기를 나누고 싶다면 눈물과 관련된 시를 우선 소개한다.

눈물 윤일호

눈에 눈물 퐁퐁 솟는
샘물이 있는 거 알아?

하지만 사람마다
샘물의 깊이가 다르대.
눈물 많다고 부끄러워할 필요 없어.
입술 깨물고 꾹 참으려고 하지 마.
샘물이 찰랑찰랑 넘칠 때까지
꽉 찬 거니까.
흘리는 눈물만큼
샘물을 비워 낸 만큼
네 마음이
힘 있게, 당당하게
말하는 거야.

　시를 소개하고 난 다음에 "여러분 모두 눈물 흘려본 적 있지요?" 하고 눈물에 얽힌 이야기를 나눈다. 눈물도 보통 눈물이 아닌 어깨를 들썩이며 그렁그렁하게 나오는 서러운 눈물 말이다. 누구나 서럽게 울었던 경험이 있을 터. 자연스럽게 울었던 경험이 터져 나온다.
　"자전거 고치던 할아버지가 돌아가셔서 울었어요. 내가 자전거 타고 가는데, 슈퍼 앞에 차가 서 있었어요. 그런데 차 트렁크에 장례식 사진 걸어놓은 거 보고 울었어요. 자전거 타고 하랑이랑 지나가다 갑자기 울었어요. 할아버지가 고쳐준 자전거 타고 가다가."

동네 자전거포 할아버지와 친하게 지내던 아이다. 그런데 그 할아버지가 갑자기 돌아가셨다. 우연히 지나가다가 돌아가신 사진을 보게 되었고, 아이는 서운한 마음에 울음이 터졌다.

"강아지 두 마리 키웠단 말이에요. 강아지 두 마리가 싸워서 한 마리 보냈단 말이에요. 외할머니 집에. 다른 강아지가 괴롭혀서요. 한 달 뒤에 외할머니 집에 가봤는데 그때는 있었는데 다음에 가보니까 개가 없는 거예요. 빈 개집만 있었어요. 개집 보고 울었어요."

대부분 아이들은 개나 고양이, 토끼처럼 동물을 참 좋아한다. 그래서 집에서 기르고 싶어하는 아이들이 많다. 하지만 아파트에서는 동물 키우기가 어려우니 동물 키우는 아이들을 참 부러워하기도 한다. 학교에서 개나 닭, 토끼를 키우면 아이들은 쉬는 시간마다 모여 먹이를 주거나 말을 걸기도 하면서 곁을 떠나지 못한다. 그런데 키우던 개를 외할머니 집에 보내게 되었고, 그 개가 없는 걸 알게 되었다. 얼마나 서운했을까.

할아버지 이○○(4학년)

하랑이랑 자전거 타고 가는데
슈퍼 앞에 차가 서 있다.
서 있는 차 트렁크를 보니
장례식 사진이 있다.

그런데 자전거 고치던 할아버지였다.
할아버지가 고쳐 준
자전거 타고 가다가
갑자기 눈물이 나왔다.

　아이가 했던 말을 시로 써보라고 했더니 호흡에 맞게 썼다. 그리고 슬프기는 하지만 슬프다는 말을 넣지 말자고 했다. 슬프다는 말은 넣지 않았지만 슬픈 장면이 그려진다.

강아지 김○○(4학년)

강아지 두 마리 키웠는데
자주 싸워서
한 마리를 외할머니 집에 보냈다.
다른 강아지가 괴롭혀서 그렇다.
한 달 뒤에
외할머니 집에 갔다.
그런데 개가 없다.
빈 개집만 있다.
개집 보고 눈물이 나왔다.

동시로 수업하고 나서

아이들과 교과서에 있는 동시로 수업하고 나서 동시를 써보면 아이들이 쓴 시가 교과서 동시와 참 닮아 있다는 교사들 이야기를 종종 듣는다. 그럴 수밖에 없는 것이 교과서 동시를 읽고 나면 그 형식이 머리에 그려지고 그것과 닮은 시를 쓰게 되는 것이다. 아이들 삶은 드러나지 않고, 꾸며 쓰게 되며 결국 동시 형식만 남게 된다.

동시로 시 공부를 하고 싶다면 꼭 시 제목이나 빛나는 한 줄로 놀아보면 좋겠다. 이런 과정이 시 창작을 위한 아이들 생각을 자극하게 되니 아주 유용하다. 그리고 제목으로 손바닥 동시도 써보고, 마지막으로 온전한 제목으로 나만의 시를 써보는 것이다. 또 눈물이나 기쁨, 슬픔, 화남, 즐거움을 내용으로 그 감정 낱말을 표현하지 않고 그 감정이 고스란히 드러나도록 써보는 과정도 의미 있다.

시 쓰는 것이 재미나고 편하게 쓰는 아이도 있지만 어렵고 힘들게 느끼는 아이들도 있다. 이런 아이들에게 단계를 밟아 시로 놀아보면 훨씬 재밌게 시 수업을 할 수 있다.

05
좋아하는 것과 싫어하는 것으로 시 쓰기

이렇게 수업해요! 120분 · 3차시

· 좋아하는 것으로 이야기 나누기 5분 · 좋아하는 것으로 쓴 동시 감상하기 5분

· 좋아하는 것으로 시 써보고 함께 나누기 30분

· 먹을거리로 이야기 나누기 5분 · 먹을거리로 쓴 동시 감상하기 5분

· 먹을거리로 시 써보고 함께 나누기 30분

· 싫어하는 것으로 이야기 나누기 5분 · 싫어하는 것으로 쓴 동시 감상하기 5분

· 싫어하는 것으로 시 써보고 함께 나누기 30분

좋아하는 것으로 이야기 나누기

동시를 보면서 단순히 읽는 것에 그치지 않고 아이들과 이야기를 풀어가면 참 재미나게 시를 공부할 수 있다. 그게 동시가 지닌 매력이지 싶다. 보통 때는 아이들이 쓴 '어린이 시'를 보여주거나 함께 읽고 시를 쓰지만 '동시'에서 찾을 수 있는 이야깃거리가 있으면 찾아서 함께 나누면 더욱 좋다.

아이들과 어떤 이야기를 나누면 좋을까 생각하다가 '좋아하는 것'과 '싫어하는 것'으로 이야기를 나누면 좋겠다 싶어 슬쩍 꺼냈다.

"여러분들이 가장 갖고 싶거나 좋아하는 건 뭐가 있을까?"

질문을 하자마자 크게 한목소리로 외치는 낱말이 있다. 바로 스마트폰이다.

"우와! 12명 가운데 9명이 스마트폰이 있는데, 세 사람은 그렇다 치고 있는 사람도 또 가지고 싶어?"

"예, 좋은 스마트폰으로 바꾸고 싶어요."

요즘 아이들에게 스마트폰은 태어나면서부터 문화나 다름없다. 돌만 지나도 어지간하면 스마트폰을 손가락으로 쓱쓱하며 쓸 수 있으니까. 어르신들이 보면 혀를 끌끌 차며 "아이구야, 도대체 세상이 어찌될라고 저러나." 하실런지 모르지만.

"스마트폰 말고 또 좋아하는 것이 뭐가 있을까?"

'게임, 삼겹살, 축구, 춤, 아이스크림, 과자, 레고, 요리······.'

칠판 가득 채울 만큼 이것저것 큰 목소리로 나온다. 그래도 스마트폰과 게임, 먹을거리가 가장 많다. 우선 가장 많이 나온 스마트폰을 공부거리로 잡으면 좋겠다 싶어 준비한 김바다 시인의 〈스마트폰〉 시를 함께 나누었다.

스마트폰

동생을
떼쓰게 하고
울게 만든다

금세
울음 뚝 그치게 하는
마법의 기계

– 김바다, 동시집 《로봇 동생》(위즈덤하우스, 2019)

동생이 다섯이나 되는 유근이는 얼른 "우리 집 동생들도 그래요." 한다. 스마트폰으로 동생이나 형, 누나와 얽힌 이야기도 이어서 터져 나온다.

"형이 제가 스마트폰으로 게임하는데 건드려서 싸웠어요."

"저는 부모님이 중학교 갈 때 사준대요."

"식구들 다 있는데 저만 없어요."

"오래되어서 다른 걸로 바꾸고 싶어요."

"액정이 깨졌어요."

스마트폰에 얽힌 이야기가 이렇게 많구나, 싶다.

"그럼 좋아. 스마트폰에 얽힌 이야기를 다 풀어내면 되겠네. 그래야 부모님이든 식구들이든 여러분 생각을 알 수 있겠지."

한참 생각에 잠긴 아이도 있고, 종이를 받자마자 쓱싹쓱싹 바로 쓰는 아이도 있다. 좋아하고 갖고 싶은 것이니 얼마나 쓸 이야기가 많을까.

스마트폰 박시우 (부귀초 6학년)

우리 아빠 거는 노트 10

우리 엄마 거는 G7

우리 형 것도 G7

우리 누나는 뭔지 모를 공짜폰

나는,

내 손에는 책.

스마트폰 김준혁(부귀초 6학년)

많이 하면 안 되는데 안 되는데
하면서 계속 하는 나
혼날 것 같은데 혼날 것 같은데
하면서 계속 하는 나.

스마트폰 박찬영(부귀초 6학년)

아빠는 하면서
나는
뇌가 이상해진다고
하지 말라고 한다.

스마트폰 김종현(부귀초 6학년)

우리 집은 스마트폰이 다 있지만
나는 없다.
게임 할 땐 아빠폰

어디 갈 땐 형폰

내 께 있으면 좋겠다.

시우는 온 식구가 있는 스마트폰이 자신만 없으니 그게 속상하다. 찬영이와 종현이도 6학년인데 스마트폰이 없는 마음을 잘 잡아냈다. 중학교에 가면 사준다고 하는데 얼른 가지고 싶은 마음은 한결같다. 준혁이는 멈출 수 없는 스마트폰의 유혹을 내용으로 시를 썼다. 다른 아이들도 스마트폰의 유혹을 벗어나지 못하는 내용을 썼다.

내가 좋아하는 것으로 시를 쓰니 시가 단박에 나온다. 아이들은 직관이 뛰어나서 오래 생각하지 않아도 자신이 평소 품고 있던 마음을 금세 표현할 수 있다.

쓴 시 낭송하고 나누기

종이에 쓴 시를 칠판에 붙이고 함께 낭송하고 나눈다. 함께 웃기도 하고, "맞아, 맞아." 하며 공감한다. 아이들에게 붙임딱지를 몇 장씩 나눠주고, 마음에 드는 시에 붙인다. 찬영이 시에 가장 공감이 많이 되었는지 붙임딱지가 제일 많다. 역시 기대했던 것만큼 아이들은 스마트폰에 얽힌 순간을 참 잘 잡아내었다. 역시 좋아하는 것으로 글을 쓰면 기대도 담게 되니 기분도 좋아질 거 같다.

먹을거리로 시 쓰기

아이들이 좋아하는 것 가운데 먹을거리도 빼놓을 수 없다. 월말이 되면 아이들이 기다리는 것이 있다. 바로 다음 달 급식표다. 남자아이들은 웬만해선 다 외운다. 날마다 무엇이 나오는지 훤히 알고 있다.

"점심시간이 얼마 남지 않았는데 먹을거리 이야기를 하니 괜히 더 배가 고파지네. 스마트폰은 제목도 그대로 했지만 이번에는 여러분이 떠올리는 먹을거리나 먹을거리에 관한 이야기를 자유롭게 제목으로 잡고 써도 좋겠어."

먹을거리, 특히 자신이 더 좋아하는 먹을거리를 떠올리기만 해도 기분이 좋아질 법하다. 또 누군가와 맛있게 먹었던 장면을 떠올리면 또 기분이 좋아진다.

멸치볶음

이건 한두 마리가 만들 수 있는 냄새가 아니다
수천수만 마리가 힘을 모아, 떼로 덤벼
꼬르륵을 만들어내는 냄새다

오, 대단한 멸치 떼

– 김성민, 동시집《브이를 찾습니다》(창비, 2019)

시를 읽어주니 배가 고픈지 "더 배가 고파요." 한다. 또 시가 재미났는지 "오~~" 한다. 멸치를 좋아하건 싫어하건 공감하게 하는 시다.

"먹을거리 막 떠오르지? 내가 좋아하는 거."

"더 더 배고파요. 얼른 밥 먹으러 가요." 한다. 이 투덜거림이 더 멋진 시를 기대하게 했고, 아이들은 금세 장면이 떠올랐는지 종이에 쓰기 시작한다.

김치와 수육 이유근(부귀초 6학년)

김치와 수육은
좋은 관계인 거 같다.
김장을 하고
김치와 수육을 먹으면
"아, 이 맛이야." 하고
계속 먹게 된다.

음식 김종현 (부귀초 6학년)

우리 엄마는
많이 먹으면 키 많이 큰다고 했는데
키보단 몸무게가
많아지는 것 같다.

흑돼지 삼겹살 박시우 (부귀초 6학년)

친구네랑 같이 간
깡통 삼겹살
쌈무 위에 소스 찍은 고기를 올리고,
생채까지 싸서 야무지게 먹는다.
집에 가면 또 심심할 것을
걱정할 때지만,
지금은 그저
입안에 들어가는 한 쌈에
행복하기만 하다.

해파리무침 장서연 (부귀초 6학년)

대게 집에 가서 대게를 기다리는데

처음 보는 음식이 나왔다.

해파리무침?

아빠가 "한입 먹어 봐." 하신다.

같이 먹은 사촌언니, 사촌오빠는

우웩, 하고 뱉어버린다.

나는 우웩, 헛구역질이 나와 뱉으려다

아빠가

"아이, 한 번 먹어봐.

나중에 해외 가면 이런 것들 다 먹어야지."

얼굴이 시뻘게졌다.

'꿀꺽'

물 몇 컵을 마셨다.

다시는 안 먹어야지. (2020.11.12)

북적북적 식구가 많은 유근이네 김장하는 장면이 떠오른다. 진안은 산간 지역이고 추워서 다른 지역보다 김장을 조금 빨리 하는 편이다. 방금 담근 김장김치에 수육을 얹어 먹으면 누구든 "이 맛이야."라는 말이 절로 나온다. 종현이는 음식을 떠올리지 않고, 엄마가 키 커야 한다고 많이 먹으라는 이야기를 자주 했는지 그 이야기를 떠올렸다. 시우는 진안에서 제일 맛난 흑돼지 삼겹살집에 가서 삼겹살 먹는 장면을 군침이 마구마구 돌도록 잘 잡아서 썼다. 서연이도 식당에 가서 해파리무침 먹었던 기억을 떠올렸다. 이 시를 보고 "나는 맛있던데." 하는 친구도 있겠지만 저마다 다른 식성은 뭐라 할 수 없지.

아이들은 종현이 시가 마음에 들었는지 붙임딱지를 제일 많이 붙였다. 승표는 스마트폰으로 시를 쓸 때도, 음식으로 시를 쓸 때도 한참을 끙끙거리다가 한숨을 푹푹 내쉬며 겨우 썼다.

스마트폰 홍승표(부귀초 6학년)

스마트폰을 몰폰으로 해야 재밌다.
대놓고 하면 혼나지만 재밌다.
몰폰은 역시 게임이니까 재밌다.
대놓고 하는 건 유튜브를 보니까 재밌다. (2020.11.12)

육회비빔밥 홍승표(부귀초 6학년)

식구들과 육회비빔밥을 먹으러 갔다.
진안에 있는 식당에 들어가서
육회비빔밥을 먹는다.
나만 먹는다.
식구들이 먹고 있는 걸 뺏어 먹었다. (2020.11.12)

잘 쓰는 아이들이야 몇 마디 힌트를 주면 내 느낌과 생각, 겪은 일을 담아서 제법 쓰지만 글 쓰는 걸 어려워하는 아이들은 언제 어떤 상황을 써야 할지 모르겠다거나 무엇을 써야 할지 모르겠다고 한다. 이 아이들에게 어떤 장면을 쓸 것인지 한 장면을 떠올리는 일, 하고 싶은 이야기로 빛나는 한 줄을 생각하게 하는 일, 줄글이 아니므로 호흡에 따라 시를 쓰게 하는 일을 꾸준히 지도해야 한다. 하지만 이런 과정에서 자주 지적을 받으면 더 움츠러들고 시를 쓰기 싫어하게 되니 주의해야 한다.

아이들에게 시 쓰는 재미를 주고 싶은데 쉽지 않다. 무엇보다 요즘 학교 상황이 글 쓰는 것을 별로 좋아하지 않는다. 그럴수록 더 글 쓰는 기회를 만들고 써야 한다.

싫어하는 것으로 이야기 나누기

"이왕 시작한 김에 싫어하는 것도 한번 해볼까?"

역시 예상처럼 공부가 가장 많다. 도시든 시골이든 잘하는 아이든 못하는 아이든 공부에 많은 스트레스를 받는다.

못 말리는 도깨비

도깨비, 학교 간다.

학교 간다 해 놓고 산에 놀러 간다.

도깨비, 공부한다.

공부한다 해 놓고 쿨쿨 잠잔다.

도깨비 학원 간다.

학원 간다 해 놓고 풀숲 지렁이랑 논다.

도깨비, 숙제한다.

숙제한다 해 놓고 카톡한다.

도깨비, 엄마 아빠! 안녕히 주무세요! 한다.

그래놓고 저는 말똥말똥 만화책 본다.

-권영상, 동시집《도깨비가 없다고》(사계절, 2019)

못 말리는 도깨비에 공감이 가는지 아이들이 키득키득 웃는다.

"이 시 참 재미있지? 공부하면 떠오르는 장면이나 상황, 이미지가 있을 거야. 스트레스를 받은 적도 있을 테고, 힘들었던 기억도 있을 거고."

"우리 엄마는 맨날 공부하라고 해요."

"우리는 공부하라는 소리 안 하는데."

아이들이 한 마디 한 마디 던지는 말을 들어보면 집이 어떤 환경인지 훤히 보인다.

공부 김준혁(부귀초 6학년)

엄마가 공부하라고 한다.
아, 짜증 나.
맨날 공부하라고 한다.
공부 안 하면 아무 것도 못한다고.
공부 안 해도 할 수 있는 게 많은데.
난 이렇게 따지고 싶다.

공부 이다니엘(장승초 6학년)

대학 가려고 한다.
대학은 일하려고 한다.
일은 돈 벌려고 한다.
결국 돈 벌려고 산다.

언니 장서연(부귀초 6학년)

아빠는 평소에

공부하라고 하지 않으신다.
하지만 언니가 시험 기간일 때는
"언니처럼 공부 좀 해봐."
아닌데.
언니도 6학년 때는 공부 안 했는데. (2020.11.16)

공부 김경륜(장승초 6학년)

우리 엄마는 공부 공부 한다.
그래서 공부를 하다가
엄마한테 풀라하면
못 푼다.
엄마가 더 공부 열심히 하지.

공부 김나연(부귀초 6학년)

공부 하면 선생님
선생님 하면 교과서
교과서 하면 다시 공부
하기 싫다.

공부 시간 박시우 (부귀초 6학년)

공부 시간.
샤프 딱딱 빼보곤
아, 샤프심 없네.
시계 흘긋 보곤
몇 분 남았지?
급식 메뉴 보고
와! 오늘 스파게티 나온다.
이런 내 속도 모르고
선생님은 오늘도
원주율로 하루를 시작한다.

자식에 대한 부모의 기대가 모두 크겠지만 준혁이도 엄마 기대치가 큰 아이다. 형한테는 공부하라는 이야기를 거의 안 한다는데 준혁이가 공부를 제법 하니 더 기대가 큰 거다. 그래서 더 공부 이야기를 한다고 한다. 좋은 것도 한두 번이지 자꾸 이야기하니 짜증이 날 법도 하다. 오죽하면 따지고 싶었을까.

다니엘 시는 마치 삶을 통달한 사람처럼 썼다. "돈 벌려고 사는 거 아니야. 니가 하고 싶은 거 하고 살면 돼." 하고 말해주었다. 공부로 언니와 견주거나 맨날 공부, 공부 하는 말도, 공부라는 말 그 자체로도 아이들은 스트레스를 받는다. 애쓴다고 토닥여주고, 들어주기만 해도 아이들 마음은 금세 풀린다.

동시 세 편으로 아이들과 세 시간을 놀았다. 동시로 이야기를 시작해서 더 많은 이야기를 나눌 수 있었다. 동시집을 보며 이 시로 아이들과 공부하면 참 재미있겠다, 하는 시들이 제법 보인다. 그러면 아이들과 더 많은 이야기를 나눌 수 있고, 국어 시간이 더 풍성해진다.

글쓰기로
삶을 가꾸는 교실

06
서사문 쓰기, 어떻게 시작할까?

이렇게 수업해요! **120분 · 3차시**

- **학교 가는 길 평소 쓰는 대로 써보기** 10분
  - **쓴 글 함께 이야기 나누기** 20분
    - **장면 쪼개서 쓰기** 20분
- **원래 쓴 글 좀 더 자세하게 써보기** 30분
  - **처음 쓴 글과 새로 쓴 글 견주기** 25분
    - **본보기글 나누기** 10분
      - **느낌 나누기** 5분

궁금하지 않게 쓰기

"아이들과 글쓰기를 하면 너무 짧게 써요."

"문장 쓰기를 귀찮아하고, 장면이 안 떠오른대요."

"글쓰기가 아예 안 되는 아이들이 있어요."

글쓰기 지도를 잘하고 싶은 마음은 있는데 어려움이 많다는 현장 선생님들 이야기다. 일상 수업을 하면서 아이들이 글쓰기를 할 때 글밥을 조금이라도 늘리고 싶지만 이 또한 쉽지 않다고 한다. 그렇다고 방법은 가르쳐주지 않고 무조건 "얘들아, 한쪽 채워서 써." 하면 오히려 글쓰기를 더 싫어하고 역효과만 생기기 쉽다. 그래서 글을 어떻게 써야 하는지 방법을 알려주어야 한다.

처음부터 잘하면 좋겠지만 영어든 수학이든 글쓰기든 단번에 쉽게 잘할 수는 없다. 꾸준한 시간과 노력을 들이는 수밖에 없다. 아이들과 '궁금하지 않게 쓰기'를 해보는 것도 좋은 방법이다. 말 그대로 어떤 글이 있을 때 내용이 잘 떠오르게 쓰도록 하는 것이다.

어떤 글을 보면 장면이 안 그려지는 글이 있다. 특히 학년이 낮을수록 아이들은 하루의 일이나 내가 겪은 일을 뭉뚱그려 표현한다. 그러니 무엇을 어떻게 했는지 전혀 장면이 그려지지 않는다.

예를 들면 '학교에 갔다. 학교에서 공부를 했다. 점심시간에 밥을 먹고 집으로 왔다. 오늘은 즐거운 하루였다.'라고 쓴다. 이 글은 우선 첫 번째 학교에 간 이야기, 두 번째 학교에서 공부한 이야기, 세 번째 점심시간에 밥을 먹은 이야기, 네 번째 집으로 오는 이야기를 따로 써도 충분히 이야깃거리가 될 수 있다. 하지만 아이들은 그걸 전부 뭉뚱그려 하루 있었던 일을 일기로 쓴다.

오늘 학교에 가서 1교시에 국어를 하고, 2교시에 수학을 하고, 3교시에 바른생활을 하고, 4교시에 슬기로운 생활을 했다. 오늘은 참 재미있었다. (1학년 일기)

이 글도 1교시부터 국어를 뭉뚱그려 나타냈고, 2교시부터 4교시도 그렇게 썼다. 많은 아이들이 끝에 전체를 결론짓는 재미있었다는 표현도 익숙하다. 낮은 학년일수록 짧은 시간을 자세히 쓰려고 하지 않고, 긴 시간을 한 문장으로 표현한다. 이렇게 쓰는 아이들도 짧은 시간을 궁금하지 않게 쓰는 연습을 여러 번 하면 좀 더 자세하게 있었던 일을 표현할 수 있게 된다.

고학년으로 올라갈수록 좀 더 자세하게 쓰기는 하지만 어떻게 자세하게 써야 하는지 방법을 알려주지 않으면 고학년 아이들도 잘 쓴 아이와 못 쓴 아이의 편차가 심하게 난다.

'1교시에 우진이가 교실로 들어왔다.'

'점심시간에 시우가 밥을 먹지 않았다.'

'민수가 영재를 툭 쳤다.'

이런 문장을 보면 우진이가 왜 1교시 중간에 교실에 들어왔고, 무슨 일이 있었는지 궁금하다. 또 점심시간에 시우가 밥을 먹지 않았던 사연은 무엇일까? 친구와 다투었는지, 아니면 배가 아파서 밥을 먹지 못한 것인지 전혀 장면이 그려지지 않는다. 민수가 영재의 어디를 툭 쳤을까? 그리고 어떤 일이 벌어진 것일까?

사실 문장과 생각 문장

글을 읽고, 글을 살필 때 사실 문장과 생각 문장을 나눠봐야 한다.

사실은 말 그대로 '실제로 일어난 일이나 지금 있는 일'을 말한다. 그 사실을 쓴 문장이 바로 사실 문장이다. 한 것과 본 것, 들은 것, 맛본 것, 냄새 맡은 것을 쓴 문장으로 우리 몸의 오감을 살려 쓴 문장이다.

생각 문장은 자신의 느낌이나 생각이 담긴 문장이다. 내가 어떤 일을 하거나 보거나 들었을 때 나만의 오롯한 생각이 있기 마련인데 그 생각을 쓴 문장이다.

오늘은 진안에서 머리를 깎고 나서 라면하고 음료수를 샀다. 버스를 타고 장승리에서 내려서 아빠 차를 타고 집으로 왔다. 텔레비전을 보면서 빵을 먹고, 저녁밥을 먹고 잤다.

글1은 몇 개의 글 뭉치로 이루어져 있을까? 머리 깎은 이야기, 라면과 음료수 산 이야기, 버스를 타고 장승리까지 가는 이야기, 아빠 차를 타고 집으로 간 이야기, 텔레비전을 보면서 빵을 먹은 이야기, 저녁밥 먹은 이야기까지 여섯 개의 글 뭉치가 있다. 그런데 뭉뚱그려 여섯 개 이야기를 썼다. 또 한 일만 있지 생각한 문장은 없다.

이 가운데 가장 기억에 남거나 쓰고 싶은 내용 한 가지를 골라서 궁금하지 않게 써야 한다. 머리 깎은 이야기를 쓰려면 어디 미용실에 갔는지 미용실에서 본 미용사 아줌마와 미용실 풍경, 머리 깎을 때 어떤 기분이었는지, 머리 깎는 장면, 떠오르는 생각, 머리 깎고 머리 모양이 어떤지, 머리 감은 장면, 돈을 내고 나올 때까지 순간순간을 떠올려 써야 한다.

학교가 끝나고 집에 왔더니 우리 집 개 셋째가 반가웠는지 깨갱거리며 빙빙 돌고, 꼬리를 흔들며 나를 반겨준다. 나도 반가운 마음을 표현하기 위해 그냥 집 안으로 들어가지 않고, 셋째에게 갔다. 셋째의 털을 만져보았다. 지난 겨울에 털갈이할 때 털이 뭉쳐있었는데 털갈이를 완전히 하고 이제는 털이 보드라웠다. 머리를 쓰다듬어 주니 셋째가 끼잉거리며 내 손을 핥아주었다. 셋째 머리에 내 머리를 가까이 다가가니 내 얼굴도 핥아주었다. 종일 묶여 있어서 얼마나 힘들까. 가끔 산책도 시켜주어야 하는데 내가 요즘 무심했다는 생각이 들었다. 밥그릇을 보니 사료가 다 떨어져 텅 비어 있었다. 아침에 나올 때부터 빈그릇은 아니었을까, 생각하니 미안한 마음이 들었다. 얼른 가서 사료를 가져와 그릇에 담았다. 배가 고팠는지 사료를 사각사각 씹어서 맛있게 먹는다.

글2는 집에 도착해서 개와의 짧은 시간을 쓴 글이다. 그런데 장면이 아주 잘 그려진다. 사실 문장으로 한 일만 쓴 것이 아니라 본 일로 셋째가 반겨주는 모습, 사료가 없는 텅 빈 그릇 모습, 맛있게 사료를 먹는 모습을 썼다. 또 깨갱거리는 소리와 끼잉거리는 소리도 썼다. 또 생각 문장으로 '반가운 마음을 표현하기 위해' '종일 묶여 있어서 얼마나 힘들까' '무심했다는 생각이 들었다' '미안한 마음이 들었다'처럼 사실에 따르는 내 생각을 순간마다 담았다. 이렇게 글을 쓰면 장면도 잘 그려지고, 글을 쓴 사람 생각도 살필 수 있게 된다.

장면이 떠오르게 쓰기

글을 쓸 때 궁금하지 않게 써야 한다. 장면이 그려지게 쓰는 것과 맥락이 같다. 기자가 기사문을 쓸 때 육하원칙(언제, 어디서, 어떻게, 누가, 무엇을, 왜)에 따라 자세하게 쓰듯이 궁금하지 않게 써야 읽는 사람이 이해하기 쉽다. 궁금하면 글을 읽는 사람이 무슨 일이 어떻게 일어났는지 장면을 떠올릴 수 없다.

오후에 숙제를 하는데 동생이 과자를 먹으면서 왔다.

3학년 아이가 오후에 숙제하는데 동생이 과자를 먹으면서 왔다고 글을 썼다. 하지만 이 글만 보고는 상세한 장면이 떠오르지 않고, 궁금한 것도 많이 생긴다.
"오후는 언제쯤일까?"
"어떤 숙제일까?"

"과자는 어떤 과자일까?"

"동생은 어떤 동생일까?"

오후 몇 시쯤인지, 어떤 숙제인지, 동생은 어떤 동생인지, 과자는 어떤 과자인지, 숙제는 어디서 하고 있는지, 동생은 어디로 온 건지 알 수가 없다. 이 문장을 두고 아이들에게 무엇이 궁금한지 함께 알아보면 금세 눈치챌 수 있다.

궁금하지 않게 쓰기 위해서 정말 자세하게 쓰려면 끝도 없겠지만 최대한 장면이 그려지도록 쓰는 게 필요하다.

오후 네 시 정도에 우리 집 아파트 거실에 앉아서 사회 숙제를 하고 있는데 초인종 벨소리가 울렸다. 현관문을 열었더니 내 동생 하울이가 가방을 메고 서서 콘칩을 우적우적 씹어먹으며 집으로 들어왔다.

이 정도로만 써도 장면이 환하게 그려진다. 시간도 그려지고, 공간도 그려진다. 그리고 어떤 숙제를 하고 있었는지도 알게 되었다. 동생이 누구인지, 과자는 어떤 과자인지, 어떻게 먹는지 장면도 떠올릴 수 있게 되었다.

"꼭 동생이어야 해요? 저는 동생이 없는데."

"아니, 동생이 없는 사람은 형이나 누나도 좋고. 혼자인 사람은 동생이나 형 또는 누나를 생각하면서 어떤 장면을 떠올려봐. 그리고 과자가 아니어도 좋아, 사탕이나 먹을거리도 괜찮겠지. 무엇보다 처음 글은 궁금한 것이 많잖아. 그래서 궁금하지 않게 여러분이 장면을 떠올리며 써보는 거야. 그러면 쓸거리가 생기겠지. 궁금하지 않게 쓰는 연습을 하는 거니까. 아이들이 쓴 본보기 글을 몇 편 읽어줄게."

아이들에게 본보기 글을 읽어주는 건 참 중요하기도 하지만 조심스럽기도 하다. 좋은 글을 보면 좋은 글을 쓸 수 있는 밑거름이 되기도 하지만, 좋지 않은 글을 보면 아이들이 그 글을 흉내 내기 때문이다. 그래서 좋은 글을 보여주는 건 참 중요하지만 어떻게 썼는지 참고 정도면 좋겠다.

1학년 여자 동생 이엘이가 느릿느릿 걸으며 한 시에 집으로 왔다. "언니~" 하고 불렀다. 갑자기 불러서 순간 나는 깜짝 놀랐다. 동생이 잠바 오른쪽 주머니에서 동그란 초코 사탕을 꺼냈다. 나도 먹고 싶었지만 꾹꾹 눌러 참았다.

"언니, 이거 줄까?"

동생이 나에게 예쁜 말투와 목소리로 물었다. 난 먹고 싶었지만 동생을 위해 괜찮다고 차분하게 말했다. 동생은 어리둥절해하며 사탕 껍질을 까려고 하는데 안 까졌는지 나에게 까달라고 했다. 난 착해 보이기 위해 사탕을 까고 다시 주었다. 동생은 까주어서 고맙다고 하며 맛있게 먹었다. (4학년)

"언니와 동생 사이에 어떤 일이 일어났는지 알 수 있지? 이런 식으로 쓰는 거야."

읽으면서 장면이 또렷하게 그려지고, 주고받은 말도 잘 살려서 썼다. '꾹꾹 눌러' '예쁜 말투와 목소리' '어리둥절해하며'처럼 적절한 낱말을 섞어가며 글을 쓴 점도 돋보인다. 또 '착해 보이기 위해'처럼 짧은 순간에 자신의 마음이 어땠는지 밝히기도 했다.

나와 세 살 터울 동생이 친구와 논다고 세 시부터 나가서 놀이터에서 두 시간이나 있다가 5시 10분쯤에 문을 열고 들어왔다. 동생이 들어오면서 "집에 누구 있나요?" 하고 물었지만 난 대답을 하지 않았다. 대답하기 귀찮았기 때문이다.

동생은 집에 아무도 없는 줄 알았는지 춤을 추며 들어오는데 내가 있는 걸 봤는지 화들짝 놀랐다. 놀란 동생의 얼굴이 참 웃겼다. 그

후 동생은 잠잘 때 입는 옷으로 갈아입었다. 동생의 파자마는 파란색 자동차가 그려있는 옷이다. 동생은 거실에 나와서 바닥에 털썩 주저앉더니 파자마 주머니에서 누룽지 맛 알사탕을 꺼내 먹었다. 나도 먹고 싶었다. 그래서 나도 내 간식 창고에서 딸기 맛 마이쭈를 한 개 꺼내 먹었다. 그러자 동생이 나에게 마이쭈를 하나만 달라고 했다. 나는 거절했다. 그러니 동생 표정이 하루는 굶은 동물 같은 얼굴을 했다. 난 그 얼굴이 참 웃겨서 웃음을 참고 있었다. 그때 나는 웃음을 참는 게 이렇게 어려운 건지 처음 알았다. 결국 참지 못하고 웃음을 터뜨렸다. 동생이 '너 뭐야?' 하는 표정으로 째려보았다. (5학년 김채린)

동생이 들어오며 춤을 추고 들어온다는 설정이나 동생의 파자마에 파란색 자동차가 그려진 옷이라고 표현한 것, 동생 표정이 하루는 굶은 동물 같은 얼굴이라고 표현한 부분도 장면이 또렷하게 떠오르도록 잘 표현했다. 이처럼 동생이 집으로 들어오는 장면부터 옷을 갈아입고 사탕을 먹는 장면까지 짧은 순간인데도 환하게 장면이 떠오르게 글을 썼다.

이제 4학년인 내 동생 지우가 두 시까지 5교시 수업을 마치고 집에 와 학교 맞은 편에 있는 문구점에 가서 이백 원짜리 추파춥스 딸기맛을 두 개 사 왔다. 동생이 학교와 5분 거리인 집으로 와서 방금 문구점에서 산 추파춥스를 자랑하며 하나를 까서 동생 입으로 넣었다. 나도 정말 사탕이 먹고 싶었지만 동생은 절대 안 줄 거 같아서 꾹 참고 있었다.

동생은 사탕을 와작와작 씹어먹었다. 엄마가 설거지를 끝내고 와서 "지우 왔니? 세 시에 학원 가야 하니까 이 닦고 쉬고 있어."라고 했다. 나는 학원가야 한다는 것을 까먹고 있었다. 학원 끝나고 오는 길에 나도 학교 맞은 편에 있는 문구점에 들러 추파춥스 라임맛을 사 동생에게 자랑해야겠다고 다짐했다. (6학년 이지수)

사실만 쓴 것이 아니라 일어난 일에 대한 내 생각도 잘 쓰고 있다. 꾹 참고 있었다거나 까먹고 있었다는 표현, 자랑해야겠다고 다짐했다는 표현도 생각 문장이다. 또 한 일만 쓰지 않고, 동생을 살피는 장면도 잘 떠오르게 썼다.

동생과 있었던 일을 장면이 그려지게 잘 썼다. 이렇게 일어난 일을 궁금하지 않게 써보는 연습이 필요하다.

학교가 끝나고 5시쯤 집에 들어왔다. 휴대폰을 보고 싶었지만 꾹 참았다. 왜냐하면 학교 숙제가 있기 때문이다. 숙제는 내가 엄청 하기 싫어하는 영어 숙제다. 동생은 숙제가 없어서인지 옆에서 휴대폰을 보았다. '굳이 옆에서 봐야 하나?' 나는 숙제를 하면서 이런 생각을 했다. 그런데 또 하필 소리를 켜놓고 해서 숙제하는데 집중이 안 되었다. 안 그래도 휴대폰을 보고 싶은데 동생이 옆에서 소리까지 켜고 보고 있어서 분했다. 처음 들어보는 노래였다. 신경이 쓰여서 오늘따라 숙제가 늦게 끝나는 것 같았다. 휴대폰을 못 보는 것도 분한데 동생은 그새 포도맛 마이쭈를 먹고 있었다. '포도맛 마이쭈는 어디서 받았지?' 하는 생각이 들었다. 숙제가 어려웠지만 겨우 끝내고 나도 이제 휴대폰을 보았다. 그런데 알고 보니 그 마이쭈는 내 거였다. (6학년 김시우)

있는 그대로 장면이 잘 그려지는 글이다. 숙제를 하고 있는데 옆에서 동생이 휴대폰을 보고 있는 장면도 그려지고, 분한 마음도 잘 그려진다. '굳이 옆에서 봐야 하나?' 하는 생각이나 '포도맛 마이쭈를 어디서 받았지?' 하고 생각하는 문장을 잘 표현했다. 마지막에 포도맛 마이쭈가 동생 것이 아니라 본인 거였다는 내용도 재미있다.

오후 5시 30분쯤에 학교가 끝나고 집에 와서 킹콩샘이 내준 영어 숙제를 조용히 하고 있었다. 그런데 동생이 짭짭 소리를 내며 내가 좋아하는 콜라맛 사탕을 먹으며 오는 것이다. 동생은 놀리는 것처럼 내 앞에서 먹었다. 나도 먹고 싶었다. 그저께 엄마가 사주신 건데 나는 오늘 아침에 참지 못하고 먹었는데! 내가 동생 것을 뺏어 먹으면 틀림없이 엄마는 "너는 오늘 아침에 사탕을 먹었으면서 왜 동생 걸 먹으려고 해."라며 날 혼낼 것이다. 어쩔 수 없다. 지금은 정말 사탕을 먹고 싶지만 참아야겠다. 다음에 마트에 가면 동생이 좋아하는 초코맛, 딸기맛 사탕 그리고 내가 좋아하는 콜라맛 사탕을 이만큼 사서 동생 앞에서 짭짭 소리를 내며 먹어야지. (6학년 이가원)

이 글도 사실 문장만 있는 게 아니라 어떤 사실에 대한 생각 문장도 잘 나타나 있다. 읽으면서 저절로 웃음도 나온다.

단번에 잘 되면 좋겠지만 그렇게 쉽게 되지 않는 게 바로 글쓰기다. 그래서 연습이 필요하다. 자주 일기를 쓰는 게 엄청난 힘이 있는 것처럼 글쓰기도 꾸준히 연습하다 보면 궁금하지 않게, 장면이 그려지게 잘 쓸 수 있다.

07

날마다 같은 날을 살고 있을까?

학교 가는 길 써보기

아이들과 서사문 공부를 하면서 날마다 비슷하게 겪는 일을 써보는 공부를 하면 도움이 된다. 아침에 일어나는 일, 밥 먹는 일, 학교 가는 길, 학교에서 공부하는 일, 집에 가는 길 따위가 날마다 비슷하게 일어나는 일이다. 그 가운데 학교 가는 길로 써보았다.

"오늘 아침에 집을 출발해서 학교까지 가는 길을 써보는 거야. 다다를 테니까 자신이 겪은 과정을 생각하면서 써보는 거야. 차를 타고 가는 사람도 있고, 걸어서 가는 사람도 있고, 택시를 타고 가는 사람도 있지? 저마다 다르게 갔을 거야. 그러면 종이를 한 장씩 줄 테니까 오늘 아침에 집에서부터 학교까지 가는 과정을 한번 써보자."

종이를 나눠주니 금세 글씨 쓰는 소리만 들린다. 이렇게 사그락사그락 들리는 아이들 연필 소리가 참 듣기 좋다.

아이들은 방법을 알려주면 충분히 쓸 수 있는데도 자세하게 쓰는 걸 귀찮아한다. 더군다나 요즘은 손글씨 쓰는 걸 많이 하지 않으니 더욱 그렇다.

"조금 귀찮지만 그렇다고 의미 있는 걸 안 할 수는 없거든. 힘을 내어 써보자."

글쓰기는 누구에게나 쉬운 과정이 아님을 알지만 그래도 써야 한다.

• 일어나서 준비하고 엄마랑 걸어서 버스 타는 곳에 가서 버스 타고 학교에 갔다.

• 유일여고 앞에서 버스를 탔다. 새천년에서 다니엘이 탔다. 창대에서도 지성이가 탔다. 나랑 다니엘이랑 지성이가 카트라이더 이야기를 하다 보니 학교에 도착했다.

• 일어나서 세수하고, 옷을 입고, 영어 숙제를 원래 해야 하는데 윤슬이가 먼저 태블릿으로 영어를 듣고 있어서 나는 수학을 풀었는데 시간이 별로 없어서 영어는 못 하고 밥을 먹고 양치를 하고 물을 챙기고 학교에 갔다.

• 아침에 일어나서 준비 다 하고 고양이랑 놀았다. 엄마가 태워다 주는데 창문 밖만 보면서 왔다. 학교에 와서 열 재고 손소독 하고 끝.

• 아침에 일어나서 토스트를 먹고 옷을 입었다. 그 후에는 양치하고 밖으로 나가서 버스를 탔다. 버스를 타고 가면서 유연이랑 짧게 대화했다. 그리고 도착했다.

• 8시 24분 정도에 나갔다. 원래는 8시 30분에 나가야 하는데 운동화가 새것이어서 구겨지지 않게 신어야 해서 8시 24분에 나갔다. 동네 앞으로 나와서 3~4분 정도 기다리니깐 택시가 왔다. '학교에서 뭐하지?' 하고 생각했다. 학교에 도착했다. 열을 재고 6학년에 갔다.

귀찮아서인지 아니면 별로 쓸 말이 없어서인지 대부분 글을 짧게 썼다. 아마도 좀 더 자세히 쓰라고 했으면 이거보다는 더 잘 썼겠지만.

장면 쪼개서 쓰기

《태백산맥》을 쓴 당대 최고의 작가 조정래도 20년 동안 30권의 장편소설을 쓰면서 글을 쓰는 과정은 고통의 연속이라고 했다. 조정래 같은 위대한 작가도 그럴진대 글을 자주 쓰지 않는 우리에게 글쓰기는 마땅히 어려운 과정이다.

"킹콩이 지난 주말에 전라북도에서 꽤 유명한 시인 형을 만났거든. 그 형은 쉰 살에 늦은 결혼을 해서 쉰한 살에 딸을 낳았대. 지금 아이가 다섯 살인데 아이 낳고 하루도 빠지지 않고 일기를 쓰고 있대. 벌써 스물다섯 권이나 썼다고 하니 정말 대단하지?"

"어떻게 날마다 쓴대요?"

"일기를 쓰게 된 계기가 있는데, 나중에 자기가 죽으면 아이에게 무엇을 선물할 수 있을까 생각하니 할아버지만큼 나이 먹은 스스로 생각하기에 아이와 온전한 기억을 기록으로 선물하고 싶었대."

결국 일기나 글을 쓰는 과정은 기억을 기록으로 남기는 것이다. 더 깊이 이야기하자면 글쓰기는 '순간을 기록으로 담아두는 가장 좋은 방법'이기도 하다. 이오덕 선생님도 말과 글, 그림, 몸짓, 노래 가운데 글쓰기가 자기를 나타내는 가장 높은 수단이라고 했으니까.

"우리는 정말 날마다 같은 날을 살고 있을까?"

"아니요. 날마다 다르죠."

"맞아. 아침마다 먹는 밥과 반찬도 날마다 달라. 그냥 오늘 아침밥을 먹었다가 아니라 오늘 아침은 현미밥에 미역국, 시금치, 콩나물을 먹었을 수도 있고, 어제는 그냥 쌀밥에 김치찌개와 멸치볶음을 먹을 수도 있거든. 그리고 혼자 밥을 먹을 수도 있고, 부모님과 대화를 주고받으며 먹을 수도 있거든."

1교시 국어를 했다면 그 시간도 그냥 국어를 했다가 아니라 글쓰기를 한 날도 있고, 말하기와 읽기를 한 날도 있다. 가장 이해하기 쉬운 장면으로 학교 오는 길을 나타내보았다.

　"저학년 아이들이 집에서 학교에 오는 과정을 글로 쓰면 대부분 그냥 '학교에 갔다.' 또는 '학교에 버스를 타고 갔다.' 이런 정도로 쓰겠지. 그런데 학년이 조금 높아지면 '집을 나와 학교 가는데 영철이를 만나서 갔다.' 정도로 쓰고. 학년이 올라가게 되면 좀 더 자세히 쓰게 돼."

　　8시에 집을 나와서 조금 걷다 보니 영철이를 만났다. 영철이와 이야기를 하면서 갔다.

　"어때, 저학년이 쓴 글보다 길어졌지? 하지만 아직도 궁금한 것이 많아. 어떤 게 궁금할까?"

　"어떤 이야기를 했는지는 없어요."

　"가는 과정이 없어요."

　"맞아. 아직도 궁금한 것이 있어. 이제 4학년 정도 되면 어떻게 쓰는지 한번 볼까?"

　　평소보다 조금 늦게 집을 8시에 나와 조금 걷다 보니 아이들이 가고 있었다. 가는 아이들 가운데 혹시 친구가 있나 하고 보니 영철이가 있었다. 나는 "영철아~" 하고 불렀더니 영철이가 반가워했다. 영철이와 시간표 이야기를 하면서 갔다.

"아까보다 더 자세하지? 시간표 이야기를 하고 있었네. 그리고 문장도 좀 더 자세하게 썼지. 또 사실 문장만 있는 게 아니라 내 생각이 들어간 생각 문장도 있네."

"시간표가 뭔지 모르겠어요."

"내 생각이 조금씩 들어가 있어요."

"예를 들면 '평소와 마찬가지로' 이런 표현도 있지."

학년이 올라갈수록 아이들 글은 있는 그대로 사실만 적는 게 아니라 내 생각을 담아서 좀 더 자세하게, 궁금하지 않게 글을 쓸 수 있다.

"하지만 아직도 좀 더 자세히 쓸 수 있을 거 같아. 5학년 정도의 아이는 어떻게 쓰는지 한 번 볼까?"

아침 7시부터 엄마가 깨웠는데 게으름을 피우고 싶어서 그냥 누워있었다. 그러다가 8시 조금 넘어서 집을 나섰다. 평소보다 조금 늦어서 마음이 급했다. 조금 급하게 나오다가 돌부리에 살짝 걸려서 넘어질 뻔했다. 오늘은 조심해야겠구나, 하는 생각이 들었다.

조금 걷다 보니 영철이가 걸어가고 있었다. 영철이는 우리 마을에 산다. "영철아~"하고 불렀더니 영철이가 반가워했다. 영철이와 걸으면서 "오늘 우리 시간표가 어떻게 되지?" 하고 물으니 영철이가 "어, 오늘 국어 두 시간, 수학 1시간 그리고 영어, 음악과 사회가 들었어." 한다. 역시 영철이는 시간표를 외우고 있다. 나는 우리 마을에 영철이가 살아서 참 좋다.'

"진짜 길어요."

"시간표가 무엇인지 있어요."

"걸어오다 어떤 일이 일어났는지 알 수 있을 거 같아요."

"지금 여러분들이 말한 것처럼 좀 더 그림이 그려지지? 대화체도 나오고, 생각이 들어간 문장도 나오네. 이번에는 여러분 또래 아이들이 어떻게 썼는지 한번 볼까?"

오늘은 아침부터 게으름을 피우다가 8시 조금 넘어서 집을 나섰다. 평소보다 조금 늦어서 마음이 급했다. 조금 급하게 나오다가 집 앞을 조금 지난 다리 옆에서 돌부리가 있다는 걸 깜빡했다. 그런데 그 돌부리에 살짝 걸려서 넘어질 뻔했다. 맨날 다니는 길인데 왜 그걸 못 봤을까 생각했다. 오늘은 조심해야겠구나, 하는 생각이 들었다.

그곳을 지나서 학교 쪽으로 꺾어지는 곳을 지나 조금 걷다 보니 영철이가 늦었는지 빠른 걸음으로 걸어가고 있었다. 영철이는 우리 마을에 산다. 영철이는 평소에 나보다 조금 일찍 학교로 간다. 그런데 오늘은 웬일인지 조금 늦게 가서 반가웠다. 나는 "영철아~"하고 불렀더니 영철이도 반가워했다. 영철이와 걸으면서 "영철아, 오늘 우리 시간표가 어떻게 되지?" 하고 물으니 영철이가 "어, 오늘 국어 두 시간, 수학 1시간 그리고 영어, 음악과 사회가 들었어."한다. 학교 시간표가 나는 6시간 들은 날에는 조금 힘들다. 그래도 6학년이니까 열심히 해야 한다. 역시 영철이는 시간표를 외우고 있다.

　　나는 우리 마을에 영철이가 살아서 참 좋다. 영철이와 걸으니 학교에 금세 도착했다.

"역시 6학년은 글이 좀 더 자세해요."

"생각도 많이 있어요."

"그래, 이렇게 6학년은 상황이나 장면이 그려지게 좀 더 시간을 쪼개서 더 자세하게 쓸 수 있게 돼. 그리고 대화체 문장도 더 많이 들어가고."

　　글밥을 조금밖에 못 쓰는 아이들은 어떤 상황이나 장면을 쪼개지 않고 그냥 뭉뚱그려서 쓴다. 그러니 그냥 밥을 먹었다가 되고, 1교시에 국어를 했다는 문장이 된다.

"겪은 일을 쓸 때 방금 6학년 아이가 쓴 학교에 오는 길처럼 일어난 상황을 궁금하지 않게 시간을 쪼개서 쓰는 거야. 그리고 사실 문장만 쓰지 말고, 내 생각이 잘 드러난 생각 문장도 쓰는 거고. 어떤 장면에서 주고받은 대화도 담으면 더 좋겠지. 이런 생각을 하면서 글을 쓰면 훨씬 좋은 글이 될 수 있어."

좀 더 자세하게 써보기

처음 쓴 글을 다시 쓰는 과정은 아주 중요한 과정이지만 아이들에게는 더욱 쉽지 않은 과정이다. 그래도 글이 어떻게 달라지는지 과정을 보고 나면 글쓰기 실력이 더 성장할 수 있다.

처음 쓴 글

아침이다. 벌써 아침이다. 일어나기 싫다. 침대와 이불이 나를 꼭 잡고 있는 것 같다. 그래도 일어났다. 아침을 먹고 버스 타는 곳으로 간다. 벌써 버스가 와 있었다. 열 체크를 하고 버스를 탄다. 애들이 하나둘씩 탄다. 조용하던 버스가 금세 시끄러워진다. 버스를 타고 학교에 간다. 도착했다. 오늘도 귀여운 가온이는 나에게 인사를 해준다.

(신서원)

아침이다. 잠이 든 게 방금 같은데 벌써 아침이다. 눈을 끔벅끔벅
떠서 시계를 보니 7시 30분쯤이다. 일어나고 싶은데 침대와 이불이
나를 꼭 잡고 있는 것 같다. 그래도 일어나서 귀신처럼 슥슥 아주 천
천히 화장실로 간다. 세수하고 옷을 입는다. 밥을 먹는다. 밥을 다 먹
으니 놀 시간도 없이 바로 버스를 타러 나가야 했다. 내일은 좀 더 일
찍 일어나야지, 생각했다.

나왔는데 버스가 있었다. 빨리 뛰어갔다. 넘어질 뻔했다. 열 체크
를 하고, 무거운 발걸음으로 버스에 탔다. ○○이가 왔다. 인사를 하
고, 인물 맞추기 게임을 한다.

"정답 아이유!"

○○이는 참 잘도 맞춘다. 게임을 하고 수다를 떨다 보니 시간이
참 빨리도 간다. 벌써 학교에 도착이다.

버스를 내리는 차가운 공기가 날 반겨준다.

처음 쓴 글과 견주어 확연하게 달라졌다. 표현 가운데 '끔벅끔벅'
'귀신처럼 슥슥' '내일은 좀 더 일찍 일어나야지' '차가운 공기가 날 반
겨준다'와 같은 표현이 글을 훨씬 맛깔나게 한다.

아침에 일어나자 피곤하다. 몇 번이고 이불 밑으로 들어가려 했지만 엄마가 깨워서 일어난다. 아침밥을 깨작깨작 먹고 쉬었다. 엄마가 통학버스 타러 가고 심심풀이로 피아노 쬐금 치고 누워서 쉬다가 걸어서 학교에 갔다. 가다가 개울에 있는 돌을 한 번 차고 다시 갔다. (김태석)

아침에 곤히 자고 있는데 엄마가 "태석아, 일어나." 하고 깨웠다. 일어나려 하자 몸이 따라주지 않았다. 다시 이불로 들어가려 했지만 이불이 날 외면했다. 주인을 배반하다니 나쁜 이불이다.

어찌 되었든 골골거리며 일어나 엄마가 해준 카레를 깨작깨작 먹었다. 채소와 소시지가 들어있었다. 밥을 다 먹고 반찬 뚜껑을 닫은 다음 냉장고에 집어넣었다. 내가 먹은 그릇도 설거지통에 넣었다. 그리고 소파에 앉아 빈둥대다 내가 접은 종이접기 한 번 보고 다시 빈둥댔다.

엄마가 통학버스 타러 가고 심심풀이로 캐리비안의 해적을 피아노로 치고 다시 빈둥대다 이제 가야겠다, 하고 물병을 넣고 마스크를 쓰고 겉옷을 입고 학교로 갔다. 가는 길에 학교 앞 다리에서 개울가에 있던 돌을 차니 풍당, 소리가 나며 물이 흔들렸다. 보고 있으니 기분이 좋았다. 가벼운 발걸음으로 학교에 갔다.

"태석아, 일어나." 하고 대화를 넣었다. 또 아침 식사 하는 장면에서 카레에 채소와 소시지가 들어 있는 것도 썼다. 반찬통을 냉장고에 넣는 장면도 있다. 그리고 처음에는 피아노로 무슨 곡을 쳤는지 쓰지 않았지만 캐리비안의 해적을 쳤음을 알 수 있다. 퐁당, 소리가 나며 물이 흔들렸다는 표현도 좋다.

처음 쓴 글

집에서 일어나서 밥을 먹고 택시를 타고 학교에 왔다. 샘한테 주기도 귀찮다. (김율성)

다시 쓴 글

오늘 7시 32분에 일어났다. 나는 방금 막 일어나 비몽사몽했다. 그러다 오늘은 학교 가는 날인데, 하는 생각이 머릿속으로 스쳐 지나갔다. 하지만 문제가 있었다. 머릿속에서는 일어나서 밥 먹고 세수하고 옷 입고 가방 챙겨 학교 가야 된다고 하지만 몸에서는 피곤하고 귀찮다고 머리랑 몸이 따로 움직였다. 그러다 다시 자버렸다. 다시 일어났을 때가 8시 3분. 나는 8시 30분까지 집에서 나가 택시를 기다려야 한다.

두성이형은 이미 7시 54분에 학교 갔고 나는 잠이 거의 다 깨서 밥을 먹으려고 일어났다. 내가 엄마한테 아침밥이 뭐냐고 물어보자

엄마는 김치와 밥이라고 했다. 난 김치랑 밥만 먹기 싫어서 어제 산 계란이라도 구워달라고 했다. 엄마가 계란을 구울 때 난 옷을 입고 가방을 챙기고 계란이 다 구웠을 때 밥을 펐고 엄마는 계란을 접시에 담았다. 밥 먹기 직전 시간이 8시 22분이었다. 난 밥을 급하게 먹고 가방과 잠바를 챙기고 내가 신발을 신을 때 엄마한테 마스크를 달라고 했다. 난 8시 32분에 집에서 나와 택시를 탔다.

율성이는 글쓰는 시간이 오래 걸리고, 길게 쓰는 걸 어려워하는 아이다. 그런데 다시 쓴 글을 보니 처음과 아주 다르게 자세하게 썼다. '오늘은 학교 가는 날인데' '몸에서는 피곤하고 귀찮다고 머리랑 몸이 따로 움직였다'는 표현에서 학교 가기 싫은 모습이 생생하게 그려진다.

이렇게 자세히 쓰기 한 번 했다고 단박에 아이들 글쓰기 실력이 달라진다고는 할 수 없다. 하지만 이렇게 몇 번 써보면서 생각 문장과 사실 문장도 떠올려보고, 사실 문장을 한 일만이 아니라 보고, 듣고, 겪은 일을 생각하면서 글을 쓰면 어느새 몰라보게 달라지는 글쓰기를 볼 수 있다. 아이들이 직접 한 이야기가 더 가슴에 온다.

"갑자기 생각나요."

"더 자세히 써져요."

"문장이 길어져요. 팔이 아파요."

"저는 원래부터 이렇게 썼어요."

"약간 사실을 써야 되고 그 이야기를 언제 했고, 그런 걸 배우니까 더 쓰게 되었어요."

한 편의 글을 써도 정성들여 쓰면 그것으로 만족스럽다. 아이들 스스로 날마다 같은 날을 사는 것 같지만 날마다 다른 날을 사는 걸 알아채는 것만으로도 성공이다.

보고 쓰는 글쓰기

자세히 관찰하고 살피는 것과 글쓰기는 아주 닮은 점이 많다. 결국 글을 쓰는 것도 살피고자 하는 대상을 자세히 살피지 않고는 쓸 수 없다. 또한 관찰 대상에게 마음을 주어야 하고, 오랫동안 머물러 살피고 바라봐야 한다.

아이들에게 과제로 너무 길지 않게 10분이나 20분 정도 보고 쓰는 과제를 내주는 것도 좋다. 대상은 누구라도 좋다. 엄마나 아빠처럼 식구가 될 수도 있고, 식물이나 동물이 될 수도 있다. 살아 있지 않지만 관심 가는 대상도 좋다. 그래도 처음 과제로는 움직이거나 살아 있는 대상을 관찰하는 것이 글쓰기에는 낫다.

다음 글은 도쿄올림픽 때 안산 선수가 금메달 따는 장면을 텔레비전으로 보고 쓴 글이다.

어~ 어~ 어! 우아아악~ 금메달~! 김유연

오늘은 바로 2021 도쿄 올림픽 여자 개인 양궁 결승전을 하는 날이다. 우리나라 안산과 러시아에 오시포바가 겨루는 거다. 채널을 돌리다가 양궁 결승을 한다고 해서 '오케이 볼 거 없었는데.' 하고 생각하면서 얼른 결승전이 하기를 기다렸다.

드디어 안산과 오시포바가 경기장으로 들어왔다. 경기장에 들어오고 안산이 먼저 활을 쏘았다. 언니와 내가 "제발 10점, 10점!" 하면서 기도 했지만 안산은 8점을 쏘았다. 우리는 "아~ 왜~" 이러면서 실망을 했지만 아쉬워할 겨를도 없이 바로 오시포바가 활을 치켜올렸다. 난 속으로 '8점, 제발 8점~' 하고 저주를 걸었지만 결국 9점을 쐈다. 정말 실망이었다. 그래도 희망을 잃지 않고 안산 차례가 되자 "제발 10점~" 하며 팔짝팔짝 뛰었다. 내 바람이 도쿄까지 들렸는지 안산은 10점을 쐈다. 어떻게 지고 있는데도 그렇게 침착하게 활을 쏴서 10점에 맞힐 수 있는지 신기하고 대단했다. 그리고 바로 오시포바가 활을 쐈다. '두근두근' 아마 그때는 안산에 심박수보다 내 심박수가 더 높았을 거다. '톡!' 활이 꽂히는 소리가 들려서 봤더니 9점에 딱 꽂혀 있었다. 9점도 큰 점수지만 10점이 아니라서 다행이었다. 둘 다 18점 동점이다.

안산이 활을 드는데 조금 삐끗해서 다시 활을 잡아당겨 조준을 했다. 그때는 내가 다 떨리고 '어떻게 해. 어떻게 해' 하고 말했다. 근데도 안산은 심박수가 114였고, 10점에 화살을 쐈다. 내가 다 신나서 춤을 췄다. 이제 안산은 마지막 화살을 쐈고 오시포바는 마지막 화살을 쏴야 했다. 우리는 "8점 제발 8점" 거리면서 기도를 했지만 오시포바는 10점을 맞췄다. 1세트는 동점으로 끝이 났다. 잠깐 쉬고 있는데 안산은 코치랑 웃으며 대화를 나누고 있었다. 난 저 상황이라면 떨려서 얼굴 근육이 다 굳어버렸을 텐데 저렇게 여유로워하다니.

　이제 2세트 시작! 안산이 먼저 화살을 들었다. 안산은 심박수를 103으로 유지하며 10점을 보기 좋게 딱 쐈다. 우린 덩실덩실 춤을 추며 좋아했다. 근데 이 좋은 상황에 찬물이라도 끼얹듯이 오시포바가 10점과 9점 사이에 화살을 쐈다. 10점인지 9점인지 구분이 가지 않았다. 이때 오시포바의 심박수는 143이었다. 심박수를 유지하는 안산이 대단했다. 두 번째 화살을 안산이 침착하게 쐈다. 마치 화살이 날아가는 시간이 느리게 느껴졌다. 그리고 눈을 깜빡이자 안산의 화살이 10점에 가 있었다. 10점을 두 번이나 쏜 거다. 야호~! 완전 신났다. 하지만 이번에는 오시포바가 찬물을 진짜로 부어버렸다. 오시포바의 화살이 10점에 꽂힌 거다. 집은 갑자기 정적이 되었다. '……' 하지만 안산의 2세트 마지막 화살이 10점에 꽂히면서 축제가 벌어지며 침묵을 깼다. 우리는 "텐 텐 텐~!" "와~!" "안산! 안산! 안산!" 하면서 날뛰었다. 그리고 안산이 10점을 세 번 연속 쏘아서 흔들렸는지 오시포바는 9점을 쐈다. 그러면 2세트 첫 번째 오시포바의 화살을 확인하지 않고도 안산이 이번 세트를 가지고 가는 거다. 우리는 유리창이 깨지도록 소리를 질렀다. 정말 다시 내가 생각해도 시끄러웠다.

그렇게 안산이 3대 1로 앞서갔다.

이번에는 오시포바가 먼저 쐈다. 그리고 9점에 활이 꽂혔다. 난 속으로 '에이, 9점 쐈네.'라고 했다. 그리고 내 말 때문에 저주가 걸렸는지 안산의 활은 8점에 꽂히고 말았다. 내 얼굴에는 실망한 기색이 엄청났다. 그 기세를 몰고 오시포바는 또 9점을 쏘았다. 그래도 난 안산을 믿었다. 꼭 10점을 쏠 거라고 말이다. 하지만 10점이 아니라 아쉽게 9점을 쐈다. 좀 많이 아쉬웠다. 이번 세트를 질 거 같아서 말이다. 만약 우리가 이기려면 마지막 화살을 오시포바가 8점, 우리가 10점을 쏴야 하기 때문이다. 하지만 내 바람과 달리 오시포바는 10점을 쏜 거다. 그리고 별 기대 없이 안산이 활을 쏘기를 기다렸고, 이런…. 안산이 마지막 화살에서야 10점을 쐈다. 그렇게 3세트는 오시포바가 가지고 가면서 3대 3으로 동점이 되었다. 만약 4, 5세트에서 이기지 못하면 결국 숫오프까지 가게 되는 거다. 아무튼 우리는 "안산 화이팅! 안산 화이팅!" 만 외치고 있었는데 TV에 안산의 얼굴이 비쳤다. 지금까지 덤덤했던 안산도 많이 실망한 기색이었다.

떨리는 마음으로 4세트 시작을 알리는 소리가 들려왔다. 이때 안산의 심박수는 107이었다. 진짜 말이 필요 없이 대단했다. 어떻게 금메달을 바로 눈앞에서 놓칠 수도 있는데 저렇게 침착한지 대단했다. 그렇게 침착한 마음으로 9점을 쐈다. 꽤 잘 쏜 거다. 오시포바도 역시 9점을 쐈지만 오시포바의 심박수는 131이었다. 여기서 다시 한번 안산의 대단함을 느꼈다. 도대체 대단함의 끝은 어딘지 모르겠다. 두 번째 안산의 화살은 9점으로 똑같이 향했다. 오시포바의 화살은 10점으로 향해서 1점 차이로 안산이 지고 있었다. 그때 나는 너무 조마조마했다. 이대로 지면 금메달을 바로 눈앞에서 놓칠 수도 있으니 정말 최선을 다해서 안산을 응원했다. 그래도 많이 떨렸는지 안산의 마지막 화살은 9점으로 향했다. 마지막으로 오시포바는 10점을 쏴서 4세트는 결국 지고 말았다. 이제 우리가 금메달을 딸 수 있는 방법은 5세트를 이기고 슛오프까지 가서 이겨야 하는 거다. 참 험난한 길이다. 내가 이렇게 실망하고 있을 때 언니가 "야! 내가 이번에 금메달 안산이 딴다에 한 표!" 라고 말했다. 그래서 내가 "엥? 우리가 지고 있는데?" 하니 "응, 알아. 그래도 내 촉이 안산이 5세트 이기고 슛오프에서도 이길 거 같아." 솔직히 '그럴 수 있을까?' 했지만 되도록 긍정적으로 생각했다.

드디어 운명을 결정할 5세트가 시작되었다. 안산은 침착하게 9점을 쐈다. '괜찮다'를 마음으로 반복했다. 많이 떨렸나 보다. 그런데 내가 왜 다 떨릴까? 오시포바도 9점을 쐈다. 다행이다. 그리고 안산이 드디어 10점을 쐈다. 얼마만의 10점인가 싶어서 더 신났다. 다행히 오시포바는 9점을 쏴서 우리가 1점을 앞서고 있었다. 그리고 마지막 안산의 화살은 10점에 딱 꽂혔다. 야호! 이제 슛오프에 가서 잘 쏘기만 하면 된다. 오시포바의 마지막 화살이 9점에 꽂히고 슛오프가 확정이 되었다. 그때 우리 집 상황은 원숭이들이 날뛰고 소리를 질러대는 것처럼 내가 소리를 질러대서 고막이 남아나질 않을 것 같았다.

진짜 그때 너무 신났다. 이제 5대5 동점이다. 슛오프는 한 발로 모든 게 결정된다. 조금 더 원의 중앙에 맞추면 이기는 거기 때문에 한 개의 화살로 모든 게 되니까 더 조마조마했다.

드디어 슛오프를 알리는 소리가 들렸다. 안산이 먼저 활을 들었다. 심박수는 117. 순간 피~ 슝~ 턱! 10점이었다. 이제 안산이 할 수 있는 것은 끝났다. 오시포바가 하기를 기다릴 수밖에. 그런데 웬걸. 오시포바가 8점에 쏘고 말았다. 순간 "우우와와와아아아~~~" "금메달~~~" 진짜 펄쩍펄쩍 뛰고 집이 떠나갈 정도로 소리를 질렀다. 내가 이렇게 기뻐하는 모습을 나도 처음 보았다. 안산도 정말 기뻐 보였다. 당연히 기쁠 수밖에. 그리고 그날 이후로 난 안산의 팬이 되었다. 양궁을 하는 게 진짜 멋있어 보였다. (2021.7.30)

유연이 글은 올림픽 때 양궁 결승전 안산의 경기를 보고 쓴 글인데 어쩜 이렇게 생생하게 장면이 그려지게 쓸 수 있을까, 감탄이 나올 정도다. 본 것을 자세히 쓰기도 했지만 장면마다 자신의 마음도 생생하게 표현했다. 처음부터 채널을 돌리다가 '오케이 볼 거 없었는데' 하고 생각 문장을 썼다. 또 '내 바람이 도쿄까지 들렸는지' '안산의 심박수보다 내 심박수가 더 높았을 거다'라는 표현도 자신의 마음을 있는 그대로 표현하고 있다. 또 세 번째 문단에서는 '난 저 상황이라면 떨려서 얼굴 근육이 다 굳어버렸을 텐데 저렇게 여유로워하다니'라고 표현하면서 안산의 대단함을 자신과 견주어 표현하고 있다. 네 번째 문단에서도 '마치 화살이 날아가는 시간이 느리게 느껴졌다'거나 '우리는 유리창이 깨지도록 소리를 질렀다'는 표현도 그날의 생생함이 온전히 다가오게 한다. 또 일곱 번째 문단에서 '괜찮다를 마음으로 반복했다'거나 '원숭이들이 날뛰고 소리를 질러대는 것처럼 내가 소리를 질러서 고막이 남아나질 않을 것 같았다'는 표현도 안산의 승리를 마음으로 응원하는 절실함이 담긴 문장이다.

무엇보다 장면 장면마다 허투루 놓치지 않고, 자세히 살핀 것도 대단하다. 세 번째 문단에서 '안산이 활을 드는데 조금 삐끗해서 다시 활을 잡아당겨 조준했다'거나 여러 문단에서 안산의 심박수를 순간마다 자세히 살폈음을 알 수 있다. 또 "야! 내가 이번에 금메달 안산이 딴다에 한 표!"처럼 언니와 함께 보면서 주고받은 말을 잘 살리고 있다.

이렇게 자세히 살피고 글을 쓰면 허투루 보지 않는 힘도 생기고, 집중력도 생기게 된다. 글쓰기뿐만 아니라 미술, 음악, 과학에서도 자세히 살피는 것이 무엇보다 중요하다.

글쓰기로
삶을 가꾸는 교실

08
내 주장 또렷하게 하기

이렇게 수업해요! 80분 · 2차시

- **주장하는 글이란?** 5분
- **내 삶의 절실한 이야기** 5분
- **본보기글 나누기** 20분
- **문제의식의 중요성** 5분
- **눈치 보지 않고 쓰기** 40분
- **소감 나누기** 5분

주장하는 글이란?

초등학교 고학년이 되었는데도 부모에게 무엇을 사달라고 하거나 요구할 때 떼를 쓰거나, 내 주장을 말할 때 무턱대고 우기는 경우를 가끔 보게 된다. 주장하는 글쓰기를 제대로 공부하였다면 나오지 않을 행동이다. 내 생각을 주장하되 억지를 부리지 않고, 이치에 맞고 논리 정연하게 주장을 펼칠 수 있어야 한다. 그러면 떼를 쓰지 않아도 상대방을 자연스레 설득할 수 있다. 결국 주장하는 글은 상대방을 설득할 수 있어야 하고, '그래, 맞아.' 하고 공감하면서 의견에 따르도록 하는 것이다. 터무니없는 말이나 글로는 상대방을 결코 설득할 수 없다. 자신이 찾을 수 있는 근거와 논리를 총동원해서 주장을 단단하게 해야 한다. 어떤 문제가 있는지, 일어난 까닭은 무엇인지, 주장을 뒷받침할 수 있는 근거는 무엇이 있는지, 해결을 위한 방법은 무엇인지 자료로 잘 정리할 수 있어야 한다.

틀에 박힌 주장이 아닌 나만의 생각을 표현하려면 내 생각이 오롯

해야 하고, 줏대도 있어야 한다. 그것은 자존감과도 연결된다. 내가 나를 귀하게 여기는 마음이 있고, 그 귀한 생각을 펼칠 수 있을 때 제대로 된 주장을 할 수 있게 된다. 스스로 믿는 마음이 없다면 내 생각을 오롯이 펼칠 수 없다. 따라서 주장하는 글은 단순히 글쓰기로 끝나는 것이 아니라 제대로 된 주장이 무엇인지 공부하면서 나를 올곧게 세울 수 있게 되고, 그 과정에서 스스로 믿는 마음도 커지게 된다.

주장하는 글은 읽는 사람이 불편할 수도 있으니 솔직하게 내 생각을 펼치려면 용기가 필요할 때도 있다. 그 용기는 나를 세우는 귀한 마음이다. 어른에게 하고 싶은 말이 있는데도 혼날까봐 주저하거나 하고 싶은 말이 있는데도 꾹 눌러 참는다면 결국 용기 없는 자신을 한탄하거나 하고 싶은 말을 하지 못하니 마음의 병이 생길 수도 있다. 하고 싶은 말은 해야 한다. 내가 하고 싶은 말이 무엇인지 제대로 찾고, 그 찾은 말에 논리와 근거를 담아야 한다.

내 삶의 절실한 이야기

'전통 음식의 우수성'
'자연 보호는 우리가 해야 할 일'
'교통질서를 잘 지키자'
이런 제목으로 어린이 신문이나 잡지에 실린 어린이가 쓴 주장하는 글을 읽다 보면 아이 삶은 없고 어른들 생각을 흉내 내거나 아이만의 또렷한 생각이 나타나 있지 않은 경우가 많다. 제목에 따라 아이들이 펼친 주장을 살펴보면 전통 음식은 건강에 이롭다든지, 자연은 한 번 파괴되면 복원되기가 어렵다거나, 좌우를 살피고 횡단보도로 건너야 한다는 주장처럼 자기 생각은 없는 뻔한 이야기, 누구나 할 수 있는 뜬구름 잡는 듯한 이야기만 풀어가는 글을 보게 된다. 이런 제목은 나만의 절실한 이야기가 결코 아니다. 초등학생이 전통 음식에 대한 절실한 생각을 했을까, 자연 보호나 교통질서를 잘 지키자는 내용도 자신의 주장을 펼치기에는 너무 흔한 이야기일 뿐이다. 마땅히 내 생각이 담긴 주장하는 글이라면 내 생각과 경험, 주장이 잘 나타나야 하는데도, 정작 알맹이는 없고 어디선가 본 듯한 흉내 낸 내용의 글이 많다.

주장하는 글은 내 삶에서 부딪힌 문제(우리 마을, 부모님이나 선생님, 친구에게 바라는 것, 학교에서 겪으면서 불편하거나 바라는 일 따위)나 나에게 일어난 사건, 신문이나 잡지에 어른들이 쓴 글이나 기사 내용을 읽고 나만의 생각을 드러낼 수 있어야 한다.

어른들이 쓰는 주장하는 글이 탄탄한 이론을 바탕으로 실제 이야기를 풀어가는 것이라면, 아이들이 쓰는 주장하는 글은 자신에게 일어난 일이나 자신과 관련된 사회의 이야기, 불편하고 부당한 이야기, 잘못된 주장에 대해 바로잡고자 하는 생각을 담아야 한다. 내 삶의 절실한 이야기가 있어야 한다는 말이다. 마음 깊이 내면에 자리 잡고 있지만 풀어내지 못했던 이야기를 풀어낼 수 있다면 그 이상 좋은 경험이 있을까. 그래야 간절한 내 마음과 생각이 담긴 온전한 '주장하는 글'이 될 수 있다. 내가 절실하게 느끼는 문제가 무엇인지를 살피고, 그 문제가 일어난 원인이 무엇인지 그리고 어떻게 해결할 수 있는지를 살펴서 글을 써야 한다.

본보기글 나누기 1 _ 설득이 목적이다!

아이들과 주장하는 글을 공부하려면 우선 내가 꼭 하고 싶은 말, 내 삶에서 절실한 이야기가 무엇이 있는지 찾는 게 가장 먼저다. "저는 별로 할 이야기가 없는데요?" 하고 말하는 아이도 있다. 하지만 곰곰이 생각해보면 내 삶, 내 식구, 내 학교 이야기가 있다. 엄마, 아빠에게 하고 싶은 이야기도 있겠고, 선생님에게 하고 싶은 이야기, 친구에게 하고 싶은 이야기도 있겠다.

글을 쓰기 전에 '이런 이야기를 쓰면 혹시 혼나지 않을까?' 하는 마음이 있을 테니 절대 혼내지 않고 뜻을 최대한 살피겠다는 믿음을 주어야 한다. 마음으로는 하고 싶은 말이 굴뚝같지만 정작 글을 쓰려고 하면 눈치가 보여서 쓰지 않는 아이들이 있다.

어느 날 체육 전담 시간에 규림이가 수업을 가지 않고 "쌤, 체육 안 가면 안 돼요?" 하고 불평불만을 늘어놓는다. 체육은 웬만해선 아이들이 어떤 과목과도 바꾸고 싶지 않은 절대적인 힘이 있다. 그런데 체육을 가기 싫다고? 이야기를 들어보니 주마다 체육이 세 시간(한 시간 40분)인데 팝스를 시간마다 15분 넘게 한다는 거다. 그리고 지쳐서 조금 쉬다 보면 선생님이 또 이야기하고, 그러다 보면 정작 체육은 거의 하지 못한다는 불만이었다.

"많이 속상했구나. 그러면 답답한 마음도 풀고 그 선생님을 설득하는 글을 써보면 좋을 거 같아. 설득하려면 그 선생님이 읽고 고개를 끄덕일 수 있을 만큼 근거를 잘 써야겠지."

규림이는 이 말을 듣고 바로 공책을 꺼내 쓰기 시작했다.

체육 시간을 잘 활용해주세요 심규림(○○초 6학년)

안녕하세요? 6-1반 심규림입니다. ○○○선생님이 체육 선생님인 5학년 때부터 체육을 제대로 배워왔지만 체육을 제대로 수업한 적이 없는 것 같습니다. 선생님이 체육에 대하여 말씀하시면 그다음 끝내는 것이 아니라 다른 이야기로 빠집니다. 선생님이라면 체육에 대하여 잘 설명해야 하지만 ○○○선생님께서는 체육에 대한 말만 하시는 것이 아닙니다. 왕복달리기가 끝나면 체조하고 선생님 말씀만 하십니다. 선생님께서 이야기를 하는 것은 괜찮습니다. 하지만 꼭 이야기를 하다가 다른 이야기로 흘러 내려갑니다. 다른 이야기로 흘러 내려가면서 체육에 대하여 배우거나 이야기할 시간이 줄어듭니다.

선생님께서는 체육에 대하여 말하다가 건강으로 흘러 내려갑니다. 그리고 선생님 이야기로 또 변하고, 선생님 딸 이야기, 아들 이야기로 흘러 내려갑니다. 그럴 때마다 궁금하지도 않은 이야기를 합니다. 물론 재밌는 이야기도 하지만 저는 체육에 대하여 배우고 이야기하고 싶습니다.

예전에 5학년 때는 왕복달리기를 하고, 간단한 준비운동을 하고 앉아서 25분 동안 선생님이 이야기하다가 5분밖에 수업을 못 했습니다. 선생님이 이야기했으면서 우리의 쉬는 시간까지 잡아끌면서 수업했습니다. 제 생각이지만 선생님이 체육 시간을 잘 활용하지 못하는 것 같습니다.

왕복달리기가 우리의 체력을 위한 거니 왕복달리기는 참을 수 있습니다. 왕복달리기도 체육에 포함되어있으니까요. 하지만 쓸데없는 이야기는 체육 시간에 하나도 관련 없는 이야기입니다. 선생님 딸이 체육 시간과 무슨 관련이 있습니까? 결국 자기 자랑만 하다가 조금밖에 체육을 못하는 것이죠.

저번 배구 테스트를 볼 때는 한 시간도 연습을 못 하고 테스트를 보았습니다. 월요일, 목요일 2시간의 기회가 있었지만 선생님이 배구 연습을 할 수 있는 시간에 선생님이 이야기를 했습니다. 모두 제대로 연습이 안 된 상태로 테스트를 보았어야만 했습니다. 성적이 잘 나온 사람들도 있었지만 잘 안 나온 사람도 있었습니다. 너무 불공평했습니다. 제대로 연습할 수 있는 시간을 줬더라면 선생님이 이야기하시는 시간을 줄였더라면 조금이나마 더 좋은 성적이 나오지 않았을까요? 선생님 이야기를 한 것이 저희의 실력을 높일 수 있는 시간을 줄여버린 것입니다.

선생님이 이야기할 때 다소곳이 이야기하는 것도 좋을 것 같습니다. 선생님이 이야기하면서 침을 튀기면서 흥분하며 말씀하십니다. 선생님 바로 앞에 앉은 애들은 머리에 침이 튀기는 것을 본 적이 있습니다. ○○○이 고개를 숙였을 때 ○○○ 목에 선생님 침이 떨어진 것을 본 적도 있습니다. 선생님 침이 제 몸 어딘가에 튀기는 것을 상상만 해도 정말 그렇습니다. 침이 튀긴 것을 보거나 내 몸 어딘가에 침이 튀겼을 때 정말 기분이 잡친 상태로 체육을 했습니다.

선생님이 다른 이야기를 줄이셨으면 좋겠습니다. 우리 말고도 다른 선생님들께도 말씀하시면 되는 것 아닙니까. 체육 시간에는 체육 이야기를 했으면 좋겠고, 다른 사적인 이야기는 체육과 상관이 없다면 체육 시간에 하지 말았으면 좋겠습니다. 체육 시간에는 오로지 체육에 대하여만 말씀해주세요.

열심히 연습하고 테스트할 때 좋은 성적이 나올 수 있게 지도하셔야 진정한 체육 선생님이 아닐까 싶습니다. 체육 시간을 다른 이야기로만 끝내지 마시고 체육 시간을 잘 활용해주세요. 그러면 더없이 좋겠습니다. (2018. 6. 18)

마치 답답했던 마음을 쏟아내듯이 막힘없이 글을 써내려갔다. 5학년 때부터 겪었던 일부터 수업 시간에 부당했던 이야기까지 절실한 자신의 이야기를 쏟아내었다. 한 가지 아쉬운 부분은 주장하는 글은 설득해야 하는 글인데 체육 선생님이 마치 비난받고 있는 것처럼 느끼면 설득이 되지 않을 수 있다는 걱정이었다. 규림이가 좀 더 여과해서 부드럽게 썼더라면 어땠을까, 하는 아쉬움이 남았다. 결국 주장하는 글은 설득이 목적이니 주장하는 대상이 기분 나쁘지 않도록 근거를 드러내고 설득당할 수밖에 없게 글을 쓰는 것이 중요하겠다.

규림이가 쓴 글을 체육 선생님에게 보여드렸더니 표정이 좋지 않았다. 아이들 생각이 이러하니 팝스는 세 시간 가운데 한 번이라도 빼주면 어떻겠느냐고 했지만 체육 선생님은 기분이 좋지 않았는지 빼주지 않았다. 결국 교장 선생님께 아이들 처지를 말씀드렸고, 교장·교감 선생님 그리고 체육 선생님과 내가 함께 협의를 했다. 체육 시간에는 아이들이 해방구처럼 실컷 기분을 풀고 와야 하는데 정반대로 체육만 다녀오면 짜증을 낸다고 이야기했다. 그 영향으로 체육 시간 이후 수업은 제대로 이루어지지 않은 상황도 이야기했다. 하지만 체육 선생님은 원칙대로 하겠다며 기존에 하던 방식을 그대로 고집했다. 오히려 체육 시간에 무슨 불만이 그렇게 많느냐며 우리 반 아이들을 혼냈다.

결과로 따지면 이 글은 솔직하게 자신의 마음을 드러낸 글이지만 대상을 설득하는 데 성공하지 못했다. 물론 아이의 잘못은 아니다. 어른들이 열린 마음으로 아이의 마음을 헤아리고 의견을 받아주었어야 한다. 다만 설득의 목적에 맞게 기분 나쁜 말보다 좀 더 걸러진 말로 근거를 풀었더라면 어땠을까 하는 아쉬움이 남는다. 그럼에도 이 글은 아이 처지에서 솔직하게 썼으니 아주 좋은 글이다.

본보기글 나누기 2 _ 찾아보면 얼마든지 있다!

아이들과 이야기를 나눠보니 은근히 집에서 설득해야 하는 상황이 많다는 이야기를 듣는다. 주로 무언가를 사고 싶은데 사주지 않는다는 이야기가 많다. 휴대폰을 사고 싶은데 너무 많이 쓸까봐 사주지 않는 다든지, 자전거를 사고 싶은데 위험하다고 사주지 않는단다. 이런 일 말고도 부모님이 부부싸움을 하지 않았으면 하는 바람, 동생에 대한 불만, 아빠가 담배나 술을 줄였으면 하는 바람도 있었다. 또 부모님이 오빠나 형과 견줄 때 불편한 마음이 들고 기분이 좋지 않다는 이야기도 있었다. 내 둘레에 관심을 가지고 유심히 살피면 불편해서 주장하고 싶은 이야기가 얼마든지 있다.

부당한 마음이 들면 속 시원하게 풀어야 한다. 다만 글을 읽는 대상이 비난받는 것처럼 느낀다면 설득은커녕 오히려 역효과가 날 수도 있으니 비난하는 글이 되지 않도록 쓰는 것도 중요하겠다.

방을 따로 주세요 김유연(장승초 6학년)

엄마, 지금 언니와 저와 방을 같이 쓰고 있죠? 그래서 불편함도 느끼고 있고요. 계속 언니와 제가 방을 따로 달라고 하지만 엄만 우리가 커서 독립해야 서로 방을 따로 쓸 수 있다고 하셨죠. 그래서 언니는 잘 모르겠지만 저는 불만이 많습니다.

첫 번째는 방해입니다. 언니가 중학교 3학년이다 보니 공부도, 학원 양도 많아지고 그만큼 숙제도 많아지죠? 그런데 저도 제 책상에서 소리를 내며 공부도 해야 하고 때론 제 책상에서 시끄럽게 활동하는데 그럴 때마다 언니는 시끄럽다고 짜증을 냅니다. 그렇게 되면 저도 할 일을 못 하고 언니도 방해가 되니 저희 둘에게 피해가 가는 일입니다. 그리고 언니만 피해를 보는 게 아니라 저도 피해를 봅니다. 언니가 listening test를 할 때면 저도 집중해야 하는 데 집중을 못 합니다. 그렇게 되면 언니도 피해받고 저도 피해를 받으니 방을 아예 따로 하면 서로 피해 볼일도 없고 저희가 싸우지 않으니 일석이조이지요.

두 번째 이유는 잠입니다. 언니와 저와 공부방도 같이 쓰고 잠자는 방도 같이 쓰죠? 공부할 때는 서로 소음 때문에 방해받는다면 잠을 잘 때는 서로 잠 못 들게 해서 문제입니다. 며칠 전에 제가 거의 잠들었는데 언니는 졸리지 않았는지 "야! 자냐?" 라고 하면서 저를 건들어 저는 잠이 확 달아나 버렸습니다. 그리고 다음 날 아침에 저는 엄청 피곤했지요. 그리고 저만 피해를 본 게 아니라 언니도 저 때문에 힘들어하지요. 제가 매일 잠잘 때 언니 매트에 발을 넣으니 언니도 불편해서 짜증을 많이 냈죠. 물론 제가 고칠 수도 있지만 세 살 버릇 여든까지 간다고 하지요? 그것만큼 제 버릇도 고치기 힘들 겁니다. 그러니 힘들게 저를 고치는 것이 아니라 서로 방을 따로 주면 더 편한 방법으로 언니도 편하고 저는 잠을 빨리 들 수 있으니 서로서로 편하지요.

세 번째 이유는 비밀을 지키기 위해서입니다. 저는 속상한 일이 있으면 공책에다가 적는데 옆에 언니가 있으니 편히 쓸 수가 없고 계속 눈치를 보게 됩니다. 그렇다고 언니한테 '나 공책에 뭐 쓸 게 있으니 나가'라고 하면 안 되니까요. 그러니 저도 편히 속상한 일을 공책에 적고 속상한 마음도 풀고 언니도 제가 뭘 쓰든지 신경 쓰지 않게 방을 따로 쓰면 또 서로 편하고 좋겠지요?

언니도 친구와 문자를 나누고 있는데 제가 누구랑 하냐고 꼬치꼬치 물어보는 것 보다 혼자서 조용히 문자를 끝내고 공부를 열심히 하면 더 좋죠. 저 또한 그렇고요.

이렇게 이런 이유로 언니와 저의 방을 따로 달라는 것입니다. 혹시 엄마가 걱정하시는 이유가 이렇게 방을 따로 주신다면 언니와 제가 멀어질까 봐 그런 거라면 괜찮습니다. 저는 혼자 있는 걸 그다지 좋아하지 않아서 방해가 안 되는 제 방에서 공부만 하고 나머지 생활은 대부분 다른 곳에서 할 것입니다.

언니도 공부하지만 방해받지 않는 방에서 하면 더 좋을 겁니다.

그리고 식탁에서 공부할 때도 있으니 언니와 제 사이가 그리 멀어지진 않을 겁니다. 혹시 지금 방을 옮기는 게 무리라고 생각한다면 다시 이사 갈 때 방을 따로 주셔도 괜찮습니다. 다시 이사 갈 때면 언니는 고등학생 저는 중학생이니 공부를 더 집중할 수 있는 공간에서 하는 것이 더 좋을 것 같습니다. (2021.9.14)

방을 따로 주었으면 좋겠다는 논리나 근거가 아주 탄탄한 글이다. 서로 방해를 주고받지 않고 싶은 마음, 잠을 편하게 자고 싶은 마음, 비밀을 지키고 싶은 마음을 근거로 논리를 풀었다. 더군다나 지금 당장 형편이 안 되면 이사 갈 때 따로 주면 좋겠다며 아주 세심하게 부모의 형편까지 생각했으니 더할 나위 없는 글이다.

문제의식과 근거 마련하기

주장하는 글을 쓸 때는 내가 내세우고 싶은 논리나 주장이 어떤 점이 다른지 또는 잘못된 것이 무엇인지 살필 수 있는 문제의식이 무엇보다 필요하다. 문제의식은 무엇을 하거나 보거나 들을 때 허투루 지나치지 않는 마음이다. 이것은 자세히 살피는 마음과도 맥을 같이 한다. 관심을 가져야 보인다는 말이다. 막상 아무 생각이 없다가 "주장하는 글을 써볼까?" 하고 말하면 막상 쓸 말이 없다는 아이들이 여럿 있을 수 있다. 평소에 내 둘레에서, 우리 집에서, 우리 마을에서, 학교에서, 우리 지역에서 어떤 일이 일어나는지 관심을 가져야 한다. 그 관심이 곧 문제의식이 될 수 있다. 관심이나 마음을 주고 오랫동안 생각하다 보면 문제의식이 생길 터이고, 그 문제의식에 따라 나만의 논리가 생긴다. 그러면 내 생각이 무엇인지 타당한 근거를 들어서 주장을 밝힐 수 있게 된다.

가장 좋은 방법은 아이들 삶에 가까이 다가가 있는 좋은 본보기글을 많이 보여주는 것이 필요하다. 본보기글은 이호철 선생님이 쓴 《갈래별 글쓰기 교육》(보리)이나 내가 쓴 《논리짱짱 주장팍팍》(현북스)에 주장하는 글이 제법 있으니 참고해도 좋다.

눈치 보지 않고 쓰기

어떤 이야기든 써도 좋다고 말하면 "쌤, 진짜로 써도 돼요?" 하고 묻는 아이들이 있다. 이렇게 쓰면 혼날까, 하고 생각할 수 있으니까. 내 생각을 올곧게 말하는 것은 부정적인 말로 억지를 부리거나 터무니없는 주장을 하는 것과 결이 다르다. 올곧게 말하는 것은 그 사람의 삶의 결과 다르지 않다는 말이다. 하지만 억지스러운 말은 그 사람의 삶이 말과 결이 다르기 때문에 그런 느낌을 들게 한다.

아찬이는 생활 자세도 바른 아이여서 허튼 말을 하지 않는 아이다. 다음 글도 눈치 보지 않고 쓴 글이다.

선생님께서 하는 말 서아찬(진안초 6학년)

선생님 부탁 좀 할게요. 저희는 쉬는 시간을 가진 적이 별로 없어요. 자유시간이라는데 선생님은 수학 시간에 문제를 풀면 틀린 거를 고친다, 하고 그래서 자유시간이 없었어요. 막상 자유시간을 준다고 해놓고 주지 않은 거잖아요. 그리고 수업 시간에 옆 반에서 웃는 소리가 많이 들렸어요. 저는 선생님이 되게 재밌을 거 같았어요. 근데 저희 반은 계속 꾸중만 듣고 웃을 일도 별로 없고 저는 옆 반이 부러웠어요. 선생님이 비교하지 말라고 했는데 이건 진짜 비교가 되어요. 선생님 아니면 자유시간을 가끔 주세요. 그리고 옆 반이랑 체육도 많이 시켜주세요. 저는 항상 이런 말을 하고 싶었어요. 선생님은 비교하지 말라면서 전에는 선생님도 비교했잖아요. "막 너흰 진짜 말 안 듣는구나. 장승초 얘기해줄까?" 이렇게 말하고 저희 말도 안 듣고 바로 장승초 얘기 꺼내고 그때 많이 짜증 났어요. 선생님 저희 말도 좀 잘 들어주세요. 그리고 옆 반은 오케스트라 때문에 애들이 빠지면 거의 수업을 안 하는데요. 저희는 수업만 하고요. 그리고 오늘은 옆 반은 어제랑 오늘 영화를 보는데 저희는 계속 글쓰기나 선생님이 읽어주는 글만 보는 게 되게 싫어요. 그리고 선생님은 계속 삶에 대한 얘기만 하고 저는 되게 진짜 듣기 싫을 때도 있었어요. 선생님 부탁합니다.

아찬이가 불편했던 마음을 썼다. 글을 읽는데 얼굴이 화끈거리면서도 웃음이 나왔다. 아이들에게 훈계하듯이 말하거나 견주는 것도 좋지 않은 습관인데 나도 모르게 나올 때가 있다. 아찬이가 눈치를 보았거나 망설였다면 쓰지 못했을 글인데 그래도 써준 마음이 참 고마웠다.

"아찬아, 솔직하게 글을 써줘서 고마워. 그리고 미안해, 앞으로는 견주지 않을게. 그리고 재밌는 이야기도 많이 준비할게." 하고 말을 해 주었다.

다음 글은 부모님 없이 아이들끼리 전주에 가서 놀고 싶다고 주장하는 글이다. 진안에서 전주까지는 직행버스를 타고 나가야 한다. 40분 정도 걸리니 많은 시간이 걸리는 건 아니지만 부모님 성향에 따라 여자애들끼리만 나가는 걸 걱정하는 분이 계신다. 혜원이 부모도 그렇다. 6학년 정도 되니 아이들끼리 전주에 나가 놀고 싶은 마음이 있을 터인데 말할 때마다 안 된다고만 하니 답답할 만도 하다.

보호자 없이 전주 가는 것을 허락해주세요 노혜원(진안초 6학년)

나는 6월 9일 토요일에 애들이랑 전주를 갔다. 여기저기 돌아다니면서 뭐도 사고 재밌었지만 약간의 아쉬움이 있었다. 그게 뭐냐면 유빈이 엄마도 같이 갔기 때문이다. 사실 우리끼리 놀고 싶었기 때문이다. 어른들도 어른들의 시간을 가지고 싶을 때가 있듯이 우리도 우리끼리 시간을 보내고 싶을 때가 있다.

우리 엄마는 전주에 갈 때 보호자 없이는 절대 가는 것을 허락하지 않는다. 난 그런 우리 엄마가 전혀 이해가 가지 않는다. 물론 여자애들이기 때문에 여자애들끼리만 다닌다니까 엄마로서 걱정이 될 것 같기도 하다. 근데 이제 나도 6학년이고 거의 다 컸으니까 우리끼리 충분히 다닐 수 있다고 생각한다. 그냥 큰길로만 다니면 되고 애들도 많이 가봐서 우리들끼리만 가도 되는데 엄마랑 아빠는 절대 찬성하지 않으신다. 그거 때문에 운 적도 있는데 울어도 별 소용이 없다. 아빠랑 상의도 해보고 진지하게 말도 해 보았지만 아빠는 그저 중학생 때 맘껏 가라고 하셨다.

사실 전주를 가고 싶을 때 보호자 있다고 거짓말 쳐서 갈까 란 생각도 해봤다. 근데 바로 들킬 것 같아서 못 하겠다. 그냥 무조건 안 된다고만 하지 말고 깊게 생각해서 결정하고 또 나를 잘 설득하려는 말을 하면 좋은데 우리 부모님은 무조건 안 된다고 하니까 그게 더 속상하다. 난 엄마가 "보호자 없인 안 돼."라고 말을 할 때 왠지 난 부모님의 도움 또는 부모님 없인 아무 것도 못 하는 애라는 생각이 가끔 든다. 사실 나는 부모님 없이도 충분히 갈 수 있고 내가 나를 책임질 수 있는 능력이 있다고 생각한다. 그리고 중학생이 되면 공부도 열심히 해야 되고 시험도 어렵고 이제 중학생이니까 공부 안 하면 엄마한 테 혼날 거 같아서 더 열심히 해야 될 것 같아서 중학생에는 거의 못 갈 거 같은데 엄마, 아빠는 중학생 때 가라고 하신다.

아빠는 거의 내가 하고 싶은 것을 들어주시거나 아니면 설득해서 못 하게 하시는데 보호자 없이 우리끼리만 전주 가는 것은 절대 허락 하지 않으신다.

제발 내 맘 좀 이해해 주셨으면 좋겠다. 엄마, 아빠가 뭐 만 하면 바로 안 된다고 하시니까 나도 기분이 나빠서 맨날 화내는데 한 번만 내 맘을 이해해 주셨으면 좋겠다. 아니면 애들끼리만 전주를 가서 길 잃어버리지 않고 잘 돌아다니고 무사히 집에 들어오면 이제 우리들 끼리만 가는 것을 허락해주시거나 아니면 그냥 한 번만 믿고 보내주 셨으면 좋겠다. 솔직히 난 이래서 우리 부모님은 다른 부모님과 정말 다른 것 같다고 느낀다. 혼자 충분히 갈 수 있는데 괜히 다른 것도 가 지고 와서 못 가게 하려는 핑계를 대는 느낌이 든다. 정말 내 맘을 이 해해 주셨으면 좋겠다.

혜원이가 친구들과 함께 전주에 놀러 가고 싶은 마음이 절실한 이 야기다. 평소에 "엄마, 나 전주에 좀 나갔다 올게." 하고 말해도 들어주 지 않았으니 전주에 자유롭게 다녀오는 아이들을 보며 얼마나 부러운 마음이 컸을까? 물론 부모님 처지에서 딸이다 보니 걱정하는 마음이 컸을 게다.

"부모님이 꼭 보내줄 수 있게 설득을 해봐."

"아빠는 괜찮은데 엄마가 어차피 안 보내줄 거 같아요." 한다. 어차피 안 보내줄 거면 주장하는 글을 쓸 필요도 없지. 아이가 이런 글을 썼을 때 대상이 그 주장하는 글을 읽고, 대상을 설득하는 경험을 주는 것도 꼭 필요한 일이 아닐까 싶다. '아, 내가 주장한 글이 정말 이루어지는구나.' 하고 생각한다면 더 자신감도 생기고, 글 쓴 것도 뿌듯하겠지. 이런 주장이 공허한 메아리로 끝나지 않고, 설득의 경험이 동기부여가 될 것이다. 물론 혜원이 부모님께 이 글을 보여드렸고, 혜원이는 친구들과 보호자 없이 전주에 나가게 되었다.

수희는 늘 언니랑 차별 대우를 받는다고 느낀 마음을 주장하는 글로 썼다. 엄마를 설득하는 글이다.

언니랑 똑같이 대해주세요 김수희 (진안초 6학년)

저도 언니처럼 똑같이 대해주세요. 저도 언니처럼 학교에 오고, 공개수업 때도 오래 있고 챙겨주세요. 언니는 늘 마지막이라고 하면서 언니만 챙겨서 서운했습니다.

제가 2학년 때 자연보호 그리기 대회를 나가서 장려상을 받고, 언니는 대상을 받았을 때 칭찬은 해주셨지만 언니를 더 칭찬해 주셨어요. 언니가 5학년이어서 대상을 받은 것이 너무 좋아 그런 줄 알아서 이해했지만 그래도 서운했어요. 또 3학년 때는 공개수업 날 오셨죠? 저는 그때 기분이 좋았지만 겨우 5분 보고, 언니는 35분이나 있었어요. 저는 그때 저한테는 오래 있지 않고, 언니한테만 오래 있어서 운 기억이 납니다. 엄마한테 "왜 나한테는 5분밖에 안 있었어?" 그랬더니 엄마가 그러셨죠. "언니는 6학년이니까 마지막이잖아." 하고 나한테 말했지요. 나는 너무 어이가 없어서 나도 6학년 되면 엄마가 더 잘해 줄 수 있다고 생각했어요.

지금 나는 6학년이에요. 학교에서 가정통신문을 주었어요. 엄마들이나 아빠들 오셔서 회의하는 것을 주었어요. 난 엄마에게 들었지만 엄마는 회사 일 때문에 못 간다고 했지요. 나는 "알겠어." 했어요. '언니 학교도 안 가겠지?' 하고 생각했어요. 근데 세상에나. 엄마가 언니 학교는 갔어요. 나는 또 그래서 물었어요. "왜 언니 학교는 갔어?" 하고 물으니 "언니는 중학교 마지막이잖아." 했어요. 엄마가 마지막이잖아, 하는 말이 없으면 못 사는 것 같아요. 언니한테는 마지막이라고 날마다 잘 해주면서 저는 동생이라고 한 번도 챙겨준 적이 없잖아요. 나도 언니처럼 똑같이 대해주면 소원이 없을 거 같아요. 근데 더 문제는 내 졸업식 때 언니의 졸업식도 겹친다는 거예요. 보나 마나 엄마는 언니 졸업식에 가겠지요? 또 언니는 마지막이니까요. 2월에 말이에요. 부모님이 언니한테만 갈까 봐 걱정이에요. 나도 언니처럼 챙기면 좋겠어요.

집에 아이가 둘일 때 부모가 아이들을 견주는 경우가 있다. "왜 언니만 잘 해줘요?" "왜 나한테만 뭐라고 하냐고요." 하고 아이들은 불만을 품게 된다. 부모도 그러고 싶지 않지만 본래 의도나 생각과 다르게 보일 때 그런 경우가 있다.

수희는 건강이 좋지 않은 편이다. 그러다 보니 혹시 나만 미워하는 거 아니야, 하고 생각할 수도 있고, 좀 더 잘해주길 바라는 마음이 크다. 물론 이 글도 부모님께 보여드렸다. 수희 엄마는 우시면서 많이 미안해했다.

이렇게 주장하는 글은 힘이 있다. 상대방 마음을 울리기도 하고, 설득을 해서 내가 얻고 싶은 결과를 얻을 수도 있다.

잔소리 그만해주세요 박소민(진안초 6학년)

엄마, 제가 평소에도 "아, 짜증 나."라고 짜증을 내서 죄송합니다. 저도 개인적으로 공부에도, 친구 관계에도 스트레스를 받아서 그래요. 그걸 엄마한테 화풀이를 하는 게 아닌데 엄마한테 하는 거 같네요. 죄송합니다. 이제는 제가 할 일 스스로 할게요. 엄마는 모르겠지만요, 저는 저 나름대로 열심히 청소하고 막내 동생 봐주는 거예요.

엊그제 놀고 싶어서 제가 빨래를 걷고, 막내 동생 안 봐주고 학교 운동장에서 놀고 싶어서 그만 놀아 버렸어요. 집에 와서는 막내 동생도 보고, 청소도 하는 것이 솔직히 말하자면 힘들어요. 막내 동생 안

아주면 팔이 아프고 다리도 힘들어요. 청소는 내가 먹은 쓰레기도 아닌데 제가 치워서 기분이 나빠요. 또 제가 막내 동생을 안 보면 아무도 안 보고, 엄마는 설거지하고, 언니는 늦게 들어오고, 남동생은 핸드폰만 하고, 내가 아니면 아무도 봐줄 사람이 없잖아요. 그래서 제가 스트레스를 받는 거 같아요.

막내 동생 잘 봐주고, 제가 할 일 잘하고 놀게요. 그러니 잔소리 좀 그만해주세요. 저도 엄마를 짜증과 스트레스를 받게 해서 죄송합니다.

소민이는 4남매다. 언니가 한 명 있고, 동생이 둘이나 있다. 엄마가 병원에서 간호사로 일하다 보니 동생을 돌보는 일이 많다. 주로 언니보다 소민이가 애를 많이 쓴다. 하지만 나름대로 애쓰며 사는데도 칭찬보다 잘못했다는 말을 많이 들으니 얼마나 속상했을까. 이 글도 엄마에게 보내드렸더니 문자가 왔다.

'선생님, 고맙습니다. 소민이 챙긴다고 챙기는데 그래도 서운한가 봐요. 언니는 안 도와주고 혼자 동생 보느라 애쓰는 거 알아요. 소민이 더 챙기도록 하겠습니다.'

이렇게 주장하는 글은 단순히 설득만 하는 게 아니라 서로의 마음도 알게 하고, 소통하는 기회가 되기도 한다.

승현이는 학교 화장실 이야기를 썼다. 대변기 안에 물티슈를 버리는 아이, 똥을 누고도 물을 내리지 않는 아이, 화장실 안에 낙서를 하는 아이 말고도 학교 화장실에서 벌어지는 여러 문제가 있다.

화장실을 제발 제대로 씁시다 박승현(○○초 6학년)

화장실은 냄새는 나도 기본으로 어쩔 수 없이 나는 거니까 대부분은 깨끗하고 화려합니다. 휴게소 화장실 기준으로요. 근데 우리 학교 화장실은 너무 개판입니다. 오늘 1층 화장실에 첫 번째 칸에 커다란 똥이 변기 안에 있었습니다. 아마 아직도 있을 걸요? 똥이 엄청 많아서 변기 물도 보이지 않았고, 똥이 변기에 묻어 있었습니다. 냄새는 청국장을 100년 동안 삭힌 상태에서 하수구에 버리고, 쓰레기를 혼합한 냄새였습니다. 진짜 얼마나 고약한지 그 자리에서 토를 할 뻔했습니다. 언제는 2학년 남자 화장실은 소변기 옆에 커다란 큰 똥이 있었습니다. 진짜 화장실을 저따위로 쓰는 얘는 생각이 있는지 모르겠습니다.

물을 안 내리는 거는 약과입니다. 지난번에는 세면대에 똥이 사방으로 튀어있고, 1층 첫 번째 칸 화장실에는 물도 안 내린 상태로 똥이 있었고, 변기 옆에는 똥이 묻은 팬티가 있었습니다. 기억을 되살리면 팬티가 분홍색이었습니다. 저는 그걸 보고 경악했습니다. 전학 온 고○○은 화장실이 너무하다고 했습니다. 파리도 더러워서 피할 정도입니다. 다른 학교 애들은 우리 화장실을 보고 어떻게 생각하겠습니까? 'OO초는 똥 누고 물도 안 내리나 봐.' 하고 생각을 할 겁니다. 그러니 제발 화장실을 쓸 때 생각을 좀 가지고 누면 좋겠습니다.

처음 ○○초에 가서 놀란 게 바로 화장실 쓰는 문제였다. 주마다 여러 번 화장실 변기에 물을 내리지 않아 똥이 그대로 있는 거다. 아이들은 냄새나고 더러우니 변기에 있는 똥을 보고도 그냥 그대로 두고 나갔다. 요즘은 학교마다 화장실 청소를 해주시는 분이 계신다. 그런데 그분도 너무 심하다고 할 정도였으니 어땠을까?

아이들과 화장실 깨끗이 쓰기 캠페인도 하고, 신문도 만들고 노력해서 나아지기는 했지만 여전히 대변기에 똥이 그대로 있을 때가 있다. 승현이 말처럼 어떤 경우에는 똥 묻은 팬티가 있다. 승현이 생각에도 화장실 쓰는 문제가 절실하게 다가온 거다. 그나마 화장실을 새로 고쳐서 물 내리는 것도 편해져서인지 지금은 똥 누고 물을 안 내리는 경우는 거의 없어졌다. 생각해보니 아이들이 쓰는 시설이 불편해서 그럴 수도 있겠구나, 하는 생각도 든다.

다음 글은 낚시에 취미를 붙인 민주가 낚싯대를 바꿔 달라고 주장하는 글이다.

엄마, 좋은 낚싯대를 사주세요 권민주(장승초 5학년)

제가 낚시를 처음 할 때 도윤이형이 같이 가자고 해서 한번 해 봤는데 처음에는 제가 낚시를 잘못해서 재미가 없었어요. 하지만 저도 낚싯대가 생겨서 물고기를 처음 낚았을 때 너무 좋았어요.

민물에서 낚시할 때 물고기를 잡으면 낚싯대가 너무 많이 휘어져 있어요. 그래도 낚싯대가 민물용이어서 그건 괜찮은데 그 낚싯대로 바다에 가서 물고기를 잡을 때는 물고기가 엄청 커서 낚싯대가 부셔질 듯이 엄청 휘어있어요. 그런데 도윤이형아의 낚싯대는 비싸고 튼튼해서 잘 안 휘어요. 또 형아 거는 릴이 잘 감기는데 제 거는 릴이 뻑뻑하고 잘 안 감겨서 불편해요. 또 낚시하면서 큰 물고기를 잡거나 돌이나 풀에 걸려서 당기면 줄이 쉽게 끊어져요. 릴을 바꾸면 안 된다고 생각한다면 안 바꿔도 되어요. 하지만 제 거는 스피닝릴인데 형아 거는 베이트릴 릴이어서 전용 줄로 해도 되어서 잘 안 끊어져요. 제 낚싯대로 낚시할 때 줄이 끊어지면 비싼 웜들을 많이 잃어버려요.

물론 제가 낚싯줄을 잘 못 묶어서 그런 것도 있지만 제가 안 하고 거의 형아가 줄을 묶어줘요. 줄이 많이 끊어지면 재미없어서 낚시하다가 말고 그냥 다 정리하고 앉아서 게임을 해요. 엄마가 게임을 많이 하면 눈에 안 좋다고 했잖아요. 낚싯대를 사주면 게임을 많이 하지 않고 낚시할게요. 만약에 엄마가 게임을 해도 된다고 생각하면 낚싯대를 안 사줘도 돼요.

초등학생이 취미를 가지기 쉽지 않는데 참 좋은 일이다. 더군다나 낚시에 취미를 가지기는 쉽지 않다. 민주는 주말에 낚시를 다녀오면 나에게 와서 무슨 물고기를 몇 마리 잡았는지 늘 이야기했다. 그러면서 "킹콩, 낚시 한 번 같이 갈까요?" 하고 말하곤 했다.

민주 엄마에게 이 글을 보내드렸더니 웃으시면서 '당연히 낚싯대 바꿔줘야죠.' 한다. 아이는 뜻하는 바를 이루고 부모는 아이 마음도 살피고, 이 얼마나 좋은가.

선생님, 시를 외우는 시간이 너무 지루해요 안현정(진안초 6학년)

킹콩 선생님, 국어 시간이 너무 지루합니다. 저번 주 선생님이 윤동주 시인의 〈별 헤는 밤〉이라는 시를 우리 반 전체에게 외우라고 하셨습니다. 그렇지만 저를 포함한 애들은 한숨을 내쉬며 이 시를 외우기 귀찮아하고 싫어했습니다. 이 일은 3월부터 시작됐습니다.

선생님, 선생님은 시를 많이 외우셨으니까 시를 외우기 쉬우시잖아요. 하지만 우리는 시를 외운 지 석 달이나 됐지만 시가 점점 더 길어지고 어려우니 여전히 외우는 실력 또는 우리들의 기운은 3월에 처음으로 했던 날과 비슷합니다. 그리고 저번 달쯤에 했던 렝스턴 휴즈 시인의 〈엄마가 아들에게 주는 시〉는 선생님이 이 시는 너무 길다고 외우지는 않았습니다. 그런데 이번에 했던 윤동주 시인의 〈별 헤는 밤〉이라는 시를 외운다고 하였던 것입니다. 저번 달에 했던 렝스턴 휴즈 시인의 시는 윤동주 시인의 시보다 짧은데 도대체 왜 더 긴 시를 외우는지 모르겠습니다. 그래서 우리는 어쩔 수 없이 〈별 헤는 밤〉을 외우긴 했지만 우리 기운은 점점 더 없어진 기분입니다. 선생님 그래서 말인데요. 국어 시간에 시를 외우지는 말고, 노트에 쓴 시를 낭송만 하면 괜찮아지지 않을까 합니다. 그리고 한 두 번씩 난센스 퀴즈나 아재개그, 선생님에 대한 퀴즈를 해서 맞히는 사람은 맛있는 것을 하나씩 주시면 우리들의 기운은 약간 괜찮아지지 않을까 합니다.

아이들에게 도움이 될까 싶어 주마다 한 편씩 시를 암송했다. 되도록 짧은 시를 외우기는 했는데 가끔 조금 긴 시도 있었다. 그래도 시를 암송하는 것이 힘이 있다고 믿었는데 현정이가 낭송만 했으면 좋겠다고 한다. 그래서 아이들에게 "시 외우는 거 하지 말까?" 하니 아이들 모두 "예~~" 한다. 교사 나름의 교육 철학에 따라 원칙을 지키는 것도 필요하지만 주장하는 글을 쓴 현정이 마음을 살펴서 그 이후로 낭송하는 것으로 바꿨다.

소감 나누기

주장하는 글을 나누면 아이들은 '어떤 이야기든 써도 되는구나.' '저렇게도 쓰는구나.' 하고 생각한다. 그래서 본보기글을 나누는 시간이 참 귀하다.

사람은 누구나 하고 싶은 말이 있다. 하고 싶은 말을 하지 못하면 마음에 병이 생기게 된다. 마음에 담아둔 이야기가 있으면 글이든 말이든 풀어내야 속이 후련하다. 하지만 생각보다 많은 아이들이 답답하거나 속상한 일을 풀어내지 못하고 담아두고 산다. 속 시원히 글로 써 보자고 해도 처음부터 온전한 마음을 내보이기는 쉽지 않다. 서로 마음이 통하고 믿을 수 있는 관계가 되었을 때 풀어내기 시작할 테니까.

주장하는 글 쓰고 함께 나누기

본보기글을 충분히 보았으니 아이들과 함께 써보는 과정이 필요하다. 자유롭게 용기를 내어 마음에 담아둔 이야기를 풀어내야 한다. 나만이 할 수 있는 꼭 하고 싶은 말이어야 한다. 근거도 또렷하게 담아야 한다. 어떤 대상에게 말을 할지 정하고 제목도 정해야 한다. 그리고 미리 어떻게, 어떤 내용으로 설득할지 계획을 세워야 한다.

다른 갈래의 글을 쓰는 것도 마찬가지지만 주장하는 글을 쓰면서도 놓치지 말아야 할 것이 있다. 모든 아이가 글을 완벽하게 잘 쓸 수는 없다. 따라서 퇴고의 과정이 필요하기도 하다. 그럼에도 아이마다 쓰는 글에 저마다 사연이 담겨 있다는 거다. 글을 잘 쓰고, 못 쓰고에 주목하다 보면 그 사연을 놓칠 수도 있다. 우선 글을 쓴 아이가 왜 이런 주장하는 글을 쓰게 되었는지 주목하고, 글을 퇴고하는 것은 두 번째다.

쓰기 전에 우선 쓸거리를 정하고 근거 자료를 모은다. 쓸 차례에 따라 얼거리(일의 골자만 대강 잡은 전체의 줄거리)를 간단하게 짠다. 그리고 얼거리에 맞게 글을 쓴다. 글을 쓰고 나서 용기를 내어 썼는지, 나만의 이야기인지, 주장과 근거가 또렷한지 살펴본다.

주장하는 글은 나를 삶의 주체로 우뚝 서게 해주기도 하고, 논리와 이치에 맞게 생각하는 힘을 길러주기도 한다. 또 문제를 해결하는 과정을 겪어보면서 힘도 생긴다. 더불어 논리를 탄탄하게 다지기 위해 자료를 찾다 보면 지식도 넓힐 수 있다. 그리고 내 생각과 의견을 자신 있게 말할 수 있어 민주적인 생활 태도도 기를 수 있으니 이 얼마나 좋은 글쓰기인가?

글쓰기로
삶을 가꾸는 교실

09
친구 탐구 생활

이렇게 수업해요! 120분 · 3차시

- 왜 친구에게 마음 주기일까? 5분
- 친구를 어떻게 탐구할까? 5분
- 좋아하는 친구만 탐구할까? 5분
- 본보기글 나누기 15분 · 친구를 탐구하는 글쓰기 40분
- 쓴 글 고쳐보기 15분 · 쓴 글 함께 나누기 30분
- 소감 나누기 5분

왜 친구에게 마음 주기일까?

　시골 작은 학교에서는 학년마다 한 반이어서 반이 바뀌지 않고 여섯 해 동안 같은 반으로 지낸다. 속속들이 알고 지내기도 해서 좋기도 하지만 좋지 않은 관계일 때는 오히려 힘든 경우도 있다. 반대로 도시 큰 학교에서는 학생 수가 많다 보니 해마다 반이 바뀐다. 그러다 보면 한 해가 지나도록 딱히 친한 친구가 아니면 별로 말을 걸지 않는 경우도 제법 된다. 사실 여섯 해 동안 한 반으로 지내든, 한 해를 한 반으로 지내든 학교도 사회와 마찬가지여서 마음을 툭 터놓고 지내는 친구는 그렇게 많지 않다. 두루두루 사회성이 좋은 아이야 여러 아이와 잘 지내지만 내성적인 아이들은 그렇지 못하다. 생각해보면 늘 옆에 가까이 있다고 해서 꼭 친한 건 아니기도 하다.

　학년마다 미술 시간에 친구 얼굴 그리기를 종종 한다. 친구 얼굴을 자세히 살피고 그리는 과정은 귀한 과정이다. 그렇지만 온전히 친구에 대해 곰곰이 생각해보고 진심을 다해 글을 쓰는 일은 거의 없다. 보이는 겉모습을 그리는 것과 다르게 그 친구에 대해 깊이 생각해보고 글로 남기는 것은 더 깊은 마음을 주는 과정이다. 마음을 주는 대상이 식물이나 동물일 수도 있겠지만 늘 가까이 있다고 해서 마음을 주는 것은 아니니 친구에게 마음을 주는 그 시간이 더 귀한 시간이 아닐까?

'어? 이 친구가 어떤 친구더라?' 하고 생각해보기도 하고, '이 친구의 좋은 점이 무엇이었지?' 하고 생각해보면서 잠깐이지만 그 친구를 생각하게 된다.

친구를 어떻게 탐구할까?

한 교실에서 친구와 지내다 보면 좋은 일도 있지만 슬픈 일, 속상한 일, 화나는 일도 생기기 마련이다. 그럴 때마다 잘 해결하면 좋지만 그렇지 못할 때면 속상한 마음을 담아두기도 하고, 친구를 원망하는 마음도 생긴다. 또 좋아하는 친구는 깊은 이야기를 나누면서 더 친해지기도 한다. 친구와 가깝게 지내면서 친구가 좋아하는 것과 싫어하는 것도 알게 된다. 더 친해지면 어떤 습관이 있고, 어떤 생각을 하는지, 무엇을 하고 놀지 서로 배려하는 마음도 생긴다. 친구가 좋아하는 것을 따라서 좋아하기도 하고, 함께 취미를 공유하기도 한다.

나는 윤슬이랑 많이 이야기하고 많이 논다. 학교에 들어오면 윤슬이가 가장 먼저 눈에 띈다. 윤슬이가 "안녕?" 하고 인사를 해주면 기분이 좋아진다. 윤슬이랑 나는 어디를 갈 때도 같이 간다. 윤슬이는 보통 책을 많이 보고, 화장실도 많이 간다. 나는 그럴 때마다 따라가고는 한다. 말은 별로 많은 편이 아니지만 점점 많이 할 거라고 생각한다. 책을 읽을 때 말을 안 해도 나는 윤슬이가 하는 걸 보기만 해도 즐겁고 재미가 있다. 잘 노는 만큼 싸우기도 하지만 바로 바로 풀어져서 다행이다.

윤슬이는 눈이 참 크다. 내가 윤슬이한테 "너 눈이 겁나 크다?" 라고 말하면 윤슬이는 눈을 더 크게 뜬다. 가끔은 무섭지만 말이다. 우리는 그럴 때마다 같이 웃는다.

윤슬이는 웃음이 많다. 한 번 웃으면 별로 재미는 없어도 뭐가 그렇게 좋은지 이어서 웃는다. 우리는 몸으로 노는 걸 좋아한다. 축구 시간에는 나랑 윤슬이가 같은 팀이 안 되고 떨어져도 축구를 시작하고 나면 둘이 모여서 같이 이야기를 하는 것도 재미있다. 우리는 축구 좀 제대로 하라고 애들한테 많이 혼나지만 혼나는 거마저 재미있다. 우리는 혼나도 재밌다는 듯이 웃는다.

내가 만난 친구들은 다 배신하거나 그랬는데 윤슬이 같은 친구는 처음이다. 무섭고 힘들 때 윤슬이가 같이 있어 주면 괜찮아진다. 윤슬이가 나를 좋아하는지는 몰라도 나는 강윤슬이 좋다.

효준이는 좋아하는 친구 윤슬이를 탐구했다. 효준이는 3학년 때 전학을 왔는데 윤슬이와 친해지게 되었다. 뭐가 그렇게 좋은지 보기만 해도 좋다고 한다. 체육 경기를 할 때 다른 편이 되어도 조금만 지나면 금세 둘이 붙어서 경기는 관심이 없고 이야기를 나눈다. 좋은 친구가 곁에 있다는 건 정말 행복이다.

좋아하는 친구만 탐구할까?

주의할 점이 있다. 자칫 좋아하는 친구만 탐구하게 되면 소외되는 친구가 생기기 마련이다. 반에서 인기가 있는 아이나 성격이 좋은 아이는 당연히 여러 친구들이 탐구를 하겠지. 그런데 인기가 없거나 성격이 별로인 친구는 아무도 탐구하지 않게 되어 오히려 역효과가 생길 수도 있다. 그래서 좋아하는 친구만 탐구하지 않고 두 주나 세 주 전에 미리 쪽지를 뽑거나 추첨하는 방법이 좋다. 평소에 별로 친하지 않았지만 내가 뽑은 친구를 어느 기간 동안 살피면서 서로 친해질 수도 있고, 마음을 두니 안 하던 대화를 나눌 수도 있다. 그러다 보면 관심을 가지게 되고 보이지 않았던 모습도 보게 된다. 이런 기회로 좋은 친구가 될 수도 있다.

또 여자아이, 남자아이를 구분하지 않는 것도 좋겠다. 자칫 아이들 가운데 동성을 지나치게 원하거나 동성이 아니면 하지 않겠다는 아이도 있을 수 있다. 하지만 또렷한 원칙을 정하고, 공평하게 한다면 더 좋은 효과를 낼 수 있다.

전현수 손채은(장승초 5학년)

내 친구 현수는 머리가 길다. 여자애들보다도 더 길다. 그리고 코 옆에 큰 점이 있다. 현수는 나한테 유독 말이 많은 것 같다. 주로 옛날 이야기다. 나는 뭔 말인지 모르지만 "응~ 오, 대박!" 하고 말하며 잘 들어준다. 현수는 내가 반응을 해주면 되게 좋아한다. 기분이 좋은 날은 막 날뛰며 다닌다.

현수가 좋아하는 것은 책이다. 진짜 집에서도 책만 읽는다. 난 책을 안 좋아하지만 한 번씩은 같이 봐준다.

싫어하는 건 오이. 오이만 먹으면 막 토를 한다.

어제는 체육 시간에 바운스파이크볼을 하는데 현수랑 같은 팀이 되었다. 공을 잡아야 할 때는 안 잡고 잡으면 안 될 때는 잡는다. 처음에는 실수할 수도 있는 거지, 하고 생각했다. 그래서 "현수야, 그런 건 잡으면 안 돼." 하고 말해주었다. 하지만 그다음부터는 일부러 실수하는 것 같았다. 결국 체육 선생님이 다른 팀으로 옮겨주었다.

현수는 동생이 세 명이나 있다. 현수도 첫째고, 나도 첫째다. 그래서 현수가 얼마나 힘든지 안다. 동생 한 명도 힘든데 셋이나 있으니 얼마나 힘들까?

현수는 4학년 태규랑 잘 논다. 현수는 좀 호기심이 많은 아이 같다. 토네이도 헌터가 되고 싶다고 했다. 토네이도 헌터는 목숨이 왔다 갔다 할 수도 있는데 그런 직업을 갖고 싶다고 했다. 지금은 곤충학자가 꿈이다. 역사 공부를 할 때는 현수 옆에 있으면 좋을 것 같다. 그리고 현수는 글쓰기도 잘한다. 옆에서 공부도 잘 알려준다. 현수는 웃을 때 눈이 가지런해진다. 현수가 웃으면 유혹이 되듯 나도 따라서 웃어진다. 현수는 옆에 두면 참 좋은 친구 같다. 나는 현수가 좋다.

채은이는 현수를 탐구했다. 채은이는 남자아이, 여자아이 가리지 않고 두루두루 잘 지내는 아이다. 그래서 그런지 어떠한 편견도 가지지 않고, 그 친구에게 마음을 주었고, 잘 살폈다. 첫째로서 얼마나 힘든지 공감하는 마음, 꿈이 무엇인지 살피고 걱정하고 위하는 마음, 잘하는 것을 잘 알고 응원하는 마음, 웃는 모습에 감탄하고 함께 기뻐하는 마음을 고스란히 담았으니 읽는 사람도 마음이 따스해진다. 탐구 대상이었던 현수도 이 글을 보고 참 좋아하던 모습이 선하다.

태평이는 5학년 때 전학을 왔다. 고학년 때 전학을 와서 조금 어색할 법도 한데 전에 얼굴을 봤던 하랑이와 제법 잘 지내서인지 하랑이를 탐구했다.

우리 반 최하랑 전태평(장승초 5학년)

최하랑은 나와 맞지 않지만 우리 반에서 제일 잘 맞는 친구이다. 하랑이를 좋게 말하면 장난기가 많고 나쁘게 말하면 음~~ 뭐라 표현해야 할지 모르겠다. 하랑이는 우리 반에서 성격이 특이하고, 덩치가 크며 입이 험한 편이다. 그래도 싫지는 않다.

하랑이와 첫 만남은 내가 제 작년 마령초 3학년이었을 때다. 그때 장승초에 놀러 가서 학교와 주변 장소 그리고 어떤 점이 좋은지 듣고 메타세쿼이아 길을 걷다가 선생님들이 사주신 라면을 간식으로 먹으며 이구동성 게임을 하다 하랑이와 영혼의 단짝 급으로 비슷한 점이 많다는 것을 알고 헤어지고도 이름과 얼굴을 기억하는 사이가 되었다.

하랑이와 다시 만난 것은 작년. 마령초를 떠나 장승초로 왔을 때이다. 나는 노랑머리에 장난기 많은 하랑이의 모습을 기억하며 맨 처음 하랑이를 찾아보았지만 그 얼굴은 보이지 않고 덩치가 크고, 흑발에 누가 봐도 나 성질 별로다, 하는 얼굴을 한 남자아이만 보였다. 그 후에 그 아이가 하랑이란 걸 알았을 때 깜짝 놀라고 내가 기억나느냐며 여러 번 물어보았다. 하지만 하랑이는 귀찮은 투로 "기억나~~~"라고 하며 나를 피해 다녔다.

하랑이는 작년까지 포켓몬을 좋아했는데 나와 공통된 취미로 스무고개를 하며 놀았다. 나와 한번 이야기를 하면 한참 동안 이야기하고는 했는데 주로 게임 신버전이나 스무고개 등 이야기였다.

하랑이의 신체 특징은 조금 뚱뚱하고, 주먹코에 눈은 작고 키가 큰 편이다. 미남이라고 할 수는 없다. 공부는 중간 정도 하고, 운동을 좋아하지는 않으며 운동신경도 좋은 편은 아니다. 노는 것은 정말 좋아하고, 시력이 나빠져서 안경을 썼다. 장난을 많이 치고, 놀리고 많이 때린다. 얼굴도 재미있게 생겼다. 게임을 좋아하는데 매너는 별로다. 아무 말 없이 방에서 나가고 전화도 받지 않는다. 그리고 약속도 안 지킨다. 그럼에도 내가 하랑이를 싫어하지 않는 이유는 재미있기 때문이다. 농담을 조금 험하게 하기는 해도 재밌는 농담을 많이 한다.

하는 행동도 재미있고, 먹는 것도 재밌다. 정말 엄청 잘 먹는다. 혼자 밥을 몇 공기를 먹고, 반찬을 또 받아와서 싹싹 긁어먹는다.

하랑이는 기분전환을 잘해주고, 기분이 좋을 때는 애들이 많이 웃을 수 있게 해준다. 하지만 기분이 나쁠 때는 자기 마음대로 할 수 있으므로 기분 나쁠 때는 옆에 두지 않는 게 좋다. 그래도 하랑이와 졸업할 때까지 같이 있으면 좋겠다.

하랑이는 누나가 둘 있는데 누나와 나이 차가 많이 나는 늦둥이 막내다. 친구들과 견주어 덩치가 큰 편이고, 목소리와 몸동작이 큰 편이다. 막내여서인지 자기 주장이 센 편이다. 친구들과 두루두루 잘 지내는 편도 아니다. 태평이와 성격이나 노는 취미가 비슷한 편이다. 태평이가 쓴 글을 보니 정말 탐구를 자세하게 잘했구나 싶다. 과거에 첫 만남을 떠올리기도 하고, 비슷한 취미와 말투와 행동을 탐구했다.

본보기글 나누기

아이들이 쓴 친구 탐구 글을 보면서 마음을 주는 게 이런 거구나, 하는 생각도 들고, 누군가 나를 귀하게 살피고 좋게 생각하는 글을 써주면 얼마나 좋을까, 하는 생각도 든다.

좋은 점이 있으면 좋은 점도 봐주고, 장난기 가득한 것도 애정 어린 시선으로 바라봐주는 게 좋아 보인다.

우리 반 우진이 박승윤(장승초 5학년)

우리 반 우진이는 참 웃기다. 자기 이름만 나오면 "아, 내가 뭘!"이라고 말한다. 기분이 나쁘거나 조금 상하면 "단짝 끊어!"라고 말한다. 하지만 장난으로 그런 건지 단짝을 끊지 않는다.

우진이는 포켓몬 빵이나 메이플 빵, 디지몬 빵 등 구하기 어려운 빵들을 잘 구한다. 그리고 빵을 학교에 가지고 오면 애들이 몰려와서 빵을 뺏어가거나 우진이한테 달라고 한다.

학급 회의를 할 때 우진이가 사회자를 했는데 우리한테 반말을 쓰다가 존댓말을 쓰는 걸 반복했다. 난 우진이가 그렇게 하는 게 웃기고 재미있다.

우진이는 종이비행기도 잘 접고 잘 날린다. 승연이와 같이 날리는데 정말 잘 날린다. 우리 학교에서 가장 잘 날리는 것 같다.

우진이는 이상한 노래와 동영상도 잘 알고 있다. 예를 들어 공산당 노래나 차이나 미미 같은 중국 노래 또 일본과 관련된 노래를 잘 안다. 어떻게 그런 노래와 영상을 찾는지 궁금하다. 유튜브 알고리즘에 떠서 잘 아는 걸까? 일단 취향이 독특하다.

우진이는 참 좋은 친구다. 기분이 별로일 때 우진이가 웃겨주면 왠지 웃기고 기분이 좋아진다. 우진이는 좋은 친구다.

기분이 별로일 때 웃겨주는 친구, 배고플 때 맛있는 먹을거리로 마음을 환하게 해주는 친구, 재미난 노래나 동영상을 알아서 가끔 소개해 주는 친구가 있다면 얼마나 좋을까? 우진이를 좋은 친구로 바라봐주는 승윤이도, 그런 승윤이에게 좋은 친구인 우진이도 참 좋은 아이들이다.

전태평 강윤슬(장승초 5학년)

전태평은 수업 시간에 애들이 떠들면 시끄럽다고 소리를 친다. 그런데 반대로 자기가 떠들고 애들이 시끄럽다고 말하면 듣지 말라고 한다. 조금 이기적인 면도 있지만 시원시원해서 좋다.

공부는 모든 과목을 다 잘한다. 특히 수학을 좋아하는데 왜 좋아하는지 모르겠다. 급식을 먹을 때 태평이 식판을 보면 날마다 놀랍다. 반찬이 정말 가득가득하다. 그런데 그 반찬을 다 먹는다. 편식을 안 해서 좋다. 머리카락은 동네 할머니들처럼 뽀글뽀글하다. 어른들이랑 있으면 조용하지만 우리 반만 있으면 겁나게 시끄럽다. 그리고 코를 푸는 소리가 코끼리 코 푸는 소리처럼 크다.

태평이는 부모님한테 항상 존댓말을 하고, 부드럽다. 하지만 우리가 시끄러울 때 "조용히 해!"라고 말하거나 "야!" 하고 크게 말해서 처음에는 깜짝 놀라기도 했다. 하지만 지금은 익숙해져서 아무렇지도 않다. 그런데 전태평이 "조용히 해!" 하고 크게 말하면 조용히 하게 된다. 태평이가 부모님께 효도하고, 공부를 잘해서 부럽기도 하다.

윤슬이에게 태평이는 수학을 좋아하는 것도 놀랍고, 급식 때마다 편식하지 않고 식판 가득 먹는 것도 놀랍고, 코 푸는 소리가 코끼리 코 소리처럼 큰 것도 놀랍고, 부모님께 항상 존댓말을 쓰는 것도 놀랍기만 하다. 잘하는 것이 많으니 닮고 싶은 친구다. 서로의 좋은 점을 바라봐주니 자존감도 높아지겠지.

우리 반에는 국승연이란 친구가 있다. 승연이는 좋기는 한데 신기하기도 하다. 일단 외모가 좀 신기하다. 다른 데는 괜찮은데 코가 돼지코를 닮았다. 몸은 조금 뚱뚱하다. 승연이는 종이비행기 만들고 날리는 것을 좋아한다. 같이 놀면 재미있고 좋은 친구다. 나를 자주 때리기는 하지만 나를 많이 놀아준다. 승연이는 별명이 참 많다. 내가 본 사람 중에 가장 별명이 많은 사람이다. 막국수, 사과 쥬스, 두광광, 케찹 바나나 말고도 더 있다.

승연이는 날마다 나를 웃겨준다. 가끔 이유 없이 놀릴 때가 있기는 한데 그때마다 반응이 웃겨서 내 삶의 즐거움 중 하나다. 승연아, 웃겨주고 놀아줘서 정말 고마워.

마지막으로 승연이와 있었던 일인데 예전에 승연이 종이비행기를 내가 물에 넣었는데 승연이도 교과서에 물을 부었다. 그래서 "난 괜찮아, 왜냐하면 네 거도 물에 넣었거든." 하고 말했더니 사과하고 끝났다. 그런데 승연이는 종이비행기를 좋아해서 "내 목숨 같은 비행기." 하고 말했다.

별명을 좋아하는 아이도 있지만 별명을 싫어하는 아이도 있다. 일단 친구가 싫어하면 부르지 말아야 하는데 하지 말라고 해도 꼭 더 부르는 아이가 있다. 사실 승연이도 별명을 부르면 별로 좋아하지 않는 편이다. 이 글을 나누면서 별명을 부르는 게 좋을까, 하는 이야기도 나누었다. 또 친구의 생김새를 비하하는 듯한 표현도 거슬린다. 친구와 있었던 일화도 장난이었겠지만 네가 이렇게 했으니 나도 이렇게 할 거야, 하는 자세도 아이들과 나누었다. 아이들이 쓴 한 편 한 편의 글은 함께 나눌 수 있는 이야깃거리가 된다.

전현수 양우진(장승초 5학년)

전현수는 전주 오지오아파트에 사는 내 친구다. 그 친구의 특징은 머리가 길고, 사회를 잘 본다. 아침에 학교에 오면 날마다 책을 읽고, 어쩌면 같이 놀기도 한다. 외모는 얼굴에 점이 있고, 머리가 길며 몸은 뚱뚱하지 않다.

현수가 좋아하는 것은 책 읽기와 쓰나미 영상, 사회, 일본 음식과 문화 등을 꽤 많이 좋아한다. 현수가 이야기하는 것도 재미있다. 그래서 고원길을 갈 때나 나들이를 갈 때 이야기하면서 가는데 들으면 재미가 있다. 사회는 우리 반 중에 현수가 제일 열심히 하고 잘한다. 특히 역사를 아주 잘 안다. 나도 잘하기는 하지만 현수가 훨씬 잘한다. 나중에 중학교나 고등학교, 대학교에 가서도 실수 없이 백 점을 맞을 거 같다. 그래서 역사를 공부할 때마다 엄청 좋아한다.

현수는 중간놀이 시간에 놀지 않고, 책만 읽을 때도 있다. 쉬는 시간에 놀지 않고, 책만 읽는 사람은 처음 봤다. 그리고 현수는 함태규와 아주 친하다. 쉬는 시간에 밖에서 태규랑 이야기를 한다. 근데 현수랑 태규가 내가 보이면 바로 도망을 간다. 그래서 나도 잡으러 간다. 내가 함태규를 잡으면 때리고 현수를 잡으면 또 때린다. 뭔가 태규와 현수를 쫓아가서 때리는 게 재밌다. 때리고 바로 보내줘서 카운트를 30초 센다. 그런데 30, 29, 28 하고 바로 3, 2, 1, 땡하고 바로 잡으러 간다. 잡으면 또 때린다. 이런 게 아주 재미가 있다. 현수는 내 좋은 친구다.

채은이도 현수에 대해 썼고, 우진이도 현수에 대해 썼다. 그런데 똑같은 아이를 바라보는 시선이 다르다. 우진이는 사회와 역사를 잘하는 모습, 책을 열심히 읽는 모습, 동생 태규와 노는 현수에 주목했다.

내 친구 우진이 국승연(장승초 5학년)

내 친구 우진이는 단짝이다. 장난을 치면서 날마다 단짝을 끊자고 하지만 또 바로 단짝을 하자고 한다. 언제 단짝이 되었는지 모르겠다. 내가 "아니~~"라고 말하면 우진이는 반대로 "니아~~" 하고 장난을 친다.

우진이는 유행어도 있다. "아, 내가 뭘."이다. 최근에는 부르는 노래도 있는데 공산당, 나치 노래 등 이상하고 재미있는 노래를 발견한 것이 신기하다.

　나는 우진이랑 많이 싸우기는 하지만 그래도 영원한 단짝이다.

　우진이와 승연이는 티격태격 자주 말다툼도 하고 싸우기도 한다. 하지만 누가 보아도 금세 알아볼 정도로 둘은 정말 단짝이다. 자주 싸워서 둘을 불러다놓고 "그럼 너네 단짝 친구 하지 마." 하고 말하면 둘 다 금세 표정이 확 바뀐다. 종이비행기로 노는 것도 비슷하고, 서로 집에 초대해서 1박 2일 잠도 함께 잔다. 또 유행어도 가끔 만들어서 친구들 사이에서 자주 이야기한다. 누가 봐도 단짝이다.

소감 나누기

　저마다 사람을 바라보는 시선이 다를 수 있다. 내가 생각했던 친구의 모습과 다르게 바라보는 친구의 시선을 나누면서 '그래, 맞아. 저 친구는 저런 면이 있었지.' 하고 깨닫기도 하고, 누구나 알 수 있는 내용에는 함께 공감하기도 한다. 단점을 일부러 찾기보다 아이들마다 바라본 장점에 주목하면 이야깃거리도 풍성하다. 일정 기간 동안 친구를 탐구하면서 새로운 모습도 알아가고, 그러면서 더 친해지고, 긍정의 시선으로 친구를 바라보는 기회가 되면 좋겠다.

10
걱정과 고민 털어내기

이렇게 수업해요! 120분 · 3차시

- **누구나 걱정과 고민은 있다** 5분
- **자연스럽게 고민 풀어내기** 5분
- **본보기글 나누기** 30분
- **독특한 고민** 10분
- **고민이나 걱정으로 글쓰기** 40분
- **글 나누기** 30분

누구나 걱정과 고민은 있다

큰아이가 유치원에 다닐 때였다. 어느 날 갑자기 유치원을 다녀와서 나름 진지한 표정으로 "엄마랑 아빠랑 죽으면 나는 어떻게 해? 엄마랑 아빠 죽을까 봐 걱정이야." 한다. 어린아이에게 갑자기 부모님이 돌아가시는 현실은 받아들이기 힘든 끔찍한 상황일 것이다. 또 아이가 조금 자라 초등학교 저학년일 때는 어디서 무슨 이야기를 들었는지 집에 오자마자 "아빠, 나 군대 가기 싫어." 하고 군대 가는 걸 걱정했다.

자녀를 키우다 보면 한 번쯤 아이들이 엉뚱한 걱정이나 고민을 이야기하는 경험을 하게 된다. 그나마 어린아이였을 때는 마음에 담아둔 이야기를 곧잘 풀어내지만 학년이 올라가면서 그 고민이나 걱정거리를 겉으로 드러내지 않는 경우가 많다. 또 나이를 더 먹어서 어른이 되어갈수록 고민과 걱정은 정도의 차이만 있을 뿐 더 깊어지고 많아진다.

'학교만 가면 되는데 애들이 무슨 고민이 있겠어.' 하고 생각한다면 아이들 세계를 잘 이해하지 못하는 것이다. 아이들도 아이들 나름으로 고민과 걱정거리를 안고 있다. 학년이 올라갈수록 시험과 공부, 키, 얼굴, 몸무게, 부모님, 친구, 아토피, 몸의 변화와 몸으로 인한 상처 말고도 아이들의 처지와 상황에 따라 수많은 고민을 안고 살아간다. 그때마다 아이들이 겪고 있는 고민과 걱정을 무시하지 않고 잘 들어주고 이해해 주면 슬기롭게 넘어갈 수 있겠지만, 아무도 들어주지 않거나 어디 하소연할 곳이 마땅치 않을 때는 작았던 고민이나 걱정이 점점 덩치를 키워서 큰 상처가 될 수도 있다. 스스로 또는 둘레 어른의 도움으로 슬기롭게 풀어가는 방법이 있다는 것, 설사 방법이 없더라도 이런 고민을 누군가 들어주거나 이해해 주는 것이 꼭 필요하다.

자연스럽게 고민 풀어내기

처음부터 다짜고짜 아이들에게 고민과 걱정거리를 풀어내라고 하면 다른 아이들 눈치를 보거나 이게 무슨 상황이야, 하고 당황해한다. 더군다나 바로 글을 쓸 아이들도 거의 없다. 따라서 아이들이 가진 고민거리를 꺼낼 수 있는 분위기를 만들어주는 것이 가장 중요하다.

이때 아이들이 공감할 수 있는 본보기글을 읽어주는 것이 좋다. 그런데 문제는 읽어줄 본보기글이 생각보다 별로 없다는 거다. 막상 어떤 주제로 수업하려고 하면 그 주제와 관련된 글이 별로 없다. 그렇다면 그런 때는 아이들이 고민하는 주제 정도를 여러 가지 말해주는 것도 대안일 수 있다.

키나 몸무게, 얼굴 생김새, 몸의 흉터, 점에 대해 고민하는 글, 놀리는 친구, 관계 때문에 힘들어하는 글, 부모님이나 식구 때문에 생기는 고민, 미래에 대한 고민 그리고 공부나 학원 스트레스도 고민일 수 있다. 아이들 세계에서 수없이 일어나는 많은 일들이 모두 고민이 된다.

교사가 먼저 자신의 이야기를 꺼내는 것도 좋다. 자라면서 겪었던 고민이나 걱정거리를 먼저 아이들에게 꺼내는 거다. 아, 우리 선생님도 이런 고민을 했었구나, 하고 생각하면 아이들도 자연스레 쓰고 싶은 마음이 생기게 된다. 이렇게 처음에 고민이나 걱정에 대한 내용으로 글을 쓸 수 있도록 분위기를 만들어주면 자연스레 글을 쓰게 된다.

이런 글을 쓸 때면 아이들이 꼭 하는 말이 있다.

"쌤, 이 글 읽어줄 거 아니죠?"

"절대 비밀이에요."

고민을 누구에겐가 털어놓으면 훨씬 가벼울 텐데 아이들은 맨 먼저 이런 걱정 때문에 글을 쓰기 주저한다. 걱정이나 고민을 풀어놓으면 다른 친구들이 혹시나 놀릴까봐 걱정하는 거다.

"누구나 다 고민이 있는데 어렵게 그런 고민을 풀어놓을 때 서로 비난하거나 흉보는 것이 아니라, 서로의 처지를 이해하고 더 살펴주면 좋겠어."

한 교실에서 한 해 동안 함께한다는 건 식구나 다름없다. 오히려 식구보다 더 많은 시간을 보내는 거다.

우리 아빠는 손채은(장승초 5학년)

엄마한테 전화가 왔다.

"오늘 엄마가 일이 있어. 그리고 아빠는 출장 갔으니까 오늘 효주네 집에서 잘까?"

나는 기분이 좋았다. 학원이 끝나고 효주네 집에 갔다. 막상 자려고 하니 집에 가고 싶어져서 엄마한테 전화를 했다.

"엄마, 나 집에 가고 싶어." 하니 엄마가 오늘 엄청 늦게 온다고 그냥 자라고 했다. 효주 옆에 누워서 효주와 방탄 노래를 듣다가 잤다.

며칠 있다가 아빠가 출장을 갔다가 오셨다. 아빠가 나를 꼭 안아 주셨다. 나는 아빠가 보고 싶었다.

다음날 버스를 타러 775 가게 옆으로 갔다. 어른들이 동생 상빈이와 나를 보고 "야, 니네 아버지 집에 돌아오셨다냐? 아이구, 옆에 사람들이 없었어봐. 큰일 날뻔했지."

나와 상빈이는 무슨 말인지 몰랐다. 그날 저녁에 엄마와 운동을 하고 킹콩 선생님네 집으로 갔다. 가는 길에 엄마에게 물었다.

"엄마, 어른들이 아빠가 집에 잘 있냐는데? 그게 무슨 말이야?"

난 긴 생각 끝에 어렵게 말을 꺼낸 것이다. 엄마는 무슨 생각을 하는지 한참 동안 말을 안 하셨다. 그리고 한참 뒤에야 말을 꺼냈다.

"사실은 아빠가 출장을 간 게 아니라 많이 아파서 병원에 가 계셨어. 아빠가 오자마자 너를 꼭 안아주시더라. 아빠가 너 보고 싶어서 전화도 안 받으신 거고, 너 많이 보고 싶었대."

나는 그 말을 듣고 눈물이 나오려는 걸 간신히 막고 집에 와서 다들 자는 시간에 두 시간 동안이나 울고 잤다. 난 아직도 엄마랑 말하던 때가 생생하게 생각이 난다. 난 그때를 생각하면 또 눈물이 나오려고 한다. 아빠가 삼촌하고 통화하는 걸 들었다.

"하마터면 장례식장에서 볼 뻔했어."

아빠는 웃으면서 말했지만 나 그 웃음이 진심처럼 느껴지지 않았다. 아빠가 아프지 않고 오랫동안 사셨으면 좋겠다. 아빠 사랑해.

글을 쓰고도 채은이는 여러 번 다른 아이들에게 읽어주지 않기를 원했다. 또 학급문집에도 싣지 않았으면 좋겠다고 했다. 물론 이 글을 쓰고 한참이 지난 후에 아빠를 생각하는 마음이 담긴 글이니 이런 이야기는 문집에 실으면 더 좋겠다고 채은이를 설득했고, 결국 허락받아 싣게 되었다.

식구 가운데 누군가 갑자기 아프거나 돌아가셨을 때 충격이 얼마나 클까. 아직 어린 나이기도 하고, 식구의 아픔과 죽음에 대해 준비되지 않은 나이이기에 충격은 더 클 수밖에 없다. 채은이 엄마 아빠도 채은이 글을 읽고 한참을 울었다고 한다. 말로도 마음을 나눌 수 있지만 진심이 담긴 글은 서로의 마음을 가장 잘 전달하는 방법이 아닐까 싶다.

본보기글 1 _ 군대 걱정

초등학교 아이들이 웬 군대 걱정이냐고 할 분이 있겠지만 걱정이란 게 한계가 정해져 있는 게 아니다. 아이마다 성향이 다르기에 어떤 아이는 죽음을 걱정할 수 있고, 취직 걱정을 할 수도 있다.

요즘 아이들은 유튜브나 누리그물(인터넷)을 많이 보기에 그곳에서 떠도는 군대 영상을 보게 되고, 힘들게 고생한다는 이야기를 많이 듣는다고 한다.

군대 최하랑 (장승초 5학년)

나는 군대가 정말 가기 싫다. 군대를 가면 재미도 없을 것 같고 무서운 사람들도 많을 거 같다. 맨날 구글에서 군대를 쳐서 봤다. 구글에서 볼 때마다 계급장 이야기랑 핸드폰 이야기만 나왔다. 계급장 이야기는 일병, 이병, 상병 차례대로 써있었다. 계급장 사진과 설명이 재잘재잘 써있는데 가장 기억에 남는 건 원수의 설명이었는데 대한민국에 원수는 한 명도 없다는 이야기였다. 핸드폰 이야기는 핸드폰을 군대에서 쓰려면 무슨 앱을 깔아야 한다는 글이 많았다.

그런데 이제는 사실 별 생각이 없다. 내가 군대에 가는 날보다 지구가 멸망할 날이 더 가깝다고 생각하기 때문이다.

하랑이뿐만 아니라 남학생들은 사실 군대에 가기 전까지 군대가 가장 큰 고민거리다. 창창한 20대 초반에 군대에 가야 하니 얼마나 가기 싫을까. 그나마 18개월로 짧아졌다고는 하지만 그건 어른들 생각일 뿐이다.

우진이는 8년 뒤 군대에 간다는 이야기에 조교에게 맞는 이야기, 따돌림당할 것 같은 기분도 들었나 보다. 주로 안 좋은 이야기를 많이 듣다 보니 더 가기 싫겠지.

군대 양우진(장승초 5학년)

나는 8년 뒤에 군대에 간다. 나는 군대에 가기 싫다. 왜냐하면 조교한테 쳐맞고, 왕따를 당할 거 같다. 그래서 일곱 살, 여덟 살 때 운 적도 있다. 그리고 유튜브에 군대 영상으로 화생방이나 사격, 수류탄, 윗몸 일으키기, 팔굽혀펴기, 줄넘기를 봐서 군대를 더욱 싫어하게 되었다. 특히, 화생방과 수류탄이 무서울 것 같았다. 화생방은 독가스 방이랑 관련이 있는 것이고, 수류탄은 뉴스에서 엉뚱한 곳에 던져서 죽은 사람이 있다는 뉴스를 보았다.

엄청 어이없을 때도 있었다. 뭐냐 하면 남자들은 꼭 가야 되고 여자들은 선택지가 있었다. 만약 내가 여자였다면 군대를 절대 안 갈 거다. 다른 나라들은 남자들도 거의 군대에 안 갈 수 있는 선택지가 있는데 우리나라는 왜 군대를 꼭 가야 되는지 모르겠다. 그나마 다행인 건 우리나라는 군대 생활을 1년 반만 하는데 북한은 무려 10년이나 해야 한다. 그래도 북한에 안 태어난 게 다행이었다. 아무튼 군대에 가기 싫다.

우진이나 하랑이가 쓴 글을 읽고, 아이들과 군대 생활로 이야기를 나누면 좋겠다. "어린애가 벌써 무슨 군대 걱정이야?" 하고 무시하지 않아야 한다. 어리다고만 생각하지 말고, 저마다 다른 생각 그리고 어떤 걱정이 있는지 이야기를 나누면서 들어주고 살펴주면 불안했던 마음에 조금이라도 위로가 될 테니까.

본보기글 2 _ 몸에 관한 걱정

우리 몸은 참 신비하다. 저마다 제 역할을 하고 있고, 헛된 것이 없기 때문이다. 얼굴에 있는 눈이나 코, 입, 귀는 말할 것도 없고, 손과 발도 없어서는 안 될 아주 귀한 몸 가운데 하나다. 이렇게 신비한 몸을 가지고 있음에도 늘 고민이나 걱정이 먼저 앞선다. 얼굴에 점이 있어서 걱정이고, 얼굴이 못생겨서 걱정이다. 피부가 조금 까매서 걱정이고, 키가 작아서 걱정이다. 몸이 뚱뚱해서 걱정이고, 코가 낮아서 걱정이다. 눈이 조금 작아서 걱정이고, 머리가 조금 커서 걱정이다. 이루 말할 수 없는 걱정이 아이들 마음을 흐린다.

신비하고 귀한 몸인데도 이런 생각을 하는 까닭은 무엇보다 제 몸을 잘 알지 못하는 까닭이고, 귀하게 여기지 않는 마음이다. 결국 자존감과도 연결된다. 나를 믿는 마음, 나를 존중하는 마음이 없으니 다른 것으로 보상받고 싶어한다. 결국 나이가 들어서 성형수술로 코를 고치고, 눈을 고치게 한다. 물론 겉모습을 중시하는 사회 분위기도 좋지 않다. 무엇보다 내 몸을 귀하게 여기는 마음이 옅어지는 게 문제다. 몸과 마음은 따로 떨어진 것이 아니어서 마음이 건강할 때 몸도 건강하다. 몸이 건강해야 마음도 더불어 건강할 수 있다.

내 몸과 마음에 대해 잘 알아야 한다. 특히 몸이 변화하는 때에 겉모습을 걱정하는 아이들이 제법 많다. 그럴 때 곁에 있는 어른들이 잘 들어주고 공감해주고 용기와 응원을 해주어야 한다.

점 박승윤(장승초 5학년)

나는 얼굴에 점이 하나, 목 쪽에 점이 하나가 있다. 나는 별로 신경을 쓰지 않지만 엄마는 신경이 쓰인다고 말한다.

"승윤아, 겨울방학 때 점 빼러 가자."

"왜?"

"니 특징을 쓸 때 맨날 애들이 얼굴에 점 있는 거 쓴다고."

"점 빼는 거 아플 거 같은데."

"살짝 따가운 정도니까 괜찮아."

"알겠어."

나는 점이 있는 것도 나쁘지 않다. 친구들도 다 점이 있고, 점이 있다고 놀리지도 않는데 잘 있는 점을 빼고 싶지는 않다. 난 아픈 것도 싫어서 주사도 잘 안 맞는데 얼굴이 아픈 건 더 싫다. 내가 괜찮은데 엄마가 싫어하니까 더 고민이다.

나는 점을 빼기 싫고, 엄마는 점을 빼라고 한다. 나는 개인적으로 점을 빼기 싫은데 또 엄마 말을 무시할 수는 없다. 그래서 더 걱정이다.

승윤이는 점으로 걱정하지 않는데 오히려 엄마가 점을 걱정하는 것이 더 걱정이다. 점이 신경 쓰일 수도 있을 텐데 괜찮다고 한다. 마음 씀씀이가 단단한 아이다. "그래, 승윤아, 개성으로 인정해줘서 고마워. 엄마도 점 빼라는 이야기 다시는 안 할게." 하고 말해주면 승윤이도 더 힘이 날 것 같다.

작은 눈 김유연 (장승초 6학년)

나는 키가 작은 편도 아니고 아토피나 비염도 없다. 하지만 남들에게는 그저 그렇지만 나에게는 큰 콤플렉스가 있다. 바로 눈이다. 어느 날은 내가 엄마한테 "엄마, 나는 원래 눈이 작았어?" 하고 물어보니 "그럼, 너 태어나고 눈 떴을 때 눈이 엄청 조그만해서 엄마랑 아빠가 놀랐다니까? 하하하."

언니, 엄마, 아빠 모두 크게 웃었지만 난 크게 웃지 못할 정도가 아니라 기분이 나빴다. 솔직히 어렸을 때도 내가 눈이 작은 것은 알고 있었지만 커가면서 더 콤플렉스가 된 것 같다. 코로나19가 와서 마스크를 쓰니 눈이 더 돋보이고 그래서 학교에 가면 눈 때문에 놀림을 받았다. 나를 보면서 눈을 가늘게 뜨는가 하면 '눈 작은 이상한 괴물' 등 친구가 그려준 그림에서도 나는 눈이 크게 그려지면 "제는 왜 이렇게 눈을 크게 그렸나?" 하고 말하고 그런 일 때문에 누구 앞에서도 못 울고 혼자 있을 때 펑펑 울었다. 그럴 때 혼자서 "내가 눈 작고 싶어서 작냐? 나도 눈 이쁘게 생기고 싶다고!" 하면서 혼자 소리를 지르며 울었다. 그리고 또 이때 펑펑 울면 내일 눈이 부으니 또 놀림을 받을 거고 그래서 울음을 멈추었지만 그런 일로 울음이 멈추었다는 게 너무 속상하고 짜증났다. 이런 고민을 언니한테 말했더니 "수술하면 될 거 아니야." 돌아오는 말이 참 성의 없어서 주먹으로 한 대 쥐어박고 싶었다. 이렇게 아무도 내 고민에 대해서 진지하게 답해준 적이 없다.

만약 내가 작은 눈이 싫어서 수술한다면 날 놀린 애들의 말에 휩싸여서 내 본 모습을 사랑하지 못하고 변화를 택한 거니까 더 하기 싫다. 물론 수술이 나쁜 건 아니지만 할 거면 내 뜻으로 결정할 거니까. 하지만 수술하지는 않을 거다. 내 모습을 고칠 게 아니라 날 놀리는 애들의 시선을 바꿔서 '눈이 작은 아이도 있는 거지.' 하고 받아들이고 그만 놀리면 좋겠다.

"너 눈 뜬 거야, 감은 거야?" "에이 눈 좀 뜨고 말해." 하고 아이들이 유연이에게 장난처럼 말을 한다. 그럴 때마다 웃고 넘기는 유연이지만 마음에 생채기가 있었다. 다행스럽게 유연이는 자기 몸을 귀하게 여긴다. 수술도 하지 않을 거고, 아이들 시선도 바꾸고 싶다고 한다. 걱정과 고민도 크지만 그래도 이런 단단한 마음을 가진 유연이여서 대견하기만 하다.

몸 박예준(장승초 6학년)

이 글은 몸에 대한 글이다. 맨 처음은 내가 가장 싫어하는 것 중 하나인 비염이다. 비염은 코가 막히면 입으로 숨을 쉬어야 해서 힘들다. 지금은 조금 나아졌다. 하지만 전주에서 학교에 다닐 땐 얼마나 심했는지 모른다. 전주에 살 때는 코로나도 없어서 마스크를 끼지 않았다. 생생하게 기억나는데 그날은 더워서 선풍기를 틀었다. 과학실에서 천장에 붙은 선풍기가 내 코에게 시비를 걸었다. 심한 비염 때문에 코에 바람이 가면 그냥 막혀버린다. 그래서 한 시간을 넘게 선풍기 때문에 고생했다. 또 얼마나 심했으면 코에서 돼지같이 킁킁, 드르렁 소리가 나는가. 나는 그 소리가 듣기 싫었다. 애들이랑 놀다가 버릇처럼 아무 느낌 없이 소리가 나왔다. 그때 애들이 "어디서 돼지 소리 들리지 않냐?" 이런 식으로 말했다. 애들은 장난으로 하는 소리일 수도 있지만 나에게는 상처였다. 잠을 잘 때도 너무 힘들어서 운 적도 있다. 또 누우면 불편해져서 벽에 기대어 앉아서 잔 적도 있었다. 그러다가 결국 한의원을 다니기 시작했다. 목요일마다 가서 코 세척도 하고 침도 맞고 레이저 치료 같은 것도 했다. 또 집에서도 따로 코에픽이라는 기계도 썼다.

그 후 진안으로 이사를 와서는 공기도 더 맑아서 한결 편해진 기분이었다. 또 염증 같은 것에 도움이 되는 영양제를 먹기 시작한 후부터는 나아졌다. 그래서 드르렁거리는 소리도 사라졌다. 그 점은 너무 행복했다. 또 잠도 편하게 누워서 잘 수 있게 되었다.

이번 고민은 키이다. 우리 반 애들은 거의 다 크다. 나보다 작은 애들도 있지만 나도 작다. 어제 키를 쟀는데 드디어 150쯤 되었다. 엄마, 아빠 정도면 작은 편은 아니다. 엄마는 어렸을 때 작아서 맨날 앞자리에만 앉았다고 한다. 엄마가 중1 때는 지금 나보다 작았단다. 근데 중학교 3년 동안 21cm를 컸다고 한다. 그 얘길 하면서 나도 중학

교에 가면 클 거라고 한다. 엄마가 167cm 정도면 적당하지만 나는
왠지 엄마를 안 닮았을 것 같다. 적어도 160cm 넘고 싶은데 점점 포
기하고 있다. 한 번씩은 엄마, 아빠가 나보다 박효준이 더 클 거 같다
고 한다. 나도 키가 콤플렉스인데 굳이 내가 듣는 앞에서 그 이야기
를 한다. 물론 내가 박효준보다 덜 먹고 편식이 심하다고 해도 상처
가 된다. 160cm는 넘기고 싶은데 왠지 불가능일 것 같다. 다른 애들
보면 이미 160cm는 넘은 애들이 한둘이 아닌 듯하다. 그런 애들을
보면 너무 부럽다. 그리고 160cm도 안 될까 봐 두렵기도 하다. 나도
빨리 좀 컸으면 좋겠다.

키 걱정은 아이들 걱정 가운데 단골 메뉴다. 많이 노력해도 키가 크
지 않을 때 실망한 마음이야 이루 말할 수 있을까. 키가 큰 사람이야
'언젠가는 크겠지.' 하고 쉽게 말할 수 있겠지만 키가 작은 사람 처지
에서는 '당신은 키가 크니까 쉽게 말하는 거죠.' 하고 생각할 수밖에
없다.

본보기글 3 _ 공부 걱정

고민이나 걱정 가운데 공부도 빼놓을 수 없는 큰 고민이자 걱정거

리다. 잘하고 싶은 마음은 있지만 잘되지 않을 때도 걱정이고, 부모님의 높은 기대도 걱정이다. 세상에 공부 못하고 싶은 사람이 어디 있을까. 누구나 다 잘하고 싶은 마음이야 있지만 방법을 몰라서 못할 수도 있고, 하기 싫어서 안 하는 사람도 있을 테다. 최대한 잘할 수 있도록 도와는 주되 너무 큰 부담을 주거나 고민이나 걱정이 될 정도는 아니어야 한다. 자꾸 아이에 대해 욕심을 부리면 그 욕심만큼 아이의 고민과 걱정도 커진다.

영어시험 권민주(장승초 5학년)

학원에서 시험을 볼 때 선생님이 시험을 보기 하루 전에 "민주야, 내일 시험 본다."하고 말한다. 나는 그때마다 긴장이 된다. 학교에서 영어시험 볼 때처럼 시험에 나올 문제를 미리 연습하라고 종이를 주면 좋은데 종이도 안 주고 문제가 40문제 이상인데 한 개 틀리면 틀린 단어를 스무 번씩 써야 해서 다섯 개만 틀려도 백 번을 써야 한다.

내가 영어를 잘 못 할 때 시험을 처음 봤는데 스무 개 정도 틀려서 400번을 쓴 적이 있는데 그때 손목이 부러지는 줄 알았다. 너무 힘들어서 학원을 안 다니고 싶을 정도였다. 아무튼 세 시간에 걸쳐서 다 썼다. 그렇게 많이 틀릴 때는 선생님이 "민주야, 너무 많이 틀려서 다 쓰기 힘드니까 열 번씩만 써."라고 말하는데 요즘은 그렇게 거의 안 말한다.

가끔씩 선생님이 시험을 본다고 하고 다음 날 시험을 안 볼 때도 있는데 그때는 기분이 너무 좋다. 하지만 언젠가는 다시 해야 된다는 생각을 하면 다시 안 좋아진다.

나는 학원을 다니기 싫은데 엄마가 해외여행 가서 외국인하고 대화해야 한다고 가라고 한다. 그럴 거면 엄마가 다니면 되는데 굳이 나를 보낸다. 나는 엄마 때문에 강제로 학원을 가는 것 같다.

사교육을 받지 않는 아이를 거의 찾아볼 수 없을 정도니 그야말로 사교육 만능시대다. 공교육만으로 도저히 양이 차지 않고, 누구나 다 다니는 학원을 보내지 않으면 불안한 마음이 앞서니 너도나도 보낸다. 마치 뒤는 없고 멈추지 않고 앞만 보고 달리는 무한 질주 같다. 그렇다고 결승점이 그리 낭만적인 것도 아니다. 살아남기 위해 치열한 경쟁을 뚫어야 하고, 그 경쟁에서 살아남은 이들조차 만신창이가 되어 아프기만 하다.

본보기글 4 _ 다른 고민과 걱정

관계로 힘들어하는 아이도 제법 많다. 집에서 지내는 시간을 빼고 학교에서 지내는 시간이 제일 많으니 어쩔 수 없는 현실이다. 관계가

서투르거나 익숙하지 않은 아이들은 놀림거리가 되기도 하고, 그러다 다툼이 일어난다. 한바탕 싸움이 벌어지고, 화내고 우는 상황이 일어난다. 자초지종을 따져 물으면 서로 탓을 한다.

친구 놀림 국승연(장승초 5학년)

나는 친구들에게 많이 놀림을 받는다. 바로 별명인데 막국수, 사과 쥬스, 비빔국수, 잔치국수, 사과사쥬스크림빵, 두광광, 케팝 바나나라고 부른다. 그다음 노래도 있다.

"할아버지, 할머니 어렸을 적에 먹었던 추억의 사과 막국수~" 이다. 별명과 노래로 애들이 놀린다. 내 친구 우진이도 놀림을 받는데 우진이는 양고기, 징징이, 오장칭, 체리수박이라고 놀린다. 그리고 노래는 "양우진은 양고기, 양고기, 양고기, 숯불에다 구워라. 버터 발라서~" 하고 놀린다.

우진이와 나는 놀림을 받을 때 쫓아가서 때리거나 똑같이 놀린다. 예를 들어서 승윤이가 우진이에게 "양우진은 양고기, 양고기, 양고기, 숯불에다 구워라. 버터 발라서~" 하고 놀리면 나는 "응, 버섯볶음 거지 쉐끼!"라고 한다. 또 민준이가 나에게 "막국수 잔치국수!"라고 한다. 그러면 나는 "놀리지 말라고~" 한다. 그러면 "잔치국수 오늘 나온다고! 잔치국수 먹고 싶다고." 하고 말한다.

나와 우진이는 언제까지 놀림을 받아야 하는지 걱정이다.

관계는 어른이 되어도 풀리지 않는 숙제다.

게임에 빠져 지내는 아이도 제법 많다. 그것이 고민임을 알아차렸다면 그나마 나은 상황이지만 전혀 알아차리지 못하고 날마다 밤새거나 게임에 빠져 사는 아이도 있다. 학교에서 공부 시간에 자고, 집에서 밤새는 악순환이 반복된다. 이 악순환의 고리에 부모의 무관심도 큰 몫을 한다.

통제가 가능한 적당한 게임이야 스트레스 해소에 도움이 되고, 친구들과 관계 형성에도 도움이 될 수 있다. 하지만 지나친 것이 문제다. 또 게임 과정에서 벌어지는 갈등 상황도 생긴다. 비난하거나 욕을 하는 경우다.

게임 고민 노현우(장승초 5학년)

나는 게임을 좋아한다. 왜냐하면 게임은 재밌다. 하지만 가끔은 스트레스를 풀러 오는 게임에서 스트레스를 받는다. 왜 스트레스를 받냐면 욕을 먹기 때문이다. 욕을 먹는 건 적응이 됐는데 패드립을 먹을 때는 진짜 나도 욕을 하고 싶다. 하지만 꾹 참는다.

가끔은 욕 때문에 게임을 안 할 때도 있다. 물론 욕만 먹는 건 아니다. 욕먹을 때보다 칭찬받을 때가 더 많다. 게임에서 받는 칭찬은 현실에서 받는 것보다 훨씬 기분이 좋다. 그래서 욕을 먹어도 게임을 한다. 하지만 진짜 욕을 먹을 때 내가 게임을 못 하는 것 같아 고민이다.

나는 한 캐릭터만 잘한다. 하지만 그 캐릭터를 못 하면 팀들한테 민폐가 되는 것 같다. 가끔은 '내가 게임을 잘 못 하나?' 그냥 '게임 접을까?' 란 생각을 한다.

진짜 나는 팀한테 민폐일까? 고민이다. 게임을 앞으로 해야 할지 아니면 다른 게임을 해야 할지 고민이다.

아이들의 독특한 고민

고민 같지 않은 고민이 어디 있을까. 다른 사람이 보기에 별일 아닌 것 같지만 본인에게는 큰 고민일 수 있다. 모든 고민의 출발은 결국 스스로 마음에 있을 테니까. 그 고민이 고민임을 인정해주고, 들어줘야 한다.

현수는 언제부턴가 재난에 관심을 갖고 유튜브로 재난 영상을 자주 보기 시작했다. 책을 읽어도 전쟁이나 재난에 관한 책을 읽고, 주고받는 대화도 전쟁이나 재난으로 일어나는 일들을 이야기한다. 전 세계에서 일어나는 쓰나미나 지진, 사건이나 사고를 꿰뚫고 있다.

불타는 나의 고민 전현수(장승초 5학년)

말 그대로 나는 불타는 고민이 있다. 고민이 있지만 너무 허무하기도 하다. 내 고민은 바로 핵폭발이다. 번쩍하더니 꽝! 유리창 깨지고 와르르! 너무 무섭기만 하다. 그중에 제일 무서운 게 뭐냐 하면 사람이 불타는 거다. 관련된 영상을 보니 사람이 열선 때문에 불에 타서 피부가 짓무른다고 했다. 책 <맨발의 겐>에서도 그런 장면이 나와서 무서웠다. 그런 걸 보게 되면 나는 온몸에 전기가 흐르는 것 같다.

나는 가끔 '전주에 핵이 떨어지면 어쩌지?' 또 '내일 눈을 뜨면 핵이 터질 것 같아.' 하는 생각을 한다.

나는 너무 무섭다. 요새 남북 관계가 좋지 않는데 북한이 핵을 쏠까 봐 무섭기도 하다. 전주는 김정은 조상의 묘가 있어서 괜찮다고 했지만 그래도 무섭다.

현수 이야기를 들어보면 허무맹랑한 걱정이 아니다. 충분히 공부한 노력도 있고, 걱정하는 마음도 남다르다. 세계 곳곳에서 지금도 전쟁이 벌어지고 있고, 남북한이 휴전한 우리 처지로 남의 일이 아니기 때문이다.

의문의 살의 ○○○

나는 화가 날 때 갑자기 상대를 죽여버리고 싶다는 생각이 든다. 가끔 죽여버린다고 말하는 사람들이 있기는 하지만 나의 경우는 죽이는 장면을 생각하며 얼마나 고통스럽게 죽일까, 어떻게 고통을 줄까 등을 생각한다는 것이다.

2학년 때 했던 생각 중 하나가 진으로 머리뼈를 부숴서 기절시키고, 깨운 후 눈알을 바늘로 판 다음 나무껍질로 피부를 벗긴 후, 온몸의 뼈란 뼈는 가루로 만들고 산 매장시키는 것이니 더 설명을 안 해도 얼마나 심각한지 알 것이다. 거기다가 이런 생각을 하며 분을 삭이니 얼마나 이런 생각을 했겠는가? 아직도 이런 생각이 들 때가 있다. 하고 싶지 않아도 이미 적응해버린 뇌는 반사적으로 이런 생각을 하게 만드는 것 같다.

나는 이 점을 고치고 싶은 데도 화가 나면 어느새 죽이는 상상이 올라온다. 이것을 어떻게 해야 할까?

공부도 잘하고 관계도 아주 좋으며, 학교생활에 전혀 문제없는 아이가 이런 생각을 한다면 교사는 어떤 마음이 들까. 섬뜩한 마음? 정신 분열?

아이와 이야기하면서 아이는 울음을 그치지 않았다. 왜 이런 생각이 떠오르는지 자기도 자신을 모르겠다고 했다. 상상의 꼬리가 꼬리를 문다고 했다. 예전과 견주어 많이 줄어들기는 했지만 가끔 반사적으로 떠오른다고 했다. 이런 생각을 하는 것이 스스로 문제가 있음을 알아차리면서 스스로 엄청난 고민이 있었음을 짐작할 수 있었다. 그렇다고 이 아이에게 정신과 치료나 상담을 권하지는 않았다. 누구나 좋지 않은 마음이 떠오를 수는 있기 때문이다. 하지만 생각했다고 해서 그 생각을 조절하는 마음은 누구나 할 수 있는 게 아니다. 화가 나거나 안 좋은 생각을 할 수 있지만 그 생각을 다스리는 주인은 결국 스스로이기 때문이다.

이 글로 아이와 자주 대화하면서 생각을 나누는 기회가 많아졌다. 그리고 시간이 지날수록 이런 생각은 잦아들었고, 지금은 전혀 문제없이 잘 지내고 있다.

글쓰기로
삶을 가꾸는 교실

11

20년 후의 내 모습

이렇게 수업해요! 120분 · 3차시

- 부끄러운 고백 나누기 10분
- 자살하는 아이들 이야기 5분
- 왜 20년 후의 내 모습일까? 5분
- 20년 후의 내 모습 생각해보기 10분
- 20년 후의 내 모습 글쓰기 40분
- 쓴 글 고쳐보기 15분 · 쓴 글 함께 나누기 30분
- 소감 나누기 5분

부끄러운 고백

　정말 부끄럽게도 나를 만났던 제자 가운데 세 아이가 자살을 했다. 이 생각만 하면 끝없이 작아지고, 누구에게도 말하고 싶지 않은 사실이기도 하다. 또 어떤 때는 제발 꿈이었으면, 하고 생각하게 된다.

　한 아이는 교직 2년 차 때 만났던 아이인데 안타깝게도 대학교 1학년 때 세상을 등졌다. 그 슬픔과 안타까움에 한동안 아이들 앞에서 눈 똑바로 뜨고 수업하지 못했다. 두 번째 아이는 2009년에 6학년 담임을 했었는데 2020년에 창창한 삶을 뒤로하고 죽었다. 다 내 잘못인 것 같아 속상해서 많이 울었다. 세 번째 아이는 첫 제자인데 고등학교를 졸업하고, 장기 하사 복무를 하고, 제대해서 얼마 지나지 않아 죽었다는 소식을 들었다. 말로 다 표현할 수 없을 만큼 안타깝고, 속상하고, 슬프다.

　그 가운데 2009년에 만났던 29명 6학년 아이들은 나에게 참 특별한 아이들이었다. 당시에도 많은 숫자였는데, 퇴근하고는 부모님 취향을 살펴서 소주, 막걸리를 들고 한 달 동안 모든 아이 집에 가정 방문을 했다. 가는 집마다 가정 방문하는 선생은 처음이었기에 무슨 이런 선생이 있어, 하는 분위기였다. 아이 이야기, 집안 이야기로 이야기가 깊어지면 술병도 늘어만 갔다. 한 달 넘게 가정 방문을 마치고 나니 몸무게가 8킬로그램이나 빠졌던 기억이 생생하다.

부모에게 자식이 귀하듯이 내가 담임을 맡았던 아이들 한 명 한 명이 정말 귀하고 소중하다. 또 작은 학교에 근무하다 보니 다는 아니어도 아이들이 어찌 성장하는지 간간이 소식을 들을 수 있다. 벌써 결혼해서 아이를 낳아 잘 키우는 제자도 있고, 결혼한 지 얼마 되지 않은 제자도 있다. 이른 나이에 선생이라는 까닭으로 주례를 여러 번 하기도 했다. 하지만 잘된 아이들이 아무리 많아도 잘못된 아이를 생각하면 내 마음의 생채기는 더 커진다. 그것이 선생이다.

긍정의 힘을 키우는 글쓰기

죽음, 언젠가 우리 삶에서 겪어야만 하는 과정이다. 그럼에도 평안하게, 순리대로 나에게 죽음이 다가왔으면, 하고 바란다. 우리가 둘레에 안타깝게 죽은 사람을 애도하고 추모하는 것은 그 죽음을 잊지 않기 위한 것도 있지만, 그런 안타까운 죽음이 다시는 일어나지 않도록 여러 상황이나 제도를 만드는 데 있다고 본다. 그런 마음이 모였을 때 우리 사회가 안타까운 죽음이 반복되지 않게 하는 힘을 가지게 된다. 하지만 정말 안타깝게도 우리 사회는 그런 분위기가 되지 않았고, 안타까운 죽음을 반복하고 있다.

우리나라 행복도는 심각한 수준이다. 2021년 사망 원인 통계를 보면 10대 사망 원인 1위는 자살(45%)이었다. 전체 자살률 또한 높아서 보건복지부에 따르면 우리나라 자살률은 2020년 기준 10만 명당 27.5명이라고 한다. 이는 미국 자살률인 10만 명당 14명과 타살률인 10만 명당 7.5명을 합한 숫자인 21.5명보다 높다고 하니 참으로 슬픈 현실이다. 어떤 까닭이든 자살 또한 줄지 않고 있다. 우리 사회를 어떻게 바꾸어야 하는가. 우리는 좀 더 따스한 사회를 만들지 못하는 것일까 안타깝기만 할 뿐이다.

자살을 선택하는 사람들은 대부분 마음이 아프다. 우울증은 물론 고난이나 시련을 이겨내는 마음의 회복탄력성도 작다. 드넓은 세상을 살아가면서 누구나 수많은 시련을 겪기 마련일 텐데 그 어려움을 이겨낼 힘이 없는 것이다. 슬픔과 고통, 우울한 상황이 내게 다가왔을 때 그 상황을 이겨내는 힘은 결국 자신의 몫이다. 그때 스스로 마음을 다스리고 이겨내는 힘이 무엇보다 필요하다.

어린 시절, 긍정과 마음의 단단한 힘이 있는 아이들은 어차피 잘 살아가겠지만 그렇지 않은 아이들에게 어떤 활동을 하면 좋을까? 그 아이들과 긍정의 힘을 키우는 활동을 해야 한다. 그 긍정의 힘은 단순히 "좋은 생각 많이 해야 해!" 하고 말한다고 해서 길러지는 것이 아니다.

역시 가장 큰 영향은 부모다. 또 학교에서 누군가를 만나고, 어떤 공부를 하고, 어떤 생각을 했는지에 따라 많은 영향을 받는다.

그 과정으로 20년 후의 내 모습을 생각해보면 어떨까 싶다. 나에 대한 긍정의 모습을 그려보는 거다. 미래를 긍정하고, 기대하는 사람은 결코 우울하거나 마음이 아플 리 없다. 미래의 내 모습을 그려보면서 글을 쓰다 보면 긍정의 힘을 키울 수 있지 않을까. 물론 이런 글쓰기 한 번 한다고 부정적이었던 아이가 단박에 긍정적인 아이가 된다는 건 아니다. 하지만 이런 활동들이 쌓이면 부정을 긍정의 힘으로 조금씩 바꿀 수 있지 않을까. 또 부정의 힘이 강한 아이가 부정의 이야기를 썼다면 그 아이를 좀 더 세심히 살필 수 있고, 마음을 치유하는 기회가 될 수도 있다. 결국 아이의 마음 상태를 살피는 기회가 된다는 거다.

현재 어려움을 회피하지 않고, 직면하는 힘이 있을 때 어려움을 슬기롭게 헤쳐나가는 것처럼 미래를 꿈꾸고 희망으로 살 수 있다면 긍정의 에너지로 마음을 채울 수 있을 것이다.

나이와 상관없이 어린이든 어른이든 10년 후, 20년 후의 내 모습을 그려보자. 우울한 이야기보다 좀 더 신나는 이야기로 내 미래를 꿈꿔보자. 긍정의 힘은 내 삶과 가치관을 좀 더 단단하게 할 수 있다. 내 삶의 가치를 의심하지 않고, 사회로부터 도피하지 않으며 직면할 수 있는 힘을 길러야 한다.

제자의 자살을 겪으면서 '20년 후의 내 모습' 쓰기를 하려고 한다. 그리고 그때마다 자살했던 제자들 이야기를 해준다.

"킹콩은 여러분이 세상을 단단하게 살았으면 좋겠어. 그리고 여러분 삶을 존중하고 가치 있게 생각했으면 좋겠어. 그 과정에서 미래의 내 모습을 좀 더 긍정적으로 그려보는 거야."

부모나 자신을 사랑하는 사람들에게 슬픔을 주지 않는 것, 그것은 20년 후의 내 미래에 대한 내 희망이자 비전이다. 비록 그 모습이 안 될지언정 긍정의 힘으로 희망을 가져야 한다. 요즘처럼 돈을 중시하는 세상에서 좋은 차와 많은 돈을 벌기를 바라는 꿈일지라도 그 글로 아이와 소통하고 이야기를 나눌 수 있다면 그것으로 족하다.

20년 후의 내 모습 생각해보고 글쓰기

어린 시절에는 누구나 푸르른 꿈을 가지고 있다. 무엇이 되고 싶은 것이 너무 많아서 고르지 못하는 아이도 있고, 아직 또렷이 무엇이 되고 싶은 것을 정하지 못하는 아이도 있다. 또 꿈이 또렷해서 일찍 나는 이것이 될 거야, 하고 말하는 아이도 있다. 저마다 다 의미가 있고 귀하다.

20년 후의 내 모습을 생각하면 생각만으로도 기분이 좋아지게 된다. 내가 원하던 직업을 가지고, 낭만적인 상황을 꿈꾼다. 이렇게 좋은 생각을 하다 보면 저절로 웃음이 나오기도 한다.

"여러분이 20년 후면 서른두 살이니까 그때 어느 한 날에 어떤 일이 일어나는가를 상상해보는 거야. 지금 당장 또렷한 장래 희망이 없어도 내가 꿈꾸는 거니까. 지금 쓴 글은 먼 훗날 여러분이 읽어보겠지. 그때 지금 꿈이 이루어지든 안 이루어지든 여러분은 마음에 꿈을 간직하고 사는 거야."

20년 후의 내 모습 전태평(장승초 5학년)

암막 커튼이 쳐진 어둡고 조용한 방에서 알람이 울렸다. 아직 이른 시간인데 누워있는 남자는 잠도 없는지 벌떡 일어났다. 남자는 말없이 알람을 끄고 일어나 화장실로 들어갔다. 알람이 울리길래 깼다. 나는 말 없이 알람을 끄고 화장실로 들어갔다. 내 이름은 전태평. 어찌어찌 대학에 들어가서 졸업하고 대기업에 들어가 다람쥐 쳇바퀴 돌 듯 집, 회사, 집, 회사, 집을 반복하고 있는 회사원이다. '퇴근하고 싶다.' 나는 햇반을 전자레인지에 돌리고 죽을 데우며 생각했다. 이제 출근하려는데 퇴근하고 싶은 마음이 들었다. "땡~" 햇반이 다 되었나 보다. 국도 어느새 다 데워지자 얼른 아침 식사를 마치고 옷을 입고, 짐을 챙긴 후 엘리베이터를 타고 내려갔다.

회사는 걸어서 20분 거리. 출근 시간이 8시고 지금이 7시 30분인걸 보면 커피 정도는 사도 될 것 같았다. 근처에 있는 스벅으로 가서 아이스 아메리카노를 주문하고 비싼 커피값을 낸 후 테이크아웃 잔에 담아 마시며 다시 회사로 걸어갔다.

회사에 도착했다. 들어가자 직장 상사가 반겨주었다.

"왔어? 조금 늦게 와도 되는데. 아, 나는 빨리 와야 될 거 같아서. 우리 공주님이 가지 말라고 하면 발걸음이 안 떨어지거든."

"네."

나는 건정거리는 티가 나지 않게 대답하고 자리에 앉았다. 얼마 전 딸이 태어나서 성격이 확 달라졌다. 또 기분이 좋은 날은 다른 사원의 야근까지 맡아주는 사람이다. 나는 이런 사람들을 볼 때마다 '나는 언제 결혼할까?' 생각한다.

오늘따라 일을 빡세게 하니까 점심시간 때쯤 2/3쯤 끝냈다. 잘하면 5시경에 끝낼 거 같다. 점심으로 회사원들과 설렁탕에 소금과 후추를 뿌려 밥 한 공기 말고 소면도 후루룩 먹고 다시 회사로 복귀했다. 그래도 이 회사는 야근이 없어서 다행이었다. 들어가서 잠깐 쉬고 다시 업무를 시작했다. 갑자기 옆자리 사원이 업무를 시작하자 4시 30분경에 드디어 업무가 끝났다. 나는 들뜬 마음으로 모두에게 인사를 하고 집에 와서 씻고, 옷을 갈아입은 후 버스에 탔다.

얼마 후 버스가 진안에 도착하였다. 오랜만에 고향에 와서 반가운 것도 잠시 머리가 하얗게 세고 검버섯이 올라왔지만 얼굴과 성질은 그대로인 아버지가 날 데리러 오셨다.

"안녕하셨어요?"

내가 묻자 아버지가 "그래."라고 대답했다.

"잘 지냈어?"

"네."

"너네 엄마가 너 온다고 맛있는 것 한단다."

나는 속으로 군침을 삼켰다. 어머니와 아버지는 72세여도 정신은 살아있다. 특히 어머니는 요리 솜씨도 살아있다. 그래서 나는 부모님 집으로 갈 때마다 기대를 한다.

차가 달려 도착한 곳은 아파트. 내가 어렸을 때 살던 집은 팔고, 양계장도 판 다음에 진안 아파트에 살고 계셨다.

"왔니?" 하고 어머니가 날 반겨주셨다. 아버지와 달리 얼굴이 많이 달라지신 어머니. 그래도 음식 솜씨는 여전했다.

"앉아서 밥 먹어."

어머니가 밥상을 가리키며 말했다.

"네."

나는 곧바로 대답을 하고 자리에 앉았다. 메뉴는 청국장이었다. 왠지 오늘따라 청국장이 당겼는데 어머니는 어떻게 알고 청국장을 해주셨다.

"어머니랑 아버지는요?"

"우리는 먹었으니까 너나 잘 먹어라."

"잘 먹겠습니다."

순식간에 밥 두 공기가 사라졌다. 어머니가 "너 굶고 다니냐?" 라고 물었다. 나는 고개를 흔들었다.

"너 이부자리 펴놨으니까 얼른 자. 잠도 잘 못 자고 피곤하겠다."

하고 어머니가 말했다. 나는 피곤했기에 바로 고개를 끄덕였다. 나는 어머니와 아버지에게 인사를 하고 잠자리에 들었다. 내일은 토요일이라 부모님을 모시고 공원에 갈 거다. 내일도 분명 행복할 거다. (2022.12.6)

출근도 하기 전에 퇴근하고 싶다고 생각하는 태평이. 출근하고, 회사에 도착하고, 점심시간에 밥을 먹는 장면까지 하루의 일상을 그림 그리듯 쓰고 있다. 태평이는 외아들이다. 아버지와 센 농담을 주고받을 만큼 친하게 지낸다. 그래서인지 아버지를 표현하면서 '얼굴과 성질은 그대로'라고 표현한다. 지금은 양계장을 하고 계시는 부모님이지만 태평이는 늘 힘들게 일하는 부모님을 걱정한다. 그런 마음이 고스란히 담겨, 양계장을 팔고 진안 아파트에 살고 계신다고 표현했다. 따스한 어머니 밥상은 늘 행복감을 준다. 태평이도 어머니의 요리를 좋아하고 여전히 그 상황은 20년 후에도 변함없다. 마지막에 '내일도 분명히 행복할 거다'라는 표현에서 따스한 집안에서 잘 자라는 태평이를 느낄 수 있다.

이런 글을 쓸 수 있고, 미래의 내 모습을 생각할 수 있는 아이라면 잘 자라지 않을까.

20년 후의 나 전현수(장승초 5학년)

"띠리리리~~"

눈을 뜨니 5시 50분이다. 오늘은 익산에 동굴 탐사를 하러 간다. 나는 곤충 탐사를 위해 가는 거지만 동굴 탐사도 좋아한다.

다음 주는 결혼식이다. 너무 떨린다.

"이제 가 볼까?"

토스트를 물고 출발했다. 6시 50분 기차를 타야 한다. 지금은 6시. 50분이 남았다.

'너무 신나.'

내 2층 집을 나왔다. 나는 진안읍에 사니 차를 타고 전주로 갔다.

'지금 6시 40분이니까 편의점을 가야겠다.'

빵을 사서 기차를 탔다. 7시 50분에 천호 동굴에 도착했다. 천호 동굴 근처에서 새로운 동굴이 발견되었다는 소식이다. 들어가 보니 많은 동굴 생물들이 있었다. 지금까지 발견된 모든 동굴 생물의 대부분이 여기에 서식하고 있었다. 그런데 거기서 내 학창 시절 동기를 축소시켜 놓은 듯한 벌레가 있어서 이름을 장승벌레라고 지었다. 나는 너무 황홀했다.

동굴은 또 생성물이 발달되어 있었다. 석순, 종유석, 석주, 동굴 산호, 종유관 등이 흐드러지게 많았다. 같이 간 동료 20명도 황홀해했다. 흐르는 물을 따라 올라가면 올라갈수록 더 아름다워졌다. 그리고 위에 폭포가 있어서 폭포 옆을 올라가니 제일 아름다운 광경이 펼쳐졌다. 동물들과 생성물들이 어우러져 아름다운 모습이었다. 또 비좁은 통로를 따라 올라가니 조그마한 방이 나오고 샘이 있었다. 거기가 동굴의 끝이었다. (※ 방은 동굴의 넓은 공간을 말함)

다시 입구로 돌아와 네 시간의 동굴 탐사는 끝났다. 다시 진안 집으로 돌아와 점심을 먹었다. 점심은 바로 야키소바와 맥주였다. 점심을 후딱 먹었다.

'아, 이 맛이야.'

맛있게 먹고 장승 동창회를 위해 읍내로 가야 한다. 그러기 전에 논문을 써야 하는데 시간은 충분하다. 장승벌레에 관한 논문을 쓰니 몸이 날아가는 것 같았다.

지금은 5시 50분. 10분 남았으니 식당까지 걸어갔다. 내 친구들을 만나니 신났다. 국대가 되어 유명한 친구들과 부자 친구도 있었다. 오랜만에 친구들을 만나니 오늘 피로가 풀리고 천상에 온 느낌이었다.

9시에 집으로 갔다. 가서 씻고 연구를 하고 잤다. 참신하고 노멀하고 보람찬 하루였다. (2022.12.6)

현수는 지금도 학교 둘레나 산을 탐사하는 걸 좋아한다. 물론 나중에 장래 희망으로 그런 꿈을 꾸고 있기도 하다. '다음 주는 결혼식이다'는 표현도 참 좋다. 요즘처럼 결혼을 하지 않는 세상에서 현수는 결혼을 생각하고 있으니 얼마나 생각이 긍정적인가. 현수는 동생이 셋이

나 있다. 동생들 때문에 자주 힘들어하기도 하지만 그래도 많은 식구와 복작복작 지내는 것이 현수의 긍정 마인드를 키워주지 않았을까.

현수는 장승초에 다니지만 집은 전주다. 그런데 20년 후에는 진안에 살고 있다고 표현한 걸 보니 진안에 애정이 있는 듯하다. 새로운 벌레를 발견하고 그 벌레 이름을 장승벌레라고 지었으니 장승을 얼마나 사랑하는 아이인가.

동굴 탐사를 마치고 진안으로 돌아와 장승초 친구들을 만나는 장면이 나온다. '천상에 온 느낌이었다'는 표현에서 현수의 마음을 짐작할 수 있다.

20년 뒤 내 모습 노현우(장승초 5학년)

알람이 울렸다. 나는 몸을 서서히 일으켰다. 오늘은 크리스마스다. 그래서 직장에 가지 않았다.

"아, 오랜만에 푹 잤네."

나는 기지개를 켰다. 형은 부엌에서 요리를 하고 있었다.

"야, 일어났냐?" 형이 물었다.

나는 "일어났다. 왜."

"너는 어릴 때랑 성격이 달라진 게 없어."

형은 말을 그만두고 마저 요리를 했다. 나는 형이 해준 요리를 먹고 다시 침대에 누웠다. 오랜만에 휴식을 하니 좋았다.

내 직업은 경찰이다. 직업이 경찰이어서 그런지 나는 살이 점점 빠지고 근육이 붙었다. 나는 핸드폰을 보았다. 그러다 문득 친구들이 보고 싶었다. 나는 카톡으로 "애들아, 오늘 만날래?" 애들은 온다고 했다.

12시 30분까지 애들을 만나러 가야 한다. 우리는 전주에서 만나기로 했다. 형과 내 집은 서울에 있다. 전주까지는 좀 많이 멀다. 나는 빨리 옷을 갈아입고 현관문으로 갔다.

"어디 가냐?" 형이 물었다.

"친구 만나러."

"밥 먹고 오냐?"

"어, 먹고 온다." 나는 대답을 하고 현관문을 나갔다. 전주 밥집에서 모였다. 친구가 물었다.

"왜 불렀냐?"

"심심해서."

"고작 그 이유로?"

"응."

친구들이 배고프다고 했다. 우리는 밥을 먹고 옛날에 다니던 장승초등학교로 갔다. 지금은 학생이 없어서 없어졌다. 우리는 학교 쪽을 바라보았다. 그때 한 친구 폰이 울렸다. 친구가 전화를 받고 우리에게 말했다.

"야, 나 지금 집에 오래."

다른 애가 "우리도 그만 해산하자."

우리는 각자 집으로 갔다. 나는 집에 도착해서 씻고 침대에 누웠다. 형이 "야, 저녁 먹어라." 나는 "알겠다." 대답을 하고 밥을 먹었다. 밥을 먹고 침대에 누웠다. 내일 출근을 하려면 빨리 자야 된다. 그럼 메리 크리스마스. (2022.12.6)

경찰이 된 현우는 크리스마스 풍경을 썼다. 현우는 형과 티격태격하지만 그래도 둘도 없는 친구처럼 지낸다. 오랜 시간이 지나도 그렇겠지. 서울에 살지만 친구들을 만나러 멀리 전주까지 찾아올 수 있는 마음. 막상 만나면 특별히 할 이야기가 있는 건 아니다. '학생이 없어서 장승초가 없어졌다'는 표현에서 현우도 지금의 어려운 현실을 알고 있는 것이겠지. 그래도 장승초가 없어지지 않도록 노력해볼게.

글을 보며 아이들 마음을 보다

몇 편의 글을 보면서 아이의 현재 마음 상태를 짐작할 수 있게 된다. 세 편의 글을 쓴 세 아이는 몸과 마음이 건강하게 자라고 있고, 훗날도 건강한 모습으로 자라 있으리라.

20년 후의 내 모습 쓰기는 단순히 한 번 하는 이벤트 글쓰기가 아니라 내 미래의 모습을 그려보면서 현재 내 마음 상태를 살필 수 있는 글쓰기다. 혹시 부정적인 글을 쓴 아이가 있다면 그 아이와 상담을 할 수도 있다. 무엇보다 이런 글쓰기는 현재 마음 상태를 살필 수 있고, 미래를 살아갈 내 삶의 모습을 그릴 수 있게 된다. 20년 후든 30년 후든 몇 년인가는 중요하지 않다. 아이가 살아갈 미래의 모습을 그려보는 거다.

가끔 생각하는 게 있다. 어렵고 힘들게 자란 시절이 삶을 살아가는 데 힘이 될까, 하는 생각이다. 돈 많은 집에 편안하게 태어나 누리며 사는 사람들을 보며 부러워했던 어린 시절이 있었으니까. 하지만 저마다 삶이 있고 그 삶을 귀하게 여기며 살다 보면 그 안에 나름의 행복이 있지 않을까 생각해본다. 해마다 아이들과《몽실언니》를 읽는데 그 책을 보면 정말 힘들게 살아가는 게 이런 것인가, 할 정도로 어려움을 많이 겪는다. 그렇지만 삶의 끈을 놓지 않고 열심히 살아가는 우리 둘레의 이웃들을 보며 힘을 얻는다. 우리 아이들도 내면의 힘이 단단해서 어려움을 슬기롭게 이겨내며 살아갔으면 좋겠다.

12
책으로 만들어가는 교실

이렇게 수업해요! 80분·2차시

- 마법의 책 소개하기 5분
- 우리 반 학급문고 책 소개하기 20분
- 날마다 책 읽어주기 소개 5분
- 독서 감상문 이야기 10분
- 줄거리로 쓴 독서 감상문 소개 15분
- 느낌을 담은 독서 감상문 소개 20분
- 소감 나누기 5분

마법의 책 만들기

　20년이 넘어서 빨간색 표지는 해지고, 책 안쪽은 곳곳이 찢어졌다. 어느 정도 찢어진 것이 아니라 너무 많이 찢어지고 해져서 곳곳이 테이프로 붙인 자국이다. 이 낡은 책 한 권이 무슨 의미가 있을까? 하지만 이 책은 해마다 학년 초에 아이들에게 보여주는 단골 책이기도 하다. 쪽수가 700쪽이 넘는 책이다. 아이들은 도대체 무슨 책일까 궁금해한다.

　"얘들아, 이 책 한번 볼래? 702쪽이나 되는 책이야. 그런데 이게 동화책이야."

　"예? 동화책이라고요?"

　"이 책은 벌써 스무 살이 넘었는데 이 책에 마법이 있어."

　"마법이 있다고요?"

　마법이라는 말에 "에이, 거짓말." 하고 생각하는 아이들이 대부분이지만 그래도 해진 책을 바라보며 귀를 쫑긋한다.

"진짜 이 책에 마법이 있어. 지금까지 이 책을 읽었던 아이들은 자신이 하고 싶은 일을 하거나 잘 크고 있거든."

어른이든 아이든 단순히 동화책은 얇고 편하게 볼 수 있는 책이라고 생각하는 경향이 있다. 그런데 700쪽이 넘는다는 말에 깜짝 놀란다. 하지만 정말 동화책이다. 아는 분들이 계시겠지만 책 이름은 바로 《끝없는 이야기》다.

앞에서 '맥락'을 이야기했지만 같은 '끝없는 이야기' 책이라고 해서 스무 해 넘게 여러 사람의 손과 마음을 거친 책과 새로 산 책이 같을 수는 없다. 내가 소중하게 아끼는 물건도 다른 사람이 보기에 별 가치가 없어 보이지만 나만의 '맥락'으로는 의미가 있고 소중한 물건이다.

선생님들이 참 재미나게 읽는 책이 있다면 아이들과 함께 읽으면 좋겠다. 그 세월이 쌓이고 쌓이면 그 책에 오랜 시간의 의미와 맥락이 쌓이게 된다. 아이들에게 교사가 의미를 가진 책 한 권을 소개하면서 마법의 책으로 소개하면 아이들도 귀 쫑긋, 또렷한 눈으로 그 책을 신기하게 바라볼 것이다.

우리 반 학급문고 만들기

2002년 동향초등학교 3학년 담임이었던 시절, 책 읽어주기가 뭔지도 모르던 신출내기 교직 4년 차였다. 교대에 스물다섯에 입학해 스물

아홉에 졸업하고, 첫 발령을 받아 서른두 살이었던 때다.

새 학년을 시작한 지 얼마 되지 않던 3월 어느 날, 학부모 한 분이 교실로 찾아왔다. 귀농·귀촌을 한 지 몇 해 된 분이었는데 노동운동을 하다 내려오셨다는 이야기를 듣기는 했지만 잘 알지 못하는 분이었다. 그런데 그분이 아이들에게 그림책을 읽어주고 싶은데 주마다 국어 한 시간을 내줄 수 있느냐는 부탁이었다. 흔쾌히 좋다고 했다. 그림책은 나도 모르는 분야이고, 아이들에게 도움이 될까 싶어 응했다. 불가근불가원(너무 가까이도 말고 너무 멀지도 않게 하라는 뜻)이 학부모를 대하는 자세라는데 나는 전혀 그렇게 생각하지 않았다. 오히려 학부모와 친하게 지내야 한다는 나름의 생각은 있었다.

그 학부모는 주마다 내가 전혀 모르는 그림책을 두 권씩 학교에 가지고 왔고, 지금은 사라진 OHP 필름으로 그림책을 떠서 아이들에게 꾸준히 읽어주었다. 바쁘지 않은 때이든 바쁜 농사철이든 준비해오시는 정성도 대단했고, 꾸준히 책 읽어준 이야기를 연필로 빼곡하게 주마다 한 쪽씩 글도 쓰셨다. '저런 정성이 어디서 나올까.' 신기하기도 했고, 선생보다 더 정성으로 아이들을 대하는 자세도 훌륭해서 배울 점이 정말 많았다. 물론 읽어주는 그림책을 보며 자연스레 공부가 되었다. 더군다나 그때는 전혀 교실 일기를 쓰지 않을 때였으니 큰 자극이 되었고, 나를 돌아보게 했다. 그 일기를 보며 '정말 대단한 분이네. 배울 점이 많네.' 하고 생각했다.

얼마 지나지 않아 그 학부모는 나에게 또 한 가지 제안을 했다.

"선생님, 제가 어린이도서연구회 회보를 선생님께 구독시켜 드리고 싶어요."

그림책은 물론 책에 대해 전혀 모르던 시절이라 그런 책이 있는지 전혀 알지 못했다. 그래서 공부가 되겠다 싶어서 염치없이 얼른 좋다고 대답했다. 그리고 그 학부모는 한발 더 나아가 "선생님, 교실에 학급문고가 없으니 학급문고도 만드시면 좋을 거 같아요." 했다. 나는 그렇게 선생 노릇 처음으로 학급문고를 만들게 되었다. 달마다 사비로 좋은 책 열 권 정도를 사면 그 어머님이 책 표지 앞부분에 '깨끗하게 씁시다. 잘 읽읍시다.' 이렇게 코팅해서 붙여놓았고, 뒤에는 예전에 도서관에서 이용하던 방식인 편지 봉투를 오려 붙인 다음 카드에 읽은 느낌을 적을 수 있도록 만들어주었다. 그렇게 학급문고는 점점 늘어서 수백 권이 되었다.

학급문고를 운영하면서 동화책을 더 많이 읽게 되었고, 좋은 동화책이 어떤 것인지 자연스레 알게 되었다. 또 아이들도 책을 더 많이 읽게 되고, 함께 읽은 책으로 소통할 수 있는 기회도 많아졌다. 책을 별로 좋아하지 않다가 학급문고에서 교사가 권해주는 책을 읽고 관심을 가지면서 책을 좋아하게 되는 친구도 있었다.

책은 참 재밌다 신서원(장승초 6학년)

6학년이 돼서 킹콩이 책을 많이 읽으라고 몇십 개 정도 되는 줄

글 책에서 한 명씩 모두 읽으라고 그랬다. 몇십 개 되는 것을 애들끼리 돌아가면서 모두 읽으라고 했다. 거기에는 쌤이 재밌는 책만 있다고 했지만 나는 별로 책을 안 좋아해서 '내가 저것들을 다 읽을 수 있을까?' 하고 생각했다. 쌤이 하나하나 책을 소개해 주셨는데 그중에 내가 읽어본 것도 있고 안 읽어본 것도 있었다. 나는 공포나 미스터리 판타지 그런 것을 좋아하는데 쌤이 '내가 나인 것'이라는 책을 소개할 때 내가 좋아하는 내용 같아서 처음 읽을 책으로 그걸 선택했다. 읽으면서 그게 일본 작가가 쓴 책이어서 이름이나 그런 게 좀 어려웠는데 책에서 뺑소니 사건 같은 것도 있어서 재밌었다. 그걸 빨리 읽고 '살아난다면 살아난다'를 읽었다. 판타지 비슷한 거여서 재밌었다. 그렇게 두 책을 읽고 책이 진짜 재밌어서 또 '파랑 여자 분홍 남자'를 읽고 엊그제 '가족이 되다'를 읽었다. 난 지금까지 읽은 책 중에 '가족이 되다'가 제일 재밌었고 감동적이었다. 거기에는 서우, 서준이가 나오는데 엄마가 많이 아프셔서 서우는 서준이 돌봐주랴 학교 가랴 서우가 제일 힘들었다. 그런데 또 서우는 학교에서 괴롭힘을 당하고. 그런데 갑자기 엄마 장례식을 치른다. 결국에는 쌀쌀맞은 예원 아줌마랑 가족이 되는데 진짜 감동적이다. 토요일에는 내가 게임하고 "ㅋㅋㅋ" 이러면서 있었는데 옆에서 아빠가 '가족이 되다'를 읽으면서 "훌쩍훌쩍" 운다.

　킹콩 덕분에 책이 좋아졌고 믿거나 말거나지만 킹콩이 '끝없는 이야기'를 읽으면 행운이 온다고(?) 했는데 행운은 필요 없고 빨리 책을 읽어보고 싶다. 기회 되면 나니아 연대기도 한번 읽어보고 싶긴 하다. 근데 앞에 차례가 많아서 못 읽을 수도 있을 것 같다. 좋은 책을 읽으면 책이 말해주는 교훈 때문에 나 자신을 돌아볼 수도 있고 책이 주는 감동 때문에 가슴이 벅차오르면서 눈물이 나기도 한다. 나는 그런 책이 좋아졌다. (2021.05.24)

정말 재밌게 읽은 책은 또 읽고 싶어지고 가슴에 깊이 남아 있다. 이런 경험을 한 아이와 하지 않은 아이는 큰 차이가 있다. 정말 책이 재밌구나, 하는 마음이 들 수 있도록 책을 가까이 할 수 있는 기회를 많이 줘야 한다. 더불어 좋은 책을 교사가 알고, 아이에 맞게 책을 권해주는 것도 필요하다. 이런 과정이 아이에게 녹아들 때 책을 좋아하지 않던 아이도 책을 좋아하게 된다.

날마다 꾸준히 책 읽어주기

2009년, 진안중앙초에서 6학년 담임이었을 때 날마다 아침에 8시 20분부터 50분까지 하루 30분씩 책을 읽어주었는데 한 해 동안 두꺼운 책으로 스무 권 넘게 읽어준 기억이 생생하다.《몽실언니》《나의 린드그렌 선생님》《사자왕 형제의 모험》《저 하늘에도 슬픔이》《밥데기

죽데기》 등 내가 재미있게 읽었던 책을 아이들에게 읽어주었다. 그 이후로도 해마다 만나는 아이들에게 꾸준히 책을 읽어주고 있지만 하루 30분을 꾸준히 읽어주지는 못하고 있다. 그래도 내가 재미있게 읽고, 아이들과 충분히 소통할 수 있는 책이면 아이들과 읽으며 대화를 나눌 수 있어 좋다.

"선생님, 그때 책 읽어줬던 게 지금도 책 제목까지 떠올라요. 그리고 제가 공부하는 습관이 한 가지 생겼는데 그때부터 중요한 건 핸드폰에 소리로 녹음하고 들으면 공부가 잘되는 거예요."

그 아이 가운데 대학생이 된 한 아이가 했던 말이다. 듣는 능력이 생겨 공부할 때도 중요한 것은 듣기로 녹음해 반복해서 듣는다는 거다. 내가 책을 꾸준히 읽어준 것이 정말 큰 도움이 되는구나, 하는 생각에 한 가지를 하더라도 꾸준히 해야겠다는 생각을 다시금 하게 되었다.

부모로서 자녀가 어렸을 때 책을 꾸준히 읽어주다가도 아이들이 자라면 책 읽어주기가 무슨 소용이 있겠어, 하고 생각하기 쉬울 수 있지만 교육적 효과는 나이를 가리지 않는다는 연구 결과도 있다. 더군다나 교실에서 담임이 한 해 동안 책을 꾸준히 읽어주는 노력은 아이들 변화에 대단한 힘을 지니고 있음을 경험적으로 알 수 있다.

독서감상문의 명과 암

"책 읽고 독서감상문 쓰자."고 말하면 아이들 표정은 금세 일그러진다. 책은 그냥 편하게 읽고 마음으로 소화하면 되는데 굳이 어른들은 감상문을 쓰게 한다. 물론 정말 좋은 책을 읽고 나면 무엇인가 글로 남기고 싶은 책도 있기는 하다.

우선 '독서감상문'이라는 말과 '책 읽고 느낌글'이라는 말의 느낌이 어떤가? 독서감상문이라는 말은 딱딱하고 틀에 얽매인 느낌을 준다. 하지만 책을 읽고 느낌글을 쓴다고 하면 좀 더 부드러운 느낌을 준다.

편하게 느낌글 쓰기를 하게 하려면 저학년 때부터 길게 독서감상문을 쓰기보다는 짧은 석 줄이나 넉 줄 정도로 시작하는 게 좋다. 기억에 남는 장면이 어디인지, 주인공이나 등장인물에게 하고 싶은 말이 무엇인지, 내가 작가라면 어떤 장면을 어떻게 바꾸고 싶은지 등 여러 질문을 해보는 것이 좋다.

아이마다 따로 책을 읽는 것도 좋지만 교사가 미리 읽고 어떤 이야기를 나누면 좋을지, 감정을 살려 어떻게 읽어줄지 미리 생각하고 아이들과 함께 나누면 훨씬 효과가 좋다.

《벌거벗은 코뿔소》는 재미있는 동물들을 등장시켜 사람이 사는 세상을 풍자한 책이다. 동물들이 많이 나오니 아이들이 참 좋아했다. 황새는 알아듣기 어려운 말을 해서 남을 헷갈리게 하고, 다람쥐는 입에서 나오는 대로 불쑥불쑥 말하고, 자기는 뚜렷한 의견도 없으면서 남이 하는 말에 핀잔을 주는 하이에나에 이르기까지 인간 세상을 그대로 담고 있다. 코뿔소 코로바다가 친구들을 다 내쫓고 영리한 새 쪼아쪼아에게 속아 동상이 되어 움직이지 못하다가 결국 벌거숭이 신세가 되었을 때는 아이들이 불쌍해하기도 했다. "그 후에 코로바다는 어떻게 되었을까?" 하고 물으니 아이마다 생각이 모두 제각각이다.

• 힘이 세고 잘 난 건 좋은 것이 아니다. 또 부자가 되려고 하지 말고 보통으로 살면 더 좋다. 왜냐하면 부자가 되면 도둑이 들어와 나를 죽이고 돈을 훔칠 수 있으니까 평상시로 살 거다. (이한결)

• 코뿔소가 욕심을 부리고 거만하고 나쁜 짓은 했지만 그래도 너무 불쌍하다. (박선경)

• 자기가 힘이 세다고 벌거벗은 코뿔소처럼 남을 괴롭히면 안 된다. 정말 나쁘다. (방현국)

• 아무리 좋은 일이라도 그 후에 일을 생각하고 일을 해야 하는데 코뿔소는 앞일을 전혀 생각하지 않고 하다가 결국 당했다. (이윤혜)

• 코뿔소는 욕심이 아주 많다. 내가 뱀과 치타와 사자와 멧돼지와

코끼리였으면 코끼리와 멧돼지로 오른쪽과 왼쪽을 뿔로 항복하게 만들어 버리고 사자와 치타와 다른 동물들이 코로바다의 갑옷을 뜯어버린 다음 동물들에게 얼씬도 못하게 만들 텐데... 코로바다 한 명이고 자기들이 더 많으면서 코로바다에게 지다니 생각을 못하는 바보들 같다. (허순호)

석 줄 쓰기나 짧은 글쓰기로 여러 번 쓰다가 조금씩 학년이 올라가면 글밥도 늘고, 내용을 읽고 마음으로 소화한 내용도 제법 깊어진다. 하지만 아이마다 편차가 있을 수밖에 없다. 어떤 아이는 책을 읽고도 어떤 내용인지 잘 살피지 못하고, 늦게 읽는 아이도 있고, 또 빠른 속도로 읽으면서도 내용을 훤히 알고 자기 생각을 잘 이야기하는 아이도 있다.

처음부터 두꺼운 책을 권하기보다는 얇고 글밥이 적은 책부터 차근차근 권해주는 것도 좋다. 책에 흥미를 느끼면 자연스레 글을 쓰는 경우도 있다. 누가 시키지 않아도 쓰고 싶어서 쓰는 거다. 독서감상문 대회에 작품을 내서 상을 받지 않아도 자신이 쓰고 싶은 마음이 생기면 쓰게 된다.

갑자기 글이 쓰고 싶어졌다. 어쩌면 독서감상문같이 보일지도 모른다. 나니아 연대기를 읽고 있다. 나는 책을 많이 읽는 사람들이 상상력이 풍부하다고 들었는데 나는 아닌 거 같아 그냥 흘려들었다. 글을 쓰는 지금 생각해보면 만화만 봐서 그런가 싶다. 소공녀, 앨리스 그리고 나니아 연대기 이야기 중 한 권. 그렇게 세 권이 우리 집에 있다. 글밥이 많고, 재미없어 보여서 가볍게 내가 좋아하는 소공녀부터 읽어보았다. 이 책들을 샀을 당시다. 그런데 웬걸, 너무 재미있어서 네 번째 읽고 있다. 나도 세라 같은 아이가 되고 싶다. 그 세 권을 읽으며 작가라는 꿈이 생겼다. 네버랜드클래식 소공녀를 읽고 있자면 어느샌가 나는 세라와 함께 민친 선생 여학교에 가 있고, 에밀리도 보고, 다락방에도 와 있다. 물론 세라에겐 내가 보이지도 만져지지도 않는다.

아, 글을 쓰다 보니 본론에서 벗어났네. 어쨌든 세 권의 세계 명작을 읽는 동안 내 상상력은 엄청 자라 있었다. 천 쪽짜리 나니아 연대기를 읽고 있는데 정말 그건 세기의 명작이다. C.S 루이스는 어디서 그런 발상이 났는지 암튼 천재다. 읽는 동안 나니아에 있는 듯한 기분이다. 아슬란의 황금 갈기와 새벽 출정호의 모험들. 정말 착각이겠지만 내 눈에 보인다. 나도 그런 글을 써보고 싶다. 새벽 출정호에서 바다 군대 이야기가 나오는데 진짜 내 눈에 보인다. 정말이다. 진짜다. 믿기지 않겠지만 직접 나니아 연대기를 읽어보면 알 거다. 벌써

800쪽이다. 나니아의 모험이 곧 있으면 끝난다니 너무 너무 아쉽다.

꿈이라도 꾸었으면.

아, 그리고 앨리스는 내가 여긴 이상한 나라인가, 현실인가 하는 생각이 든다. 하도 이상해서 덮어버릴 수도 있겠지만. 끝까지 안 읽으면 못 배길 것 같은 기분 때문에 덮을 수도 없다. 억지로 덮어도 생각이 떠나지 않는다. 근데 다 읽었는데도 '이게 뭐지? 난 이걸 왜 읽었냐?' 하는 아리송한 생각이 든다. 하여튼 정말 진짜 말과 글로는 표현이 잘 안될 정도로 이상하다. 학교에 비밀의 화원 네버랜드 클래식이 있던데 빌려봐야겠다.

누가 시켜서 도저히 쓸 수 없는 책에 대한 느낌글이다. 저절로 쓰게되는 느낌이 이런 거다. 책에 나오는 장면이 내 눈에 펼쳐 보인다니, 이 이상 대단한 책 읽기가 어디 있을까? 현실의 세계와 책의 세계를 넘나드는 마음이 생긴다면 완전히 책에 푹 빠진 상태다. 한 번 읽은 책을 여러 번 읽는 것도 책에 푹 빠진 상태다.

줄거리 쓰기는 안 좋은 것일까?

책을 읽고 독서감상문을 쓰는데 줄거리만 쓰는 아이들이 있다. 그러면 교사는 "줄거리만 쓰는 게 아니라 네 생각을 써야지." 하고 종종 이야기한다. 그러면 아이는 답답한 표정으로 "별로 생각이 없는데요." 하고 대답한다. 줄거리만 쓰는 게 꼭 안 좋은 것일까? 그렇지 않다. 자신이 읽은 책을 떠올리며 다시 정리하는 것은 좋은 과정이다. 단지 독서감상문 대회에서 상을 받지 못할 뿐이지. 굳이 생각을 쓰라고 강요할 필요는 없다.

《나니아 연대기》를 읽고 쓴 글의 일부 박예준(장승초 6학년)

톰누스는 루시에게 나니아에 대해 조금 알려준 뒤 루시에게 사람이냐고 묻는다. 사람인 루시는 당연히 사람이라고 대답한다. 톰누스는 루시를 데리고 집으로 갔다. 원래 루시는 돌아가려고 했지만 톰누스가 붙잡아서 어쩔 수 없이 따라간다. 톰누스 집에서 어떤 차를 마시며 이야기를 하다가 톰누스가 나니아 자장가를 들려준다. 나니아 자장가를 듣고 있던 루시는 난로를 보는데 불들이 모양이 바뀌면서 어떤 사람들이 원을 그리며 놀고 있었다. 그때 톰누스네 집에 있던 초에 불들이 꺼지고 루시가 들고 있던 찻잔과 컵이 바닥에 떨어져 깨지고 루시는 잠이 들었다. 처음에는 톰누스가 나쁜 애 같다고 생각했다. 그러다가 루시가 깨어나고 톰누스는 몸을 웅크리고 있었다. 톰누스가 자신은 너무 나쁘다고 나쁜 짓을 했다고 했다. 그래서 루시가 그게 무슨 말이냐는 듯이 뭐라고 말했다. 그 말이 기억이 안 난다.

톰누스가 루시에게 너를 납치할 거라고 했을 때 루시가 톰누스에게 "우리 친구 잖아요."라고 말한다. 결국에 톰누스는 루시를 집으로 돌려보낸다. 루시는 집으로 돌아갔는데 나니아에서는 많은 일들이 있었지만, 집에서는 시간이 가지 않았다. 그래서 루시가 나니아로 가기 전에 있던 일이 돌아오고 난 뒤에 이어지고 있었다. 그러니까 나니아에 있을 때 현실에서는 시간이 안 간다는 말이다. 루시가 언니와 오빠들에게 얘기를 했지만 믿어주지 않았다. 루시는 밤에 다시 옷장에 들어간다. 그 때 에드먼드가 따라간다. 루시는 톰누스에게 갔고 에드먼드는 루시를 찾다가 하얀 마녀를 만난다. 하얀 마녀는 무섭게 생겼다. 내 생각만 그런지도 모르겠지만 말이다. 하얀 마녀는 에드먼드에게 왕이 될 수 있다며 유혹한다. 에드먼드는 넘어가게 되고 하얀 마녀는 다시 썰매를 타고 간다. 에드먼드는 가만히 서 있었는데 루시가 나타난다. 루시는 에드먼드가 온지 몰랐기 때문에 놀라기도 하고 여기서 뭐하냐고 물었다. 그렇게 다시 집으로 돌아가서 루시는 신이 났는지 피터와 수잔을 깨운다. 깨운 뒤 나니아는 진짜 있다고 작은오빠도 봤다고 말한다. 그렇지만 에드먼드는 거짓말을 한다.

대부분 내용이 줄거리다. 예준이 말을 빌리면 중간에 조금씩 기억이 안 나는 장면도 있었지만 대부분 장면이 생생해서 그 장면을 기억하며 썼다고 한다. 우리가 영화를 보고 영화의 장면이 생생히 떠오르면 그 영화 이야기를 다른 사람에게 풀어낼 수 있다. 영화평을 할 수 있는 단계가 되기까지 주로 줄거리를 기억하는 것만으로도 의미가 있다. 책도 마찬가지다. 책을 읽고 평을 할 수 있는 수준이 안 되었다고 결코 낮은 단계라고 할 수 없다. 그렇게 줄거리를 쓰고 싶으면 쓰고 싶은 대로 쓰고, 느낌을 쓰고 싶으면 느낌을 쓰면 된다. 예준이가 다른 책《가족이 되다》라는 책을 읽고 쓴 글이다.

가족이 되다 박예준(장승초 6학년)

오늘로 《가족이 되다》를 다 읽었다. 가족이 되다는 서우, 서준이 이야기이다. 서우가 형이고 서준이는 동생이다. 서우네 엄마는 아파서 매일 누워있고, 밥도 조금씩 먹고, 말 할 때도 힘이 없다. 아빠는 돌아가셨다. 서우는 아침 일찍 밥을 준비하고, 서준이 어린이집에 보낸다. 어린이집 버스가 올 때마다 버스와 싸우는 아줌마가 있다. 그러다가 어느 날 서우네 엄마가 돌아가신다. 그 후로 집 문 앞에 반찬이 배달된다. 누구에게서 오는지 모른 채 감사하다는 쪽지를 남기고 밀알 보육원으로 떠난다. 그 보육원에 가서 예원 아줌마를 만난다. 예원 아줌마는 매일 아침 어린이집 버스와 싸우는 아줌마이다. 아줌마는 아이가 없어 아이 있는 집을 썩 좋아하진 않는다. 그러다 결국 나중에는 아줌마네 부부는 서우, 서준이의 엄마, 아빠가 된다. 처음에는 서우가 불쌍했다. 엄마는 아프고, 동생은 어린이집을 보내며 바쁘고 힘든 생활을 하는데 학교에 가면 아이들이 놀리고 괴롭힌다. 보는 내가 다 슬펐다. 이해가 조금 가기도 했다. 모두 이해가 간 건 아니었지만 친구 없는 슬픔은 조금 알겠다. 나도 친구들이랑 놀지도 못하고, 누가 내 실내화도 잘라놓았기 때문이다. 그래서 조금은 더 이해가 갔다. 그래도 나중에 가족을 만나게 된 것을 봤을 때는 정말 기뻤다. 행복해 보여서 너무 좋았다. 이야기에서 잔소리를 들어도 짜증내거나 화내지도 않고 잔소리가 좋다는 듯 말한다. 이 책을 읽으면서 부모님들의 잔소리를 듣는 것이 이렇게 좋은 일이었는지 생각하게 되었다. 또 부모님들이 잔소리하는 이유는 우리를 위해서라는 것도 또다시 깨달았다. 나는 엄마, 아빠가 모두 있다는 것에 정말 감사하고 나중에 후회하지 말고 지금 잘해야겠다는 생각도 들었다. 나도 서우처럼 마음이 단단해지면 좋겠다. 서우는 학교에서 괴롭힘을 당해도 꾹 참았다. 일이 커지면 선생님들이 부모님을 불러오라고 할까 봐 그랬다. 엄마가 아프신데 속상하게 하지 않기 위해서 말이다. 서우는 정말 착하다. 또 그 점이 안타깝기도 했다. 부모님께 더 잘해야겠다는 생각은 들었지만, 몸이 그대로 따라줄지 걱정도 되었다. 그래도 노력해야겠다. 세상 사람들 모두 슬픈 일은 없고 행복한 일만 있으면 좋겠다.

그게 맘대로 되는 것은 아니지만 그랬으면 좋겠다. 다음에 읽을 책은 렝켄의 비밀이라는 책이다. 오늘 읽은 것만 해서 32쪽까지 읽었다. 렝켄의 비밀은 어떤 책일지 궁금하다. 렝켄의 비밀은 이렇게 내

책에 쓸까 말까 고민이다. 내가 책을 읽고 느낀 점은 더 자세하게 쓸 수는 있지만 내용을 간단히 써야 이야기가 이어지는데 내용이 기억이 안 날 때도 있고 팔도 좀 아프기 때문이다. 그래도 그건 렝켄의 비밀을 다 읽고 생각해보아야겠다.

이 글도 앞부분이 줄거리지만 중간 부분부터 '친구 없는 슬픔은 조금 알겠다'처럼 책의 내용을 내 삶과 견주어보는 작업을 하기 시작한다. 또 '부모님들의 잔소리를 듣는 것이 이렇게 좋은 일이었는지 생각하게 되었다'고 나를 돌아보기도 한다. 서우처럼 마음이 단단해지면 좋겠다고도 하고, 세상 사람들 모두 슬픈 일은 없고 행복한 일만 있으면 좋겠다며 내 생각을 밝히기도 한다. 화려한 느낌글은 아니지만 책으로 내 삶을 돌아보고 내 마음을 살피기도 한다. 이렇게 마음에 오는 책을 읽으며 가볍게 내 생각을 쓰다 보면 책 읽기도 좋아지고 점점 깊어지게 된다.

내 생각을 쓰는 문장은 어떤 장면에서 나만의 생각을 담아내는 것이다. 《가만두지 않을 거야!》(2022, 내일을여는책) 책을 읽고 아이들이 느낌을 표현한 장면들이다.

• 이 말을 가슴 깊이 새겼고, 제가 시험을 보거나 외로운 일이 있

으면 전 이 말을 떠올리며 저 자신을 위로했다.

- 나는 바닥에 있는 손바닥만 한 크기의 가래침을 여진이처럼 닦을 만한 용기는 없는 것 같다.

- 내가 킹콩샘이었다면 아주 야구방망이로 패고 싶을 정도로 화가 났을 것이다.

- 나는 친구들에게 착하게 대해주려고 노력하는 편이다. 그래서 부들이 같은 아이를 비난하지는 않을 것이다.

- 학급에 문제가 생기거나 힘든 아이가 있을 때 리더가 되어 학급의 문제를 해결하고, 힘든 아이를 도울 수 있는 사람이 되고 싶다.

- 부들이는 욕을 하고도 킹콩샘한테 혼나지 않은 게 신기하다.

- 용기를 내어 부들이가 진짜 부회장 선거에 나갔다는 게 대견하다.

- 다른 아이들은 부들이가 분노조절장애여서 대부분 싫어하는데 여진이는 싫어하지 않고 부들이를 잘 대해주는 모습이 참 대단했다.

책을 읽으면 내 마음에 다가오는 어떤 장면이 있기 마련이다. 그 장면에서 내가 하고 싶은 말이나 주인공에게 또는 등장인물에게 하고 싶은 이야기를 글로 쓰면 된다. 자신의 마음을 있는 그대로 담아낼 때 좋은 독서감상문이 될 수 있다.

나만의 학급문고를 만들고 아이들과 꾸준히 책을 읽다 보면 자연스레 아이들도 독서감상문을 쓰게 된다. 마치 교사가 교실 일기를 쓰면 아이들도 덩달아 일기를 꾸준히 쓰는 것처럼.

13
갈등으로 글쓰기

이렇게 수업해요! 160분·4차시

- 교실에서 일어나는 '갈등' 이야기하기 5분
- 갈등 상황 읽어주기 50분
- 내가 겪고 있는 관계의 어려움 생각해보기 5분
- 모둠별로 우리 반에서 일어났던 관계가 힘든 상황 이야기 나누기 15분
- 정리하기 5분
- 집에서 글 써오기 과제
- 써온 글 나누기 80분

'학교'라는 사회

"아이가 요즘 학교에서 힘들어해요."

"우리 아이는 요즘 사춘기인가봐요."

저마다 다른 처지의 아이들이 교실 안에서 복작복작 살아간다. 더군다나 작은 학교 아이들은 여섯 해를 꼬박 그렇게 살아가야 한다. 잘지내면 그렇게 좋기도 하지만, 서로 맞지 않고 잘 못 지내면 6년이란시간이 얼마나 힘들고 고통스러울까.

상처받은 아이들, 상처를 준 아이들, 조용히 있는 듯 없는 듯 지냈던 아이들, 나무랄 데 없이 훌륭하게 잘 지낸 아이들. 아이들이 앞으로살아가야 할 사회처럼 학교도 그리고 교실도 작은 사회나 마찬가지다. 아이들이 좀 더 몸과 마음이 건강하게 자라길 바라는 마음으로 작은학교 살리기 운동을 했고, 장승초라는 학교를 찾아서 왔지만 안타깝게도 온전히 사회의 굴레를 벗어날 수 없는 노릇이다. 모든 아이가 완벽한 아이일 수는 없으니까.

한 학교에서 6년을 복작거리며 보내고, 졸업을 앞둔 아이들 이야기를 들어보면 속이 시원하다는 아이도 있고, 시원섭섭하다는 아이도 있다. 또 꼴도 보기 싫어 장승이 지긋지긋할 수도 있겠고, 애틋한 마음이 드는 학교일 수도 있겠다. 애증이 교차하는 마음도 있겠다 싶다. 결국 아이들은 초등학교를 졸업하고 또 다른 사회인 중학교를 다녀야 한다. 결국 아이들 몫이다. 아이들은 그렇게 자라 어른이 될 테니까. 힘든 과정에서 그나마 부모님이나 다른 어른이 도와줄 수 있는 아이라면 괜찮겠지만 그렇지 못한 아이는 어디에 기대거나 하소연하지 못하고 혼자서 끙끙 속앓이한다.

갈등 상황 1 _ 관계는 누구나 어렵다

아침에 아이들이 어떻게 지내는지 지난주 들었던 이야기들을 떠올리며 일곱 여자아이를 아이마다 따로 불러 이야기를 나누었다.

"요즘 힘들지 않아?"

"……"

"샘이 듣기로는 힘들다던데."

"지금은 괜찮은데요?"

누구나 감정 흐름이 있듯이 아이들도 변화무쌍하다. 불과 몇십 분 동안에도 감정은 오락가락한다. 좋았다가 화가 났다가 슬펐다가 기뻤다가 한다.

"그래, 무슨 일 있으면 샘에게 이야기해."

그렇게 말하고 며칠이 지나니 또 문제가 생겼다. 끊임없이 갈등이 생긴다. 그러면 그 가운데 몇 아이는 힘들어한다. 오늘도 아이들을 따로 불러 만나야겠구나, 싶어서 여자아이들 일곱 명을 불렀다. 오랜만에 일곱 아이가 둥그렇게 앉았다.

"요즘 잘 지내고 있지?"

대답이 시원하지 않다. 그러다가 나오는 한 마디.

"예전보다 나아요."

관계는 어떤지, 우리가 살아가는 세상은 어떤지 구구절절 이야기를 늘어놓다 보니 나만 이야기하고 있다.

"누가 누구를 챙기라고 하면 그것도 왠지 불편해요."

"일곱 명이 함께 다니는 것도 스트레스예요."

그렇다. 이렇게 관계가 억지로 되지 않음을 아이들도 자연스레 성장하며 알아차리고 있다.

"근데 샘은 우리 마음을 어떻게 다 알아요?"

"다는 모르지만 그래도 나이 먹으면서 아픔과 슬픔, 괴로움을 많이 겪었으니까."

둥그렇게 앉아 20분 정도 이야기를 나누다 보니 자연스레 아이들 사이에 웃음기가 조금씩 보인다.

"우리 이렇게 이야기하고 과학 수업 안 가면 안 돼요?" 한다.

"안 돼. 그러면 남학생들이 싫어하잖아."

아이들과 이렇게 자주는 아니어도 이야기를 나누어야겠다는 생각을 더 한다. 오랜 시간 동안 불편한 관계가 지속되면 좋은 관계로 회복하는 데도 더 오랜 시간이 걸린다.

"나중에 너희들 힘들 때 가장 먼저 떠오르는 사람이 부모님이잖아. 그다음이 킹콩이고 싶어. 너희들이 어려운 순간에 떠오르는 사람이 되고 싶어."

결정적인 순간에 떠오르는 사람. 아이들에게 그런 존재이고 싶다.

"샘이 꼭 하고 싶은 말은 이야기 안 하면 아무도 모른다는 거야. 누군가 내 마음을 알아주겠지 하지만, 혼자 마음으로 꽁하고 있으면 아무도 모르니까. 안 좋은 일이 있거나 마음이 힘들면 샘에게 이야기 꼭 해줘. 내가 신도 아니고 열아홉 모두의 마음 상태를 순간순간 알아차릴 수 없잖아. 그러니까 그때마다 이야기 꼭 해줘. 나는 도와주는 사람이니까."

이 말은 아이들뿐만 아니라 학부모들에게도 똑같이 유효한 말이다.

다음 글은 일곱 여자 아이들이 같은 상황에서 저마다 다르게 느끼는 글이다. 서로 이런 글을 나누며 마음을 이해하는 과정이 있으면 좋겠다는 생각이다.

걱정 임태연(장승초 6학년)

난 다음 주 수요일이 걱정된다. 다른 애들한테는 기분이 좋은 날이다. 왜냐면 학교에서 6학년끼리 야영을 한다. 근데 잠잘 때 어떻게 잘 건지 정해야 한다. 사실 이미 다 정했다. 킹콩 집에서 잘 때는 아인, 윤아, 나, 유민, 예준, 서원, 유연 이렇게 나란히 누워서 잤다. 근데 이번엔 저번에 잤던 사람끼리 안 붙기로 해서 정해진 팀이 윤아, 유민, 서원이 그리고 나, 유연, 아인, 예준이다. 근데 난 유연, 아인, 예준이랑 자는 게 좀 어색하고 불편했다. 근데 그렇게 말하면 애들이 상처받을 것 같아서 "얘들아, 나 3명 있는 데에서 자고 싶어!"라고 말했더니 애들은 "진작 말했어야지"라고 했다. 나중에는 그냥 솔직하게 말했다. 근데 서원이는 "안 친한 사람끼리 자야 친해져."라고 했다. 근데 맞는 말이어서 아무 말 못 한다. 그리고 이건 내 생각인데 난 윤아랑 유민이랑 다니면 편해서 자주 다니는데 서원이는 내 자리를 차지하려고 하는 것 같다. 근데 차지해도 상관없다. 암튼 그래서 그런지 더 자리를 바꾸고 싶지 않은 것 같다. 그리고 나중엔 윤아가 나랑 바꿔 준다고 했는데 난 서원이 눈치가 보여서 안 바꿔도 괜찮다고 했다. 딴 애들은 윤아 눈치를 더 보는 거 같은데 난 서원이의 눈치를 더 보는 거 같다.

내가 불편해하는 이유는 윤아, 서원, 유민, 나는 보통 밖에서 뛰어놀거나 보드게임을 하고 노는데 유연, 아인, 예준이는 그냥 앉아서 책보거나 그림을 그린다. 그래서 나랑 좀 안 맞는데 잘 때 같이 자야 하니깐 그게 조금 걱정인 것이다. 그리고 결국 딴 애들은 바꾸고 싶지 않은 것 같아서 못 바꿨다.

대수롭지 않은 일일 수도 있겠지만 집에 아이들을 초대했을 때 자던 잠자리 위치도, 학교에서 야영할 때 잠자리 위치도 아이들에게는 엄청 큰일이었다. 마음이 조금 불편한 사람과 같은 공간에서 숨을 쉬는 것조차 불편할 수 있다는 생각을 해보니 정말 그렇구나 싶다. 또 아이마다 성향이 다르고, 자신의 성향과 비슷한 사람과 더 놀고 싶고, 친해지고 싶은 마음은 어쩌면 아주 당연한 일이기도 하다. 무엇보다 불편한 마음이 있을 때 그 마음을 꽁꽁 담아두지 말고, 표현할 수 있는 힘이 있다면 그나마 낫겠다 싶다.

친구들 신서원(장승초 6학년)

일단 이 글을 쓰는 이유부터 말하고 시작해야겠다. 킹콩이 여자애들을 기사님들이 쉬는 곳으로 불러 이야기했다. 대충 내용은 어떤 일이 있으면 그걸 우리(여자애들)가 슬기롭게 풀어나가는 것이 진짜 친구라고 하고, 한 명씩 친구 관계 때문에 힘들었던 거나 속상했던 것을 이야기했다. 그때 이야기한 것, 속상했던 것으로 여자애들은 글을 써오라고 했다.

내가 기분이 안 좋았던 것을 말하려면 텐트 사건부터 이야기해야 겠다. 킹콩이 우리 반 야영을 할 때 학교에서 1박 2일을 하는데 그때 강당에서 모두 텐트를 치고 잔다고 했는데 여자애들은 텐트 2개에 4명, 3명으로 자야 한다고 했다. 나는 '그냥 아무렇게나 자면 되겠다.' 생각하고 한동안 그렇게 지내다가 태연이는 텐트가 4와 3으로 갈리는 것이 신경 쓰였나 킹콩한테 "쌤, 여자애들 어떻게 해요?" 쌤은 "그냥 자면 되지 그게 어려워?" 태연이는 "아니." 그랬다. 그러다 며칠 전에 다목적실에서 텐트에서 잘 자리를 누가 정하자고 해서 정하려고 하니 막상 아이디어도 없고, 자고 싶은 사람끼리 자면 항상 자던 사람끼리 자기도 하고 선택을 못 받은 사람은 상처받을 수도 있어서 제일 최근에 킹콩네 집에서 잘 때 옆에 안 자본 사람이 붙어서 4, 3으로 정해보자 해서 그렇게 했다. 그때 우리가 어떻게 잤냐면 아인-윤아-태연-유민-예준-서원-유연 이렇게 자서 끝에 잔 아인이와 유연이가 붙고 또 윤아와 내가 붙고 태연이 예준이가 붙고 그렇게 해서 아인, 유연, 태연, 예준 그리고 윤아, 서원, 유민 이렇게 됐다. 그래서 다 만족하면 이렇게 하자 하고 다 괜찮냐고 물어봤는데 다 괜찮다고 해서 그렇게 하려고 하는데 태연이가 말은 괜찮다고 하지만 표정에 너.무.싫.다 라고 써있었다. 태연이한테 의견 (아이디어) 있으면 한 번 말해 보라고 했는데 태연이가 짜증 섞인 말투로 "그냥 이렇게 하면 되잖아."라고 해서 좀 마음에 걸렸다.

　　(내 생각에는 태연이가 윤아, 유민이랑 하고 싶은 것 같았다.) 그래서 태

연이는 "나 3명 있는 데에서 자고 싶어" 라고도 말했는데 나랑 태연이랑 (서각하러 가는 버스에서) 이야기해보니까 그건 윤아, 유민, 나랑 자고 싶어서 말한 핑계라고 했다. 그리고 예준이, 아인이랑 있으면 어색해서 불편하다고 그랬다. 그때까지만 해도 그렇게 알았는데 유민이가 나한테 말을 해줬다.

"서원, 태연이가 너한테 서원이, 윤아, 나 (유민이) 끼리 자고 싶다고 말을 했대." 나는 "응, 맞아. 서각하러 갈 때 버스에서 그랬어." 하니까 유민이가 "근데 태연이가 나한테 이렇게 말했어. 그렇게 말한 거는 서원이 앞이어서 그냥 그렇게 말한 거고 그건 개뻥이래."

그렇게 말을 듣는 순간 뒤통수를 복싱선수한테 맞는 느낌이랄까. 진짜 그랬냐고 태연이한테 말하려다 참았다. 이런 일이 처음은 아니었다. 태연이가 내 앞에서는 그렇게 말하고 뒤에서는 유민이한테 다른 말을 하고. 또 태연이는 나한테 유민이 뒷담을 까고 다른 애들도 나한테 와서 뒷담을 까는데 내가 뒷담화를 들어주는 사람도 아니고 또 내가 누명이라고 해야 하나 뒷담화 들어줬다고 나한테 누명 씌우고. 그것 때문에도 힘들었고 또 내가 공감대가 없는 건 사실이지만 인스타그램, 게임 등등 그런 이야기를 굳이 태연이, 유민이, 윤아는 내 앞에서 해야 하나? 그래서 소외되는 기분이 들기도 했고 태연이가 친하다고 너무 당연하게 하는 행동과 말투에 대해서도 좀 힘들었고 달무티 할 때도 나한테 아무렇지도 않게 "닥쳐" "꺼져" "어쩌라고" 이런 말이 상처를 주기도 한다. (그건 유민이가 제일 그럴 거다)

태연이가 유민이한테 그런 말을 할 때 나나 애들이 "태연아?" 하면 "내 알 바 아니야." 항상 그랬다. 일단 태연이가 친하다고 하는 행동은 태연이도 고쳐 본다고 했으니 기다려 보고.

또 요즘에도 조금씩 느끼는 건데 예전에 비하면 아니지만 예준이가 되게 뒤끝이 세다. 그래서 자기가 기분이 나빴던 것으로 해서 계속 말하는데 그런 게 좀 적응이 안 된다고 할까 암튼 기분이 안 좋았다.

이렇게 내가 최근에 속상했던 거, 기분이 안 좋았던 것은 여기까지다. 더 있긴 한데 다른 건 사소한 거여서 괜찮을 것 같다. 진짜로 윤아, 아인, 유민, 유연, 예준, 태연이는 좋은 친구들이니 중학교 가서도, 고등학교 가서도, 대학교 가서도 어른이 돼서도 친하게 지내고 싶다. 친하게 지내자 예쁜 친구들아~

때때로 어른도 힘든 관계를 아이들이 원만히 해결해나가기를 바라는 마음은 욕심일 수도 있겠다. 더군다나 딱 정해진 답이 있는 것도 아니고, 과정에서 슬기롭게 풀어가는 연습을 한 것도 아닐 테니 순간순간 일어나는 일을 잘 풀어가기란 쉽지 않기도 하다.

태연이와 서연이가 쓴 글을 읽다 보면 태연이가 생각하는 시선과 서원이가 생각하는 시선이 많이 다름을 알 수 있다. 누구나 생각이 다를 테니까. 또 저마다 사람은 성향도 다르다. 같은 일을 겪어도 느낌이

나 강도가 아주 다르다.

이렇게 쓴 글을 서로 바꿔 읽고 상대방 마음을 조금이라도 헤아리는 노력을 하다 보면 그랬구나, 하고 서로의 마음을 이해하고 살필 수 있게 된다. 물론 글을 쓰는 것이 내 생각을 있는 그대로 드러내는 글이어야 하지만 누군가를 비난하는 것이 되어서는 안 된다.

상처주고 상처받고, 이제 실을 풀어갈 이야기 김유연(장승초 6학년)

여자애들 일을 뒤돌아보면 내가 상처를 준 적도 있고, 상처를 받은 적도 있다. 상처를 주고 난 뒤에는 후회가 되고, 상처받으면 그 순간 울고 싶어지고 다시 생각하면 울컥해진다. 아무리 생각해도 상처를 주고받는 근원은 '말' 같다.

올해 4월쯤인가? 실과가 끝나고 예준이와 애들을 찾으려고 돌아다니다가 2학년 교실에 갔는데 거기서 애들이 미조샘이랑 공기를 하고 있었다. 들어가려고 하니 태연이가 "응~ 너 꺼져~ 응~ 너 나가~ 응~ 너 필요 없어~" 이런 식으로 말을 툭툭 뱉었다. 그 순간 '내가 이 소릴 들으려고 그렇게 애들을 찾아 다녔나?' 하면서 울컥하기도 했다. 워낙 내가 유리 멘탈이어서 그런 걸 수도 있지만 친구를 보자마자 그런 식으로 말하니까 기분이 진짜 안 좋았다. 뭐 이 일이 제일 기분이 나빴다 그건 아니고 그냥 늘 이런 식으로 얘기를 하니까 상처를 받는다는 거다. 그리고 이건 아까 서원이가 했던 얘기인데 뭐 서원이도 그렇고 나도 그렇고 게임을 안 하는데 윤아, 유민, 예준인 게임이 가능하니까 게임방을 만들어서 게임을 하는데 학교에 와서도 그 얘기 하니까 살짝 나만 못 하는 그런 살짝 소외감이 든다. 태연이도 인스타로 윤아, 유민이와 영상통화도 하는 것 같고, 서원이도 마크인가? 아무튼 살짝 온라인 게임도 해서 애들과 얘기가 되는데 난 온라인으로 할 수 있는 건 아무것도 없어서 그런 얘길 할 때 살짝 그렇다.

솔직히 상처받으면 정말 아프고 더 왠지 모를 눈치가 보이는데 (내 개인적인 생각) 상처를 주면 그 뒤에 죄책감이 더 힘든 것 같다. (난 그랬는데 애들은 잘 모르겠다.)

어쩌면 '난 이런 일로 상처받지 않으니까 애들도 상처 안 받겠지?' 라는 생각일 수도 있다. 하긴 내가 유리 맨탈이니까.

태연이가 말을 함부로 하는 건 최근에는 노력을 해서인가 좀 잦아들었는데 가끔 서원이 눈빛이 너무 무섭다. 어이없게 그냥 장난으로 '이쁘다!' 이런 식으로 말을 하면 나오는 눈빛! 많은 잘못은 아니고 살짝 잘못을 하면 뭔지 모를 그 무서운 눈빛으로 살짝 흘겨보는데 너무 눈치가 보인다. 솔직히 내가 유리 맨탈에 상처를 엄청 잘 받는 성격이라서 그러는 걸 수도 있지만. 난 계속 그 눈빛이 불편하다. 내가 마치 죄를 지은 느낌이랄까?

이 얘기는 애들이 좀 이렇게 안 했으면 좋겠다는 건데 수업 시간에 계속 물어보거나 집중할 때 쓸데없는 얘기를 하는 거다. 요즘은 태연, 유민, 윤아가 가끔 한다. 수업 시간에는 집중 좀 하고 싶은데.

솔직히 지금은 많이 괜찮아진 거다. 뭐가 괜찮아진 거냐면 애들이 하는 행동 말이다. 그때는 내가 더 맨탈이 약하긴 했지만 2학년 때는 왕따를, 3학년 때는 상처받은 기억이 많고, 4학년 때는 눈치가 최고치였다. 그래서 속상해서 혼자서 울고. 뭐 그건 옛날 일이니까 아무튼 6학년 되어서 엉킨 실이 좀 풀렸나 했는데 다시 꽁꽁 엉켜버린 거다.

가끔 상처 되는 말을 들으면 확 쥐어 패버릴까 생각을 했지만 그럼 그 애도 상처를 받으니까 '에이, 내가 참고 말지.' 이런 정신으로 꾸역꾸역 참는다. 그런데 킹콩 얘기도 듣고 체리새우도 읽으니까 '내가 참고 말지.' 정신보다는 '어쩌라고!' 정신이 나에게 더 필요하다는 걸 느꼈다. 오늘 쌤이 말한 것처럼 계속 연습해봐야겠다. 근데 잘 할 수 있을지 모르겠다. 계속 상처를 받으면 '어쩌라고' 정신보다는 '내가 참고 말지' 정신이 더 쎄질 것 같다. 가뜩이나 자존감이 낮은데 말이다. 자존감이 좀 올라갔으면. 솔직히 예준이나 아인이처럼 혼자 다니고 싶은 맘도 조금은 있다. 왜냐면 같이 다니면 눈치도 보이고 왠지 모르게 더 스트레스를 받는 것 같다. 그냥 난 중간이 좋다. 어느 쪽도 아닌 딱 중간.

그리고 서운한 게 있는데 내가 뭘 잘못 말하거나 행동하면 좀 쎄고 무섭게 말하는 거 진짜 무섭다. 좀 너그럽게 봐주면 안 되나? 아무튼 난 말 좀 조심하고 특히 뒷담! 뒷담 진짜 별로다. 쌤도 말이 중요하다고 몇 번이나 말하니. 뭐 요새는 하나 안 하나 모르겠지만. 적어도 뒷담은 되도록 하지 말고 말 좀 이쁘게 하면 좋겠다!

어떤 말을 해도 쉽게 상처받지 않는 사람이 있는 반면에 대수롭지 않게 했던 말에도 쉽게 상처받는 사람이 있다. 사회생활을 하다 보면 관계에서 흔히 일어나는 일이다. 유연이는 쉽게 상처받는 소위 '유리 멘탈'이다. 혼자 생각이 많고, 그 생각에 혼자 힘들어하기도 한다. 하지만 이건 생각이 깊다는 거다. 다른 사람을 배려하는 마음도 크고, 사람과 관계에서 상대방을 잘 챙기고 세심한 부분까지 신경 쓰는 아주 좋은 벗이 될 수 있는 가능성이 높다. 하지만 이런 성격이니 말을 거칠게 하거나 쉽게 말하는 사람과 잘 맞지 않는다.

다른 사람이 볼 때 아주 사소한 일인 것 같지만 '내가 참고 말지.' 정신보다 '어쩌라고!' 정신이 자신에게 필요하다는 걸 안 유연이. 누군가가 말을 해서 성격이 바뀔 수 있다면 좋겠지만 성격이란 게 누군가 이야기한다고 해서 쉽게 바뀌는 게 아니다. 그래도 자신이 느끼고, 노력하는 과정에서 예전과 다르게 조금씩 단단해지겠지. 어차피 학교라는 공간도 작은 사회일 수 있으니 그 작은 사회에서 서로 다른 성격의 사람들을 겪어보고 그 과정에서 서로를 헤아리는 마음이 생기고, 자신을 돌아보는 힘이 생긴다면 이 또한 귀한 공부라 할 수 있겠다.

언젠가는 해야 할 이야기 김유민(장승초 6학년)

학교에 와서 킹콩이 우릴 불렀다. "여자애들 나와 봐."라고 했다. 버스 기사님이 쉬는 곳으로 불렀다. 거기엔 태연이가 앉아있었다. 저번 주 금요일에도 윤아랑 나랑은 킹콩이랑 상담을 했었다. 킹콩은 나부터 여자애들 사이에 불편한 점을 말하라고 했다. 나는 솔직히 불편한 건 별로 없었지만 상처받는 말이 더 싫었다.

처음엔 이야기를 안 했다. 그리고 조금 있다가 애들 몇 명이 말하고 다시 나보고 말을 해보라고 킹콩이 말했다. 나는 "불편한 건 아닌데, 여자애들끼리 수다를 떨 땐 서로서로 상처주는 말을 해요." 쉬는 시간이 되면 어느 자리에 모여서 여러 가지 이야기를 하는데 이야기할 때 말을 함부로 "닥쳐~" 이런 식으로 장난스럽게 말한다. 자기가 생각했을 때 만만한 친구를 건든다. "너한테 한 말 아닌데!" 이렇게 사람을 민망하게 만들기도 하고, 장난을 심하게 칠 때도 있다.

나는 여러 가지 생각을 했다. 말할 건 많은데 정작 말하면 그다음 일이 상상이 된다. 눈치가 보이고 소외당할 것 같은 기분이다. 우린 이렇게 모여서 말한 게 몇 번 없다. 3학년 때는 그냥 싸우면 같이 안 놀고 끝났다. 4학년 때는 여자애들 모임이란 걸 해서 서로 화나는 거나 안 그랬으면 좋겠는 거 등을 말하고, 안 친한 친구끼리 팀을 만들어서 논다. 처음엔 그렇게 텃밭에 물도 주고 했는데 이젠 다 같이 놀아야겠다고 해서 다 같이 중간 놀이 시간에 한가지의 놀이를 정해서 했다. 그치만 도서관에서 책 읽는 걸 좋아하는 아이, 조용히 자유시간을 갖고 싶은 아이, 뛰어놀고 싶은 아이 등 다 놀이가 갈렸다. 그리고 5학년 때는 이영상 쌤이랑 상담을 했다. 근데 우리는 좋아지지 않았다. 우리끼리 이야기를 했다. 그나마 6학년 때는 킹콩이랑 여자애들 다 같이 하는 상담을 한다. 킹콩이 뭉친 실을 하나하나 슬기롭게 풀어나가야 한다고 했다.

우린 이야기를 시작했다. 이것이 불편했어요, 이렇게 말하고 킹콩이 우리한테 이런 일은 슬기롭게 풀어나가야 한다고 말하고 있는데 남자애들이 킹콩이 왜 안 오냐고 우리가 말하고 있는데 흘깃흘깃 웅성웅성했다. 그러고는 이야기를 계속 이어 나갔다. 5분~10분으로 이야기를 더 하고 수업하러 들어갔다. 수업하는 내내 태연이 표정이 썩 좋지 않았다. 밥 먹을 때도 혼자 나가고 밥 먹고 나서 우리 쪽으로 와서 다시 아무 일 없던 척 친해졌다. 밴드시간에 킹콩이 아이스크림을 사 와서 이야기하면서 먹었다. 그거와 같이 태연이의 표정은 다시 밝아졌다. 언젠가는 해야 할 이야기를 킹콩과 풀어나갔다.

관계에서 중심을 잡지 못하고 분위기에 휩쓸리게 되면 관계가 오락가락하게 된다. 또 어떤 때는 왜곡된 이야기가 오고 가면서 비난과 오해, 억측이 난무하게 된다. 하지만 누군가 한 사람이 중심을 잡고, 왜곡된 이야기나 오해가 있을 때 흔들리지 않고 관계를 회복할 수 있도록 도우면 흔들리던 관계도 다시 돌아오게 된다. 그 중심을 잡는 사람. 아주 중요한 역할이다. 유민이가 그런 역할을 잘해야 하는 아이다. 어느 편에 흔들리지 않고 여러 아이와 두루두루 잘 지내며 관계를 회복할 수 있도록 바른 정보를 전달하는 역할이다.

작은 학교에서는 여섯 해 동안 함께 지내기 때문에 관계가 좋지 않으면 오랫동안 힘든 관계에서 어쩔 수 없이 살아야 한다. 아니면 전학을 가는 수밖에 없다. 그래서 되도록 빨리 관계가 회복될 수 있도록 둘레 어른이 도와주어야 한다. 수십 년을 살며 수많은 사람을 겪어도 좋은 관계를 만들어가는 것을 제대로 알지 못하는데 이젠 갓 십 년 넘게 산 아이들이 스스로 원만하게 관계를 풀어갈 수 있다고 믿는 건 지나친 욕심이 아닐까. 관계가 잘 풀리지 않을 때는 어떻게 풀어야 하는지 이야기도 나누고, 어려움을 겪을 때는 함께 고민을 나누며 해법을 찾아가는 과정을 여러 번 거치다 보면 아이들도 관계의 얽힘을 풀어가는 과정을 읽을 수 있지 않을까.

글과 이야기로 풀기

아이들과 글과 이야기로 관계 푸는 과정을 여러 번 겪고 나서 "좀 더 편안해졌어요." "이제 조금 자신이 생겼어요." 하는 이야기를 아이들에게 들었다. 하지만 그런 과정 전까지 오랫동안 서로 눈치를 보기도 하고, 상처를 받기도 한다. 그리고 어떤 말을 해야 하는지 고민하고, 행동 하나도 조심해서 하게 된다. 그런데 글을 쓰고 이야기를 나누면서 속이 시원하다는 이야기도 들리고 후련하다는 말도 듣는다. 답답한 마음, 속상한 마음을 누구에게 제대로 표현하지 못하고 눈치만 보며 속앓이했을 시간을 생각하면 안타깝지만 이런 것도 아이들이 성장하는 과정이라 믿는다. 다만 그 과정이 너무 길지 않고 스스로 깨닫고 성장할 때 다른 사람을 더 이해하고 마음도 자라게 된다.

혹시 반 아이들이 이런 갈등 과정을 겪고 있다면 아이들과 1 대 1 또는 1 대 2 또는 1 대 다수 등으로 다양하게 아이들과 상담하기를 권해본다. 더불어 아이들이 답답해하는 지점이 무엇인지 직면할 수 있도록 이야기를 풀어가야 한다. 아이들이 다른 아이들 눈치 보지 않고 솔직하게 풀어내는 과정이 가장 중요하다. 내 문제는 없는지, 가장 큰 문제가 무엇인지, 갈등 상황에서 어떤 일이 반복되고 있는지 직면하는 것이다. 직면하려면 회피하지 않고, 그 상황에 들어가야 한다. 이런 과정에서 무엇보다 자신의 마음을 있는 그대로 드러내고 상대방의 시선을 있는 그대로 존중하는 노력이 필요함을 새삼 느낀다. 나와 생각이 다른 사람은 언제든 있고, 내 생각이 존중받아야 하는 것처럼 다른 사람의 생각도 존중받아야 함을 느끼고 깨달으면서 아이들도 성장한다.

갈등 상황 2 _ 온전히 마음을 내보이기

엄청 기대하고 즐거워야 할 체육 시간인데 왕복달리기 때문인지 월요일 1교시를 아주 싫어했다. 체육 시간이 즐겁지 않으니 주마다 한둘씩 꼭 안 가는 아이들이 있다. 오늘은 가희, 가연, 혜원이 이렇게 셋이 체육을 안 갔다.

"어디 아파?"

가끔 아프다고 체육을 안 가던 아이들이다. 가연이와 혜원이는 둘이 친해서인지 둘이 체육을 안 간 게 벌써 여러 번이다.

"머리가 아파서요."

"저는 다리가요."

"가연이하고 혜원이는 꼭 둘이 함께 자주 아프네?"

자기들도 눈치가 있는지 머쓱한 표정이다.

"체육 샘한테 이야기하고 오면 안 될까?"

아이들은 머뭇머뭇하다가 "샘이 같이 가주시면 안 돼요?" 한다.

"그래, 그럼 같이 가자."

체육관으로 가니 한창 체육수업을 하고 있다. 오늘은 웬일인지 왕복달리기를 하지 않는다. 그래서 그런지 체육을 하는 아이들 표정도 밝다. 체육 선생님은 "니들 아파서 그러는구나. 그래 알았어. 교실로 가." 하고 배려한다. 나도 고맙다고 인사를 하고 가려는데 아이들 사이에 앉아 있던 수희 표정이 좋지 않다. 아침에 무슨 일이 있었구나, 싶었다.

"수희야, 표정이 안 좋네. 일본은 잘 다녀왔고?"

말이 끝나자마자 마음이 여린 수희가 갑자기 울기 시작한다. 체육 선생님도 놀라셨는지 "수희 무슨 일 있구나. 선생님이랑 이야기해봐." 했다. 세 아이 체육 쉰다고 말하러 왔다가 수희 마음도 살피게 되었다. 그런데 정말 우연히 이 아이들 넷은 1학기 때부터 관계 때문에 힘들어하던 아이들이었다.

'3교시도 전담 시간이니 이번 시간하고 3교시까지 해서 이 아이들하고 함께 이야기해봐야겠다.' 하고 생각하고 잘 됐다 싶었다. 따로 여러 번 이야기하면서 충분히 들어주고, 고민도 나누었지만 쉽게 해결되지 않는 여러 문제가 있었다.

교사 회의실에 의자 다섯 개를 둥그렇게 놓고는 다 같이 앉았다.

"요즘 어떻게 살고 있는지 이야기도 나누고, 지난주에 샘이 이야기했잖아. 서로 마음에 담아둔 것들이 있으면 함께 풀면 좋을 듯해서." 하고 먼저 내가 이야기를 꺼냈다.

수희는 아직도 눈가가 촉촉하다. 내가 이야기를 꺼내니까 더 운다. 자리에 있는 것조차 많이 불편한 듯하다. 가연이와 혜원이는 단짝이고, 수희는 두 아이와 끼어서 놀고 싶었지만 잘 끼지 못했다. 가희는 이도 저도 아니어서 두루두루 잘 지내는 것도, 그렇다고 아이들과 못 지내는 것도 아니었다.

"서로 마음에 담아두었던 일이 있으면 이야기해보면 어떨까? 너희들끼리 왠지 친하다는 느낌보다는 형식으로 지낸다는 느낌이 들 때가 있어서."

자리가 어색하기는 했지만 그래도 울먹이던 수희가 맺힌 게 많았는지 먼저 말을 꺼냈다.

"있잖아요. 저는 가연이랑 혜원이랑 저를 안 끼워줄 때 많이 서운했어요. 그리고 이번에 일본 다녀올 때도 가희가 저에게 차갑게 할 때는 기분이 아주 안 좋았어요."

옆에 앉아있던 가희는 진안군 합창단원으로 일본 공연 갈 때 수희와 함께 다녀왔다. 그런데 다녀오는 과정에서도 친하게 지내지 않은 듯했다. 마주 보고 있던 혜원이와 가연이도 할 말이 많은 듯했지만 선뜻 이야기를 꺼내지 못하고 길게 숨을 내쉰다.

"샘, 저희들끼리 이야기할 수 있도록 자리 비켜주시면 안 돼요?"

수희가 울먹이면서도 자기들끼리 시간을 달라고 했다. 전에도 마음에 맺힌 것이 있으면 울먹이면서 몇 번 이야기를 한 적은 있지만 늘 개운하게 풀린 적은 없었다.

"그래, 그러면 시간을 줄 테니까 마음에 서운했던 이야기들 있으면 먼저 풀어." 하고 자리를 비켜주었다. 십분 쯤 지났을까? 똑똑 문을 두드리고 안을 보니 이야기가 잘 풀린 듯했다. 수희는 눈이 통통 부어있고, 다른 아이들도 얼굴이 상기된 표정이었다.

"쉬는 시간이니까 잠깐 쉬고, 3교시 전담 시간에 다시 만날까."

아이들은 쉬는 시간 십 분을 쉬고, 2교시에는 음악 공부를 했다. 이어서 하는 것보다 중간에 생각할 시간을 갖는 것도 좋겠다는 생각이 들었다.

3교시에 과학 전담 시간이어서 전담 선생님께 말씀을 드리고 아이들과 이야기를 이어갔다. 그런데 그 과정에서 한 사람이 더 늘어났다. 규림이다. 규림이는 여러 아이와 잘 지내는 편이기는 하지만 늘 관계로 고민이 많은 아이였다.

"규림이가 새로 왔는데 함께 이야기해도 괜찮겠지?" 하니 아이들도 모두 동의한다.

"우선 아까 너희들끼리 이야기를 나누기는 했는데 좀 더 속 깊은 이야기를 하려면 글로 쓰는 것도 좋을 듯해. 그래서 내가 종이 한 장씩 줄테니까 이 자리에서 서운했거나 속상했거나 힘들었던 이야기들을 풀어내면 좋겠어. 무엇보다 '솔직'하게 쓰는 게 중요해. 언제 어떤 일을 어떻게 겪었고 왜 속상했는지 누구나 이해할 수 있게 쓰면 좋겠어."

마음이 흥분되어 있을 때 글을 쓰라고 하면 사실 잘 써지지 않는다. 물론 말을 할 때도 흥분한 상태로 이야기하면 자신의 감정이 앞서기 마련이다. 하지만 일정 시간이 지나고 나서 지나간 이야기를 쓰게 되면 한 번 더 호흡하고 글을 쓰기 때문에 좀 더 차분하게 쓸 수 있다. 아이들은 차분히 의자에 앉아 살짝 기대기도 하면서 신중하게 글을 썼다. 우선 수희가 제일 먼저 글을 썼다.

　
첫 번째는 저번 모둠을 할 때 혜원이가 가연이 모둠에 가서 둘이서만 놀 때 서운했다. 그리고 자리를 안 바꿨을 때는 둘이 서로 이야기할 때 많이 서운했다.

두 번째는 둘이 언제인가 한 번 옷을 맞춰 입었을 때 기분이 서운했다.

세 번째는 둘이서 함께 체육을 안 왔을 때 서운했고, 둘이 하는 활동이 있을 때 눈치 보는 게 불편했다.

네 번째는 5학년 때 요리 시간에 어떤 친구와 볶음밥을 먹을 때 어떤 친구가 싱겁다고 간장 뿌려 먹는다고 했는데 혜원이가 "너 당뇨 있게 먹는 거 같애." 라고 말해서 옆에서 듣고 있던 나는 기분이 나빴다. (김수희)

수희가 쓴 글을 읽어보니 혜원이랑 가연이와 친하게 지내고 싶은 마음이 느껴진다. 또 많이 서운했겠구나, 하는 생각이 들었다. 또 수희가 소아당뇨가 있는데 수희 앞에서 들으라는 듯이 당뇨 이야기를 꺼내니 얼마나 서운했을까, 하는 생각도 든다.

두 번째로 가연이가 글을 썼다. 가연이는 글을 쓸 게 별로 없다고 하더니 한참을 생각하다가 짧게 글을 썼다.

전담을 가는 날에 나하고 혜원이하고 앉아있었는데 수희가 먼저 "얘들아, 나부터 먼저 갈게." 라고 말을 했다. 우리 셋이 친해지면 수희는 우리를 피하는 거 같다. 오늘 수희 말을 들으니 그래도 살짝 미안함이 든다. 저번에 가희와 세림이와 내가 있었는데 다 같이 액괴를 만지고 있었는데 가희가 세림이만 만지게 해주는 거 같고, 나는 못

만지게 하는 것 같다고 느꼈다. 가희가 세림이하고 친한 것은 아는데. 그게 조금 서운했다. (황가연)

가연이는 혜원이하고 단짝이다. 늘 수희가 끼고 싶어 하는데 가연이가 잘 받아주려 하지 않는다. 수희는 끼지 못해서 서운하고, 가연이는 늘 경계하니 문제가 생길 수밖에 없다. 잘 지내다가 셋이 뭉쳐 다닐 때면 어느 순간 별일 아닌데도 한 아이가 조금 소외된다. 그렇게 갈등이 생긴다. 미묘한 관계에서 늘 수희는 외톨이가 된다.

세 번째로 가희가 글을 썼다.

나는 모든 애들과 더욱 친해지고 싶다. 나는 애들과 함께 노력해서 친해지고 싶다. 왜냐하면 애들과 친해지면 같이 재미있게 놀고 웃고 그러는데 늘 오해가 많고 그러면 친했던 친구와 멀어지고 같이 놀 수 있는 일이 없어지기 때문이다.

나는 사실대로 말하면 규림이랑 많은 오해가 있다. 오해를 말하자면 애들 관계에 서로 의견이 안 맞아서 오해가 생겼다. 그 오해를 규림이랑 풀고 규림이랑 친하게 지내고 싶다. 규림이랑 친해지고 오해가 없으면 좋겠다. 항상 같이 지내고 싶고 같이 어울려 지내고 싶다. 나는 규림이와 서로 마음이 깊어지고 싶다. (이가희)

가희는 규림이와 갈등이 있었다. 가희는 두루두루 잘 지내는 편이고, 규림이는 다른 여자 아이 패에 끼어 어울리는 편이어서 둘 관계는 알지 못했다. 그런데 둘이 오해가 있었고, 가희가 잘 지내고 싶은 마음이 있었다고 하니 몰랐던 내가 더 미안한 마음이 들었다. 누구든 친하게 지내고 싶은 사람은 있을 테니까. 가희 마음에 그 사람이 바로 규림이였다.

네 번째로 혜원이가 글을 썼다.

우리가 수희를 계속 챙겨줘도 피해서 우리는 좀 당황했고 좀 기분이 그랬다. 우리끼리만 얘기해서 수희 마음이 이해는 갔다. 수희 말이나 속마음을 들어보니까 어느 정도 이해가 갔다. 수희가 그런 생각을 할 줄 몰랐다. 나도 어쩔 땐 수희가 가연이한테 먼저 말을 걸거나 가연이한테 다정하게 해줬을 때도 좀 서운했다. 하지만 수희도 어쩌면 그렇게 생각했을지도 모르겠다. 맨날 거의 수희가 먼저 가서 우리끼리 가면 애들도 우리를 이상하게 생각할 거 같아서 조금 그랬다. 규림이도 살짝 잘 삐지는 거 같아서 조금은 불편했지만 그래도 지금은 나아진 거 같다. 물론 나도 그렇지만. 그리고 가희가 명지 그런 애들만 액괴 만지게 해주고, 나랑 가연이는 못 만지게 해줘서 기분이 나빴다.

6학년 반 배정이 되었을 때 수희랑 나랑 반이 되었고 수하와 나현,

민하가 옆 반이 되었다. 그때 내가 해외연수에 가 있었는데 수희가 그때 울었다고 했다. 난 그 말을 들었을 때 너무 서러웠다. 5학년 때 수희랑 별로 친하지 않았는데 둘만 같이 반이 되어서 서럽고 속상해서 울었다고 했다. 수희가 나현이한테 오라고 말했고, 반을 바꾸자고 했다고 한다. 아무튼 그런 식으로 말을 했다고 애들이 그랬다. 그래서 기분이 서운했다. (노혜원)

가연이와 혜원이가 친하게 지내고, 수희가 늘 외톨이처럼 지내는 것 같은 느낌은 있었는데 혜원이 글을 보니 이런 사연은 알지 못했다. 6학년 반 편성 때부터 혜원이 마음에 서운한 마음이 있었구나, 하는 생각이 드니 학년 초에 진작 서로 마음을 드러내고 풀 수 있는 기회를 주었더라면 좀 더 관계가 일찍 회복되지 않았을까 싶기도 했다.

마지막으로 규림이가 긴 글을 썼다.

나는 학교생활에서 많은 어려움을 겪고 있다. 어떤 애들 역시 그런 생각을 가지고 있는 애들이 몇 명 있다. 아침 일찍 일어나 준비하고 학교에 나오면 다른 애들과 어울려 논다. 하지만 나는 다른 애들과 논 후 같이 다니는 사람들이 정해져 있지 않은 거 같다. 다른 애들이 보기에 난 명지, 다은, 유진이랑 다니는 것처럼 보이지만 사실은 아니다. 마치 유기견처럼 임시 보호하고 있는 것이다. 한 마디로 임시로 같이 다니는 것일 뿐 애들은 나를 신경 쓰지도 않는다. 신경을 안 쓰니까 나를 챙겼는지 안 챙겼는지 확인조차 안 하고 자기들끼리 그냥 가버린다. 나는 한참 동안 고민에 빠진다. 하루도 빠짐없이. 이제 너무 익숙해져 아무런 생각도 들지 않는다. 친구와 깊은 관계를 가질 수 없는 까닭이 있다. 너무 심했고 아직도 그에 대한 트라우마가 있다. 지금도 물틴트는 싫다.

4학년 때 어떤 일이 있었냐면 우리 반 나리가 틴트 다 쓴 통에 물과 물감을 섞어 나에게 발라주었다. 그 사실을 2018년에 알았고, 그로 인해 물틴트도 못 바르고 어떤 친구와도 깊이 친해지지 못하는 것 같다. 그리고 아무리 같이 다니고 싶어도 내가 내 자신을 못 믿겠고, 다른 애들도 믿지 못하겠다.

수학여행도 문제고 내 생일도 문제다. 수학여행 가면 나 혼자일까 봐, 생일도 축하 안 해줄까 봐 너무 두렵고 무섭다. 그리고 나는 항상 불안하고 초조하다. 같이 다닐 애들이 없을 거 같고 만약 같이 다니고 있다면 저번처럼 또다시 버려질 거 같아서 항상 조심해야 하고 천천히 다가가서 친해져야 비로소 안정된다. 뒷담도 문제가 많다. 애들이랑 뒷담 까서 뭐하나. 그중 한 명이 말하겠지. 소용없는 일을 우리는 되풀이하고 있는 것밖에 안 된다. 나도 내 마음을 다 말할 수 있는 친구, 나와 사이가 깊은 친구가 있었으면 좋겠다. 그리고 나도 외롭지 않았으면 좋겠다. (심규림)

제법 학교생활을 잘 하고 있다고 생각했던 규림이가 이런 생각을 하고 있을 줄은 꿈에도 몰랐다. 특히 자신을 유기견처럼 임시 보호하고 있다는 느낌이 든다는 표현에 가슴이 아팠다. 수학여행 갈 때 차 안에서 옆에 앉을 사람이 없는 걸 걱정하고, 에버랜드에서 함께 다닐 사람이 없을 걸 미리 걱정한다.

쓴 글로 이야기 나누기

아이들이 글을 다 써서 다시 둥그렇게 의자에 앉았다. 나까지 여섯 사람이다. 내가 먼저 말을 꺼냈다.

"여러분 글을 읽어보니까 내가 여러분 마음 헤아리지 못한 것도 미안하고 서로 마음을 좀 더 일찍 알았으면 더 좋았겠다 싶은 내용도 있네. 조금 마음이 불편할 수도 있겠지만 용기를 내어 여러분이 자기 글을 읽으면 더 좋을 것 같은데."

고개를 절레절레 흔들었다.

"그냥 선생님이 읽어주세요."

"내가 읽는 게 나을까?"

고개를 끄덕인다.

"글을 쓴 아이 마음이 어땠을지 한 번 더 생각해보고 깊이 이해하는 마음으로 들어보자."

우선 이런 이야기 자리를 시작하게 해준 수희 글부터 읽었다. 글을 읽기 시작하자마자 마음 약한 수희가 또 울기 시작했다. 혜원이와 가연이는 서로를 마주 보며 미안한 표정을 지었다.

"들어보니까 어떤 마음이 들어?"

한참을 머뭇거리다가 혜원이가 먼저 말을 꺼냈다.

"5학년 때 그렇게 말한 건 제가 잘못했어요. 저는 그런 생각하지 않고, 그냥 이야기한 건데 수희가 기분 나빴겠어요."

소아당뇨가 있는 수희는 하루에 주사를 네 번씩 스스로 놓는다. 그러면서도 내색하지 않고 지내려고 노력하는 아이다. 그 마음이 대견하기도 하지만 어느 때는 그런 마음이 뭉쳐서 눈물로, 서운한 마음으로 표현된다.

"옷을 둘만 맞춘 거 미안해요. 둘이 친해서 그런 건데 수희가 서운한 마음이 들었겠어요."

가연이도 미안한 마음을 전했다. 모둠활동 할 때도, 체육 갈 때도 별거 아니라고 생각한 것이 수희에게는 상처가 될 수 있겠구나, 하는 마음이 들었는지 혜원이와 가연이는 우는 수희를 위로했다.

두 번째로 가연이 글을 읽었다. 수희는 가연이와 혜원이만 가서 서운했다고 했는데 가연이는 수희가 자기 혼자 먼저 가서 서운했다고 하니 수희는 "그냥 둘이 친한 느낌이 드니까 저는 낄 자리가 없는 거예요." 했다. 서로 마음이란 게 이렇게 다르다. 수희는 가연이와 혜원이 마음을 알았고, 가연이와 혜원이는 수희 마음을 헤아린다. 가희는 옆 반 세림이하고 친한데 아이들이 액괴를 가지고 놀려고 하면 안 된다고 했나 보다. 그 말을 듣고는 살짝 웃으면서 "앞으로는 잘 놀 수 있도록 할게." 한다.

"서로의 마음을 알 수 있는 글을 읽어주니까 어때?"

희한하게 아이들 표정이 점점 밝아진다.

세 번째 가희 글을 읽어주었다. 가희는 규림이랑 친해지고 싶었는데 규림이는 같은 아파트 밑층에 사는 옆 반 세림이랑 친했다. 규림이는 세림이를 가희에게 뺏긴 느낌도 들었다고 한다. 가희는 세림이, 규림이랑 모두 친하게 지내고 싶었던 거다. 규림이는 가희 글을 듣고는 고개를 끄덕였다.

"사실 가희 너에 대해 많이 오해한 부분이 있어. 나랑 세림이랑 친했는데 언제부턴가 세림이랑 더 친하고 그러니까 나 혼자 소외되는 느낌이 들었어. 그러다가 명지랑 유진이랑 친해진 거야. 그런데 그 애들이랑 그냥 친한 척한 거야. 내가 놀 사람이 따로 없으니까."

규림이 마음이 그대로 묻어난다. 누군가 내 옆에 친한 사람이 없을 때 누구라도 친한 척 내 옆에 두고 싶은 마음일 거다.

혜원이도 하고 싶은 말이 있었다. 그렇지만 어쨌든 수희가 친하게 지내고 싶어 하는 사람이 바로 혜원이였다. 하지만 혜원이는 수희보다는 가연이하고 훨씬 더 친하게 지냈다. 1학기 때도 여러 번 수희가 그 고민을 이야기했고 울기도 했다. 하지만 쉽게 풀리지 않는 문제였다. 겉만 긁고 시원하게 속을 다 긁어내지 못한 느낌이랄까.

혜원이 글을 읽어주니 수희가 미안한 표정이다. 반 편성할 때부터 쌓인 오해였다. 그런데 언제 따로 속 깊은 이야기를 해서 풀거나 할 기회가 없었던 거다.

"혜원아, 그때 그런 느낌이었으면 미안해. 나도 나랑 친한 친구들이 그쪽으로 다 가니까 허전하고 마음이 쓸쓸했어."

혜원이도 고개를 끄덕였다. 조금씩 엉켰던 매듭이 풀리고, 기운이 모이는 느낌이 들었다.

마지막으로 규림이 글을 읽어주었다. 늘 웃고 다니고, 두루 여러 아이와 친하게 지내는 규림이 글에서 유기견이라는 표현을 듣고 아이들이 당황한 표정이었다. 또 아이들과 형식으로 지낸다는 말도 또 내 마음을 다 말할 수 있는 친구, 나와 사이가 깊은 친구가 있었으면 좋겠고, 외롭지 않았으면 좋겠다는 말에서 분위기가 조용해졌다. 서로가 마음을 헤아리는 듯 가희는 규림이를 위로하고, 수희와 혜원이는 서로를 위로했다.

끝날 때쯤 한마디씩 하자고 했다.

"처음에는 그냥 그랬는데 속이 다 후련해요."

"인제 애들과 더 친해질 수 있을 거 같아요."

"또 문제가 생기면 이렇게 풀고 싶어요."

"샘, 이런 자리 해줘서 고마워요."

덕분에 고맙다는 이야기까지 들었다.

갈등은 글과 이야기로 풀어낸다

어느 해인가 4학년 여자 아이 다섯이 서로 관계 때문에 힘들어할 때도 몇 아이가 학교를 다니고 싶지 않다고 했었다. 석 달 정도 서로 상처를 입고 입히면서 힘든 과정을 겪었다. 결국 끊임없이 이야기하고 글을 쓰면서 조금씩 관계가 좋아졌다. 서로 마음을 살피고 헤아리는 노력이 없이는 관계가 좋아질 수 없다.

혼자 생각하고 혼자 상상하면 할수록 더 안 좋은 생각만 깊어지고 관계는 회복되지 않는다. 관계라는 게 일방으로 이루어질 수 없고, 서로 마음을 알아가고 노력하면서 좋아질 테니까. 말로야 참 쉽지만 사실 어른들도 관계 때문에 힘들어하고 고통을 받는다.

누구나 사람은 하고 싶은 말이 있다. 그런데 눈치 보고 못 하는 경우도 있고, 상황이 맞지 않아 하지 못하기도 한다. 하고 싶은 말을 하지 못하면 마음에 병이 생긴다. 마음에 담아둔 이야기가 있으면 글이든 말이든 어떻게든 풀어내야 속이 후련하다. 그런데도 생각보다 많은 사람들이 답답하거나 속상한 일을 풀어내지 못하고 마음에 담아두고 산다.

온전히 마음을 내보인다는 것이 쉽지 않기는 하다. 그리고 마음을 내보이려면 서로 마음이 통하는 느낌이 들 때야 비로소 가능하다. 학급에서 일어나는 수많은 갈등도 외면하지 않고 조금 더 가까이 다가가 이야기를 나누고 글을 쓰면서 풀어내면 훨씬 평화로운 교실이 되지 않을까 싶다.

14
'스토리 큐브'로 창의 글쓰기

'스토리 큐브'가 뭐지?

'스토리 큐브'는 말 그대로 이야기를 만들 수 있는 주사위다. 이 주사위의 여섯 개 면에는 서로 다른 그림이 그려져 있다. 주사위 9개가 한 세트로 이루어져 있는데, 주사위가 9개씩 기본, 모험, 활동이라는 주제로 세 세트로 이루어져 있다.

9개의 주사위에는 54개의 그림이 그려져 있다. 9개 주사위의 그림을 모두 곱하면 $6×6×6×6×6×6×6×6×6=10,077,696$이 나온다. 결국 9개의 주사위로 만들 수 있는 이야기가 천만 가지가 넘는다. 이 이야기가 세 세트가 있으니 이 주사위를 활용하여 만들 수 있는 이야기가 무궁무진하다. 또 주사위를 굳이 다 쓰지 않아도 형편이나 아이들 상황에 맞게 여러 가지 방법으로 활용하면 된다.

사용 방법은 다음과 같이 아주 간단하다.

1 주사위를 굴린다.

2 위로 보이는 9개의 주사위 그림을 보고 이야기를 만들 시간을 준다. 여기에서 주사위를 어떤 차례로 할지 서로 이야기를 나누어 정해야 한다.

3 이야기를 시작할 때 '옛날 옛적에~' 하고 시작한다. 하지만 꼭 틀을 두어서 '옛날 옛적에~'로 시작하지 않아도 된다.

4 주인공을 정하고 이야기를 풀어간다. 자유롭게 창의 생각이 나올 수 있도록 허용한다.

5 만든 이야기에 좀 더 살을 붙여서 이야기 꼴을 갖춘다.

내가 아는 어떤 작가도 작품을 쓰는데 잘 생각이 나지 않을 때 스토리 큐브를 활용한다고 한다. 그만큼 주사위 9개로 만들어낼 수 있는 이야기가 많다는 것이다. 작가가 글을 쓸 때 너무 뻔한 이야기는 감동을 줄 수 없기에 지푸라기라도 잡는 심정으로 이것저것 활용해서 글을 쓰기도 한다. 스토리 큐브의 그림이 선사하는 이야기는 충분히 창의 이야기를 선물할 수 있다.

쓸 게 없다고?

"오늘은 무슨 이야기를 써볼까?" 하고 질문을 하면 "별로 쓸 이야기가 없는데요?"라거나 "모르겠어요."라고 대답하는 아이들이 있다.

이 '스토리 큐브'가 그런 아이들에게 좋은 이야깃거리를 선물할 수 있다. 상상력이 부족하다고 생각하거나 평소 무슨 이야기를 써야 할지 주저한다면 스토리 큐브를 활용해보는 것도 아주 좋은 대안이 될 수 있다.

이야기를 논리적으로만 이해하려고 하는 어른들 사고방식보다 훨씬 독창적일 수도 있다. 주사위를 굴려서 나온 그림을 보고 자신만의 생각을 동원해서 이야기를 만드는 방식은 호기심이 많은 아이들에게 더 많은 호기심을 자극하게 되고, 창의 글쓰기를 더 활발하게 이끌어 낼 수 있다. 무엇보다 아이들은 활동하는 것을 좋아하기에 주사위를 던지는 호기심이 발동해 재미있어한다. 그림이 다른 주사위를 던지는 것도 신나는 일이다.

"말이 안 되어도 좋으니까 여러분 생각이 떠오르는 대로 만들어보는 거야."

스토리 큐브를 해보지 않은 아이들이라면 서너 사람이 한 모둠이 되어 이야기 만드는 작업을 해보는 것이 좋다. 한 사람은 기록하고, 주사위 차례를 정하며 차례에 따라서 그림을 보고 누구든지 자신의 생각을 말한다. 어떤 친구도 소외되지 않도록 해야 한다. 긴 줄글로 하지 않고 그림책 작업을 하고 싶다면 그림책에 어울리는 줄글을 먼저 만들고 아이들이 협력하여 줄글에 맞는 그림을 그리면 좋다. 또 긴 줄글을 만들 때는 우선 초안으로 글 작업을 한 다음에 아이들이 함께 협력해서 글 맥락에 맞게 빈틈을 메꾸는 작업을 해야 한다.

학년 단계가 낮으면 낮은 단계에 맞게 비록 앞뒤 글의 맥락이 부족하더라도 생각을 자유롭게 펼칠 수 있도록 하면 좋겠다. 또 높은 학년은 그 학년에 맞게 이야기를 좀 더 짜임새 있게 쓸 수 있도록 해야 한다. 다만 주의할 것이 있다. 아이들이 쓸거리가 없다고 처음부터 '스토리 큐브'를 활용하는 것은 바람직하지 않다. 삶을 가꾸는 글쓰기로 자세히 살피는 글쓰기나 글쓰기의 기본을 단단하게 다진 다음에 이 큐브를 활용해서 글쓰기의 폭을 넓혀주는 것이 더욱 좋다. 창의 글쓰기도 아무 바탕이 없는 상태에서 나올 수는 없다. 우리 일상생활에서 일어나는 일을 자세히 살피고, 보고, 듣고 겪은 것을 내 생각을 담아 쓰는 글쓰기를 꾸준히 한 다음에 이 주사위를 활용하면 아이들 글이 훨씬 좋아진다.

창의성이 넘치는 아이들 글 1

"주사위를 어떤 차례로 할지 서로 이야기를 나누면서 모둠별로 협력해서 스토리를 짜는 거야. 누구나 예상할 수 있는 이야기가 아니라 이야기에 반전이 있으면 더욱 좋겠지."

글 한 편에서 반전의 매력을 담아내기는 기성 작가도 쉽지 않은 과정이다. 그래도 최대한 너무 뻔한 글이 아니라 한 가지라도 어찌 이런 생각을, 하고 생각하는 부분이 있도록 고민해보자고 했다. 두 시간 동안 모둠별로 주사위를 던지고 이야기를 만드는 과정이 제법 진지했다. 아이들이 만든 반전이 넘치는 글 한 편이다.

웹툰 김유연, 김정경, 이다니엘, 임태연(장승초 6학년)

나는 웹툰 작가다. 내 웹툰은 잘되지 않아서 성공하지 못했다. 하지만 나는 요즘도 집에서 잘 되지도 않는 웹툰을 혼자 끄적거린다.

시계를 얼핏 보니 마감 시간이 얼마 남지 않았다. 유명하지는 않지만 몇 안 되는 연재 원고다. 서둘러서 펜을 잡고 급하게 마감한다. 내가 쓴 이야기는 대충 이렇다.

IQ 170인 어렸을 때부터 모든 관심을 받으며 자란 아이가 있었다. 그 아이의 둘레 사람들은 그 아이를 보며 "넌 똑똑하니까 나중에 잘될 거야." 그리고 그 아이의 부모도 "조금만 더 해봐. 그럼 더 잘할 거야. 엄마랑 아빠 너만 믿고 있을게." 하지만 문제는 잘하지 못할 땐 둘레 사람들, 부모님 모두 실망한 표정을 지으면서 한결같이 "그 정도 밖에 못해?"라는 말을 수시로 내뱉었다. 결국 나중에 그 아이는 모두의 기대와 다르게, 아무도 모르게 집 안에만 틀어박혀 웹툰만 몰래 그렸다. 그리고 그 웹툰은 결국 잘 되지도 못했다.

이야기는 여기까지다. 마감을 다 하고 시계를 보니 마감 시간 10분 전이었다. 그나마 지금 끝내서 다행이다. 마감도 다 끝냈으니 오랜만에 밖에 나가 보았다. 한참 밖을 걷고 있는데 중학교 2학년 때 같은 반인 아이에게 문자가 왔다.

'우리 오늘 2학년 5반 애들끼리 모여서 밥 먹으려고 하는데 너도 올 거면 와. 주소 알려줄게.' 이 문자를 보니 또 예전의 안 좋았던 기억이 새록새록 떠올랐다. 그때는 15살, 2학년 5반이었다. 하루도 빼먹지 않고 늘 날 괴롭혔던 애들과 같은 반이었던 해다.

하루하루 정말 지옥 같은 날이었다. 그 아이들이 날 괴롭힌 이유는 딱 하나였다. 남들과는 다르게 선생님, 부모님은 물론 교장 선생님의 관심까지 한 몸에 받았기 때문이다. 아이들은 그런 나를 시기하고 질투했다. 어릴 때부터 그런 관심을 받고 자라서 시기와 질투가 많았지만 중2 때 유난히 심했다. 그래서 더욱 주눅 들었고, 혼자 있었다. 그런데 날 괴롭혔던 그 아이한테 만나자고 문자가 온 것이다. 난 고민 하지 않고 '아니 난 안 가고 싶어.'라고 답장을 보냈다.

잠깐 밖에 나갔다 온 것뿐인데 에너지를 엄청 소모한 것 같다. 난 한숨을 쉬며 도시락을 열어 전자레인지에 돌려서 아무 말 없이 밥을 먹었다. 근데 아까 그 문자를 봐서 그런지 밥을 먹는 내내 과거의 일이 떠올라서 화가 치밀어 올랐다. 점점 생각할수록 화가 났다. 난 화가 나는 와중에도 밥을 꾸역꾸역 다 먹고 다시 펜을 들었다. 그리고 그 화를 식히려고 날 괴롭힌 그 아이를 만화 속에 집어넣었다. 그리곤 약간의 실사를 반영해서 그 아이가 동창회를 가는 도중 교통사고를 당하는 걸로 내 웹툰에서만이라도 그 아이를 죽였다.

화를 식힌 후 너무 피곤해서 침대에 10분쯤 누워있는데 갑자기

중2 때 친구인 다른 아이에게 전화가 왔다.

"여보세요?"

"야 방금 걔가 교통사고를 당했어"

"걔? 걔가 누군데?"

"너 괴롭힌 애"

헉 순간 너무 놀라서 숨이 턱 막혔었다.

"뭐? 걔가 방금 교통사고를 당했다고?"

"아 동창회에 오다가 학교 앞 사거리에서"

"어...알겠어"

정말 소름이 너무 쫙 돋았다. 내가 쓴 글에서도 학교 앞 사거리. 그리고 시간도 오후 1시 15분. 시간도 너무 같았다. 이게 도대체 무슨 일이지? 그냥 우연의 일치겠지? 그리고 몇 분 후에 연락이 또 왔다.

"야, 결국 죽었다. 장례식장 주소 보내줄게."

"아... 결국 죽었구나... 알겠어."

난 장례식장에 갈 옷을 입으면서 홀로 '설마 내 웹툰 때문에 그런 건 아니겠지? 에이 아닐 거야.'

난 계속 부정했다. 하지만 왠지 모르게 마음에 걸렸다. 그 일이 있고 난 뒤 어느 정도 시간이 흘러 잊었고, 이젠 좀 괜찮아졌을 무렵 난 내 웹툰에 호러를 집어넣어 보기로 했다. 그 호러의 내용은 살인마가 나와서 한 사람의 손을 자른다는 내용이었다. 길을 가던 30대 남성이 술에 취해서 골목길을 걷다가 살인마에게 잡혀서 손이 잘려 버린 것이다.

난 아무 생각 없이 웹툰을 연재하고 잠이 들었다. 근데 다음 날 아침, 일어나서 아무 생각 없이 TV를 켜서 뉴스를 보니 "어제 새벽 3시한 30대 남성이 만취 상태로 골목길을 걷다가 한 살인마에게 붙잡혀 왼쪽 팔이 잘린 사건이 발생했습니다."

난 이 뉴스를 보자마자 소름이 온몸에 돋았다. 저번에도 교통사고로 그 아이가 죽었는데 지금은 진짜로 내 웹툰 속 내용처럼 30대 남성에게 그런 일이 일어난 것이다. 난 그 충격으로 더 이상 웹툰을 그리지 못했다.

1년 후...

2019년 초, 난 큰마음을 먹고 새 웹툰을 그려보기로 했다. 그 두 가지의 일을 전부 우연의 일치라고 생각을 하고 말이다. 그리고 펜을 잡은 채로 새 웹툰의 제목을 썼다.

제목은 『코로나19』

아이들 시선으로 조금 잔인하다 싶어서 그냥 내버려 둬도 되나, 하는 마음이 살짝 들었는데 아이들이 쓴 글을 끝까지 읽어보기나 하자고 생각하고 끝까지 읽어보니 마지막 반전이 있었다. 한참 코로나19를 겪고 있던 2021년이라 아이들이 이런 생각을 한다는 것이 참 대단했다. 물론 이 아이들은 한 해 동안 삶을 가꾸는 글쓰기를 꾸준히 공부

했던 아이들이다.

　웹툰이라는 소재를 잡은 것은 아이들이 좋아하는 장르이기도 하고, 웹툰 작가가 쓴 글로 다시 들어가는 액자 형식으로 글을 쓴 것도, 나름 글의 맥락과 중심을 잡으려고 노력한 흔적이 보인다.

창의성이 넘치는 아이들 글 2

　두 번째 글은 〈예지몽〉이라는 글이다. 아이들과 프로야구를 보러 간 적이 몇 번 있는데, 아이들은 야구 규칙이나 내용은 잘 몰라도 야구장 분위기에 빠져 들었다. 특히 응원가를 부르는 모습이 인상적이었는지 야구장을 다녀온 후에 어느 선수의 응원가를 종종 부르고는 했다. 〈예지몽〉 글의 주인공은 야구 선수다. 하지만 실력이 뛰어나지 않은 보통 선수다. 이 선수를 등장인물로 내세워 이야기를 풀어간다.

예지몽 박승윤, 노현우, 손채은, 강윤슬(장승초 5학년)

　* 주인공 이름 : 나정재

　나는 야구 선수 나정재다. 나는 투수지만 실력이 없어서 1군으로 가지 못한다.

　오늘은 단체 연습이 있는 날이어서 야구장으로 갔다. 선수들끼리 캐치볼을 하던 도중 야구공이 내 머리 쪽으로 날아왔다. 난 피할 새도 없이 맞아 버렸다. 정신을 차려보니 병원 안이었다.

"어떻게 된 일인가요?"

난 코치님에게 물었다.

"캐치볼 하다가 머리에 공이 맞았다. 다행히 공이 약하게 날아와서 생명은 건졌어."

난 한 달 있다가 퇴원하고, 재활 훈련까지 받았다. 다시 야구장으로 갔다. 난 여전히 실력이 바닥이었다. 오이버에서 머리에 충격을 받으면 실력이 늘 수도 있다는 기사를 봤다. 난 잘해질 수 있을 거라 믿고, 저녁에 다시 야구장을 찾았다. 야구장 한가운데서 소리를 질렀다.

"나도 야구 좀 잘하게 해주세요~!"

하지만 여전히 똑같았다.

"하, 역시 될 리가 없었지. 믿은 내가 바보야."

터덜터덜 집으로 걸어갔다. 다음 날 아침 토요일이다. 난 혼자 야구장으로 향했다. '실력이 늘었으면 좋겠다.' 있는 힘껏 공을 던져 보았다. 안 되었던 커브가 맘처럼 던져졌다. 혹시나 해서 제일 못했던 변화구를 던져 봤는데 잘 되었다. 난 기뻐서 소리를 질렀다. 코치님께 전화를 했다.

"코치님! 저 실력이 늘은 거 같은데 좀 봐주이소."

난 사투리로 당당하게 말했다.

"너 머리 아직도 안 나았니?"

"왜요?"

"너 사투리가 좀. 아니 너무 이상해 너 어디 사람이냐?"

"저 서울 사람이요"

"야, 서울 사람이 사투리를 쓰냐?"

뚝. 끊었다. 나는 너무 민망했다. 월요일 아침 모두 야구장에 모였다. 연습을 하고 있는 중 코치님이 불렀다. 코치님이 1군으로 갈 실력이 된다고 하셨다. 바로 감독님께 전화를 해서 바로 부산으로 갔다. 감독님과 1군 선수들이 반겨 주었다. 선수들과 악수를 하고, 바로 훈련에 들어갔다. 감독님이 잘한다고 하셨다. 난 그전보다 키도 커지고 야구 실력도 늘어서 기분이 좋았다. 훈련 도중 화장실에 가려고 하는데 복도에 버튼이 있어서 버튼을 눌러 보았다. 그 버튼은 화재 경보였던 것이다. 난 혼날까 봐 무서워서 불펜에 숨어서 연습하는 척했다. 코치님이 달려와 급하게 문을 열었다.

"야구장에 불이 났어. 빨리 대피해! 어떤 사람이 화재경보기를 눌러서 다 대피했어. 너만 대피하면 돼."

나는 코치님과 비상문으로 대피했다. 나는 연기를 많이 들이마셨는지 기침이 계속 나왔다.

몇 달 후 다시 야구장으로 경기를 하러 왔다. 오늘은 내가 선발 투수다. 전광판에 내 이름이 있었다. 오늘은 내가 선발투수여서 운동을 하러 갔다. 각종 운동을 하고 밥을 먹으러 갔다. 밥은 짜장면이다. 밥을 다 먹고 경기 시작하기 5분 전이다. 글러브가 높이 있어 꺼내기 힘들었다. 다른 선수가 와서 높이 있는 글러브를 꺼내 주었다. 다행히 경기는 할 수 있었다. 경기가 순조롭게 진행되고 있었다. 경기를 이겼다. 첫 경기를 이겨서 기분이 좋았다. 끝나고 숙소로 가려고 하는데 어떤 여자아이가 선물을 주었다. 집에 가서 열어보니 그림 선물이었다. 알람을 듣고 일어나 보니 내 그림 선물이 없어졌다. 방에서 인기척이 느껴졌다.

"코치님?" 불을 켜보니 진짜로 코치님이 맞았다. 난 깜짝 놀라서 무기로 들고 있던 공을 떨어트렸다. 코치님은 놀래 켜서 신이 났는지 춤을 추셨다. 그리곤 코치님과 다음부턴 안 그러기로 약속했다. 난 드디어 여유를 되찾고 책을 읽었다. 난 오늘도 어김없이 야구장을 갔다. 야구장 가는 길을 까먹었다.

"어디지?"

세 갈래가 나왔다. 대충 때려 맞춰서 야구장을 찾아왔다. 야구장 스텝들이 힘쓰는 일을 못 하고 있어서 내가 도와줬다. 드디어 경기가 시작되었다. 갑자기 엄마 목소리가 들렸다.

"정재야 일어나 학교 가야지"

모든 게 꿈이었다.

10년 후, 난 20살이 되었다.

나는 야구 선수 나정재다. 나는 투수지만 실력이 없어서 1군으로 가지 못한다. 오늘은 단체 연습이 있는 날 이여서 야구장으로 갔다.

선수들끼리 캐치볼을 하던 도중 야구공이 내 머리 쪽으로 날아왔다. 난 피할 새도 없이 맞아 버렸다. 정신을 차려보니 병원 안이었다.

"어떻게 된 일인가요?"

난 코치님에게 물었다.

"캐치볼 하다가 머리에 공이 맞았다. 다행히 공이 약하게 날아와서 생명은 건졌어." 난 한 달 있다가 퇴원하고 재활 훈련까지 받았다. 다시 야구장으로 갔다. 난 여전히 실력이 바닥이었다. 오이버에서 머리에 충격을 받으면 실력이 늘 수도 있다는 기사를 봤다. 난 잘 할 수 있을 거라 믿고 저녁에 다시 야구장을 찾았다. 야구장 한가운데서 소리를 질렀다.

"나도 야구 좀 잘하게 해주세요~!"

하지만 여전히 똑같았다.

"하, 역시 될 리가 없었지. 믿은 내가 바보야."

터덜터덜 집으로 걸어갔다. 다음 날 아침 토요일이다. 난 혼자 야구장으로 향했다. '실력이 늘었으면 좋겠다.' 있는 힘껏 공을 던져 보았다. 안 되었던 커브가 맘처럼 던져졌다. 혹시나 해서 제일 못했던 변화구를 던져 봤는데 잘 되었다. 난 기뻐서 소리를 질렀다.

갑자기 내가 10년 전 꾼 꿈이 생각났다. 그렇다, 10년 전 꾼 꿈이 그대로 일어났다. 그 꿈은 예지몽이었던 것이다. 아니면 아직도 꿈이던가.

AND 꿈 아니면 현실.

네 아이 가운데 야구를 좋아하는 아이가 몇 있다. 아이들과 함께 광주에 프로야구를 보러 다녀오기도 했다. 그래서인지 야구가 주제가 되었다.

10년 전 꾸었던 꿈이 현실이 된다는 이야기다. 야구를 잘하고 싶지만 마음만큼 야구가 되지 않는 선수. 무엇인가 내가 하고자 하는 것을 잘하고 싶지만 잘되지 않을 때의 답답함이란 겪어본 사람은 알겠지만 정말 답답하고 속상한 일이다. 꿈을 꾸면 이루어지고, 순조롭게 풀리기를 바라는 아이들 마음이 고스란히 담긴 글이기도 하다. 저마다 하고 싶은 것이 있고, 그 하고 싶은 꿈을 이루는 이야기. 모두가 동경하고 꿈꾸는 이야기다.

꿈과 희망을 담아서

'스토리 큐브'로 쓰는 글쓰기는 누가 뭐라 할 수 없는 글쓰기다. 저마다 상상과 새로운 생각을 담을 수 있다. 아이들이 저마다 가진 꿈과 희망이 있다면 그 주인공이 누구든 그 안에 아이들 이야기를 담을 수 있는 까닭이다.

아이들과 쓴 글을 서로 나누면서 다른 친구들은 어떤 생각을 담았는지 함께 나누는 시간도 아주 귀하다. '스토리 큐브'로 1학기 말이나 2학기 말에 한두 번 정도 글쓰기를 해보면 좋겠다.

글쓰기로
삶을 가꾸는 교실

15

여러 가지 글쓰기

관찰하는 글쓰기

관찰하는 글쓰기는 자세히 살피고 쓰는 것이다. 글을 쓰는 대상이 부모님 말고 교사일 수도 있고 또 다른 대상일 수도 있다. 앞에서 여러 번 이야기한 것처럼 어떤 대상을 자세히 관찰하고, 관찰한 것을 있는 그대로 쓰고 자기 생각을 덧붙이면 좋은 글이 될 수 있다.

내 둘레에서 가장 많이 보는 사람은 우리 식구다. 식구가 하는 말투, 몸짓을 상대방이 알지 못하는 사이에 관찰하는 것이다. 그러다 보면 습관처럼 하는 행동도 알게 되고, 재미난 말투도 찾게 된다. 더불어 그 대상에게 마음을 주게 되니 더 애정도 생기게 된다.

식구라는 공간을 조금 더 넓히면 친구와 학교가 있다. 집과 함께 가장 많이 지내는 곳이 학교다. 학교에서 만나는 친구와 선생님은 내가 관찰하기에 딱 좋은 대상이기도 하다.

아빠 강윤아 (장승초 6학년)

아빠는 윤슬이를 보며 웃고 있다. 소파에 누워서 발을 까딱까딱하며 "딸들 잘 키웠네. 말도 잘 하고."라고 말하며 핸드폰을 보고 있다. 그러고는 "딸들 때문에 스트레스 받아." 윤슬이랑 싸웠다. "스트레스 받아서 라면이나 끓여 먹어야지."라고 하고 주방으로 가서 진라면 매운맛 1인분을 끓이려고 냄비를 꺼낸 후에 물을 끓이고 "청양고추도 넣어서 먹어야지." 한다. 그리고 냉장고에서 김치를 꺼내고 화장실에 들렀다가 라면을 끓이러 주방에 가서 면을 넣고, 건더기 스프를 넣고 분말 스프를 넣고 청양고추를 가위로 잘라서 넣었다. 그리고 냉장고에 가서 파를 가져와서 씻고 뿌리를 자르고 라면에 가위로 잘라서 넣고 휘휘~ 저었다. 그리고 또 넣고, 젓고 파를 넣고 "흐응~"이라고 하고, "오랜만에 먹는 라면이야. 한 한 달만인가?" 라고 하며 또 한 번 젓가락으로 라면을 저었다. 그리고 냄비 받침에 냄비를 올려놓고 밥이 있는 그릇에 넣어서 한 입 먹고 또 먹고 김치 한 젓가락 먹고 계속 면을 먹었다. 이번엔 아예 라면을 다 밥에 비벼서 김치랑 먹었다. 그리고 면은 거의 다 먹고 숟가락을 가져가서 남은 국물과 밥을 떠먹고 국물을 먹은 후에 "카하~"라고 말한다. 라면을 다 먹었다. 그리고 김치 통 뚜껑을 닫고, 냉장고에 김치를 넣으며 "꺼억~" 트림을 했다.

그리고 우유를 통으로 꺼내서 그냥 컵을 안 쓰고 입을 대지 않고 마시고 나서 냄비를 설거지 통에 넣고 입을 닦고 다시 냉장고를 열고 또 우유를 마신 뒤에 거실로 갔다. 아빠를 자세히 관찰해보니 특이한

점도 많고, 웃긴 점도 꽤 있는 거 같다.

아빠 박예준

아빠가 설거지한다. 설거지를 하기 전에 먼저 설거지통을 닦는데 깨끗한 척인지 그냥 원래 깨끗한 건지 모르겠다. 숟가락, 젓가락을 놓을 땐 달그락거리고 그릇을 놓을 땐 따닥따닥 같은 소리가 난다. 설거지통이 유리라서 그런지 조심조심 놓는다. 노란색 수세미에 주방세제를 짜서 싹싹 구석구석 닦는다. 그 자리에서 꿈쩍도 않는다. 갑자기 "설거지거리 더 없나?" 이런다. 설거지가 더 하고 싶은 걸까? 글 쓰느라 설거지통을 안 본 사이 설거지통이 그릇과 수저로 꽉 찼다. 엄마한테 "설거지거리 더 없어?" 하고 물어본다. 엄마는 "더 없는데?" 이런다. 빨간 음식 때문인지 거품이 빨간색인 거 같다. 주방세제로 다 닦고 물로 헹궈낸다가 아니라 또 설거지통을 닦는다. 정말 노래도 안 부르고 다리도 안 움직인다. 다시 물을 틀길래 헹구는가 했더니 또 아니다. 이번엔 갑자기 "이거 음식물 쓰레기 냄새야?" 하면서 음식물 쓰레기통을 본다. 수세미는 꽉 잡고, 손목, 팔을 움직이며 설거지한다. 드디어 물로 헹군다. 물로 헹구고 비벼보니 뽀득뽀득 소리가 들린다. 계~속 뽀드득 뿌드득거린다. 그러곤 식기 건조대에 올려놓는다. 엄마가 옆에서 토마토를 씻는다. 아빠가 드디어 다리를 움직인다. 옆으로 비켜주었다. 설거지통에서는 점점 컵, 숟가락, 젓가락, 그릇이 사라져가고, 식기 건조대에는 점점 쌓인다. 그렇게 설거지가 끝났다. 이렇게 관찰을 하니 더 알아가는 것 같고 좋다.

엄마의 아침 김아인(장승초 6학년)

엄마가 계란을 한다. 이제 막 숟가락으로 계란을 톡 깨고 나한테 "뭐하고 있어. 빨리 먹어." 하고 계란한테 뭘 한다. 그리고 뒤집개로 뒤집었다. 딸기잼을 떠서 무언가에 발랐다. 딸기잼이랑 물을 냉장고에 넣고 만든 샌드위치를 라온이 가방에 넣고 싱크대 물을 튼 다음 "앗, 뜨거." 하고 전화를 받는다.

"여보세요? 네, 네, 네, 네, 네, 네? 네, 오늘 6시 반. 아, 제가 직장을 다녀어서. 아, 그러면 12시 10분요. 아, 네. 아, 네네네~ 20분요? 아, 알겠습니다. 괜찮을 거 같아요. 네네네, 네, 네 네~~"라고 했다. 힘들다. 그리고 분주하게 움직인다. 그리고 레고상자를 정리하다 나한테 "아인아, 너 자동차 다 부서졌는데 버려?" 하고 물었다. "아니." 엄마는 또 분주하게 움직인다. 거실을 치운다. "아인아, 지금 50분이야. 빨리 가."라고 했다. 지금 막 "라온아, 일어나. 넌 못 먹고 가겠다."라고 했다. 난 이제 가야 해서 그만 써야겠다.

윤아 글을 보면 아빠가 소파에 누워 발을 까딱까딱하는 장면도 보인다. 또 혼잣말로 중얼거리는 말도 들린다. 라면을 끓이면서 아무도 없을 때 편하게 하는 행동도 보인다. 이 장면을 보고 있는 윤아 마음은 어떨까? 평소에 그냥 넘어가거나 크게 관심 두지 않을 상황에서 마음을 줌으로써 발견하게 되는 장면이다.

아인이 글을 보면 아주 짧은 시간에 쓴 글임을 알 수 있다. 굳이 긴 시간 쓰지 않아도 된다. 짧은 시간에 관찰하는 대상의 행동과 말투, 몸짓을 관찰하면 된다.

무엇이든 자세히 관찰하는 힘을 키우는 것은 탄탄한 글쓰기의 기본이 될 수 있다.

모르는 척하지 않기

'내가 어려운 상황에 있을 때 누군가 도와줄 사람이 있을까?'

'나는 누군가 어려움을 겪고 있는 사람에게 도움을 줄 수 있을까?'

쉽지 않은 질문이다. 먹고 살기 어려운 세상이 우리를 각박하게 만들었는지도 모르겠다. 공동체를 꿈꾸며 잘해보자고 하지만 공동체에 익숙하지 않은 우리에게 쉽지 않은 과정이다.

뉴스에서 도시가 물에 잠기고, 많은 사람이 피해를 입어도 내 일이 아니라고만 생각하기 쉽다. 결국 그 마음은 돌고 돌아서 내가 피해를 입었을 때 정작 나에게 돌아오게 된다. 이 단순한 이치를 알지 못하면

나 혼자 잘살면 된다는 생각에 빠지기 쉽겠지. 물에 잠긴 도시, 쓰레기 더미가 물에 둥둥 떠다니는 사진들을 보고 시 한 편을 나누었다.

일본 대지진 강희주 (장승초 6학년)

일제 강점기 때
우리나라를 침략한 일본
지금도 독도를 자기네 땅이라고
우기고 있는 일본

그렇지만 일본에
대지진이 일어난 지금
일본 사람들을 미워할 수가
없게 되었다.

일본 사람들도 사람인데
과거에 못되게 굴었다고
지금 대재앙이 와서까지
차갑게 대할 수는 없다. (2011.3.17)

남의 일이라고 생각하면 절대 이런 마음이 나올 수 없겠다. 다른 사람의 일이 내 일이 되는 마음, 허투루 넘기지 않는 그 따스한 마음이 결국 공동체를 지탱하는 힘이 되기도 하니까.

지구 곳곳에서 전쟁과 살상이 이어지고 있다. 가까운 동남아 미얀마가 그렇고, 우크라이나와 러시아에서는 전쟁으로 많은 사람이 죽고 있다. 죽은 사람을 여러 사람이 업고 가는 장면, 무릎을 꿇고 기도하는 수녀님의 모습을 바라보는 방패를 든 군인들의 모습, 수녀님 앞에서 함께 무릎을 꿇은 경찰들의 모습도 보게 된다. 최루탄이 터지고, 죽은 사람 앞에서 우는 미얀마 모습은 흡사 5.18 광주의 모습을 떠오르게 한다.

• 미얀마 군부가 한 짓과 쿠데타 이야기를 듣고 숨이 턱턱 막히고 목이 메었다. 그게 사람이 할 짓인지. 인정사정 가리지 않고 나이가 어떻든 쏴 죽인다. 시민은 평화시위를 하는데 죽인다. 심지어 학생마저 죽이고, 이 일을 숨기려고 시체를 도굴까지 한다. 죽여놓고 뻔뻔하게 가족에게 시체를 가져가라 한다. 정말, 진짜 그게 사람이 할 짓인가? (김아인)

• 군인과 당하는 사람들은 불쌍하다고 생각한다. 왜냐하면 군인도 시키니까 할 수밖에 없고, 당하는 사람이 제일 불쌍하다. 이유도

없이 당하니 당하는 사람 입장에서는 어이가 없을 것이다. (이민혁)

• 죄없이 죽는 게 너무 불쌍하다. 진실을 안 파헤치려고 시체를 파서 가져가는 게 인간답지 않은 행동 같다. (김유민)

• 어이없고 뻔뻔하다. 지금이 어떤 시대인데 쿠테타를 일으키고 시체를 훔쳐서 증거를 인멸했다. 그리고 쿠테타 군부는 소시오패스 같다. 미얀마 시민들에게 죽음을. 전 세계 나라에는 거짓을. 겁나 나쁘다. 러시아나 중국 같은 나라는 왜 반대하는지 모르겠다. 너무 슬프다. (박찬우)

• 저번에 뉴스에서 봤을 때는 아, 그렇구나 정도였는데 지금은 화가 나고 나도 캠페인에 참여하고 싶다. 빨리 UN이 나서면 좋겠다. (문준성)

미얀마 송성규 (장승초 6학년)

자기 국민들을 죽이는데
너희는 창피하지 않냐?
너희들은 무엇 때문에 그렇게
소중한 사람들을 죽이냐?
너희들은 양심과 가정이 없냐?

사람들 죽음이

세계에 희생하면서

알리는 것인 것 같다.

미얀마의 일은 남의 일이 아니라

우리에게도 있었던 일이니

무시하지 않을 거다.

나는 그 사람들에게

많은 것을 할 수 없는 내가 부끄럽다.

미얀마 박예준(장승초 6학년)

어떻게 그렇게 겁 없이 사람들을 쏘고 때릴까.

미얀마 사람들이 너무 불쌍하다.

군인들도 총 쏘다가

자기 가족들이나 관련된 사람 죽이면

속상해하고 울고 소리치고 할 거면서.

모든 사람이 모르는 척하지 않고

세 손가락 경례하며

미얀마 사람들을 응원해줬으면 좋겠다.

전쟁하지 않고 그냥 평화롭게

살면 안 되나?

아무리 시키는 거래도

어떻게 그렇게 자연스럽게 쏴서 죽일까?

숨이 턱턱 막힌다는 표현도, 창피하지 않느냐는 물음도 아이들 마음에서 나오는 있는 그대로 울림이다. 아이들 울림 그대로 우리가 할 수 있는 작은 것들을 찾아서 당장 우리 아이들과 무엇이라도 해야겠다 싶어서 다모임을 하고 바자회와 모금을 하기로 했다.

함께 결정하고 시작은 했지만 막상 시간이 다가오니 잘 할 수 있을까, 하는 걱정도 되었다. 하지만 주말에 모둠끼리 만나서 바자회 때 하기로 한 준비물도 사고, 아이들끼리 의견을 주고받는 걸 보니 잘 하리라는 믿음이 생긴다.

모둠별로 살 수 있는 돈도 정해주고, 수익을 내면 재료 값에 든 비용은 다시 가져갈지 아니면 그 돈도 기부할지 모둠별로 정하기로 했다. 그래서 아이들은 주말 동안 모둠끼리 만나서 이것저것 재료도 사고 준비도 했다. 그런 준비 과정이 참 귀하고 가치가 있는 것이다.

바자회 준비 때문에 생고생한 날 김아인(장승초 6학년)

저번 주 토요일에 홈플러스와 다이소를 갔다. 화요일에 바자회가 있어 준비물을 사러 가려고 얘들하고 계획과 준비물 목록을 짰다. 너무너무 기대되어 잘 때 자꾸 뒤척뒤척하다가 잠들었다.

드디어 대망의 토요일!!! 비가 왔지만 그래도 갔다. 가다가 203동에서 정주혁을 만나 위브 어울림으로 갔다. 태연이와 육교에서 만났다. 윤아는 원이모가 코로나 때문에 못 간대서 못 왔다. 아쉬웠지만 태연이와 주혁이랑 홈플러스로 갔다. 가는 길에 옆에서 주혁이랑 태연이가 좋알댔는데 차 소리 때문에 뭐라 했는지 하나도 못 들었다.

계속 걷고 있는데 신발엔 점점 물이 차 들어가고 습기 때문에 숨도 막히고 옷도 젖었다. 으.... 차라리 안 나올걸, 하는 생각이 스멀스멀 올라왔다. 정말 사서 고생이다. 홈플러스에 도착해서 준비물을 사러 갔다. 제일 먼저 마가린을 사러 갔다. 마가린 이름이 마아가린 이다. 그게 너무 웃겨서(웬지 모르겠지만) 나랑 태연이, 주혁이는 지금도 마아가린이라고 부른다. 몇 그램이 필요한지 계산해 봤다. 근데 마아가린이 5개 필요한 거다. 그래서 다섯 개 들고 쫄랑쫄랑 갔는데 사람들이 자꾸 쳐다보는 느낌이 들었다. 그래서 내가 주혁이에게 "야, 삼시세끼 마아가린만 먹어도 되겠다."라고 말했다. 계산 결과가 하도 이상해서 다시 계산해 보니 마아가린 2개였다. 첨에 진~짜 깜짝 놀랐다.

마아가린을 사고 치즈랑 햄을 샀다. 그다음에 밀가루를 사고 색소 슈가 파우더를 샀다. 왠랜 브라우니를 만들어야 해서 다크 초콜릿을 사야 하는데 너무 비쌌다. 그래서 와플로 바꿨다. 요리 재료를 다 사고 다이소를 갔다. 거기선 키링, 가게를 꾸밀 풍선, 서비스로 손님들 줄 사탕도 사고 그다음은 개인 물건들을 샀다. 이제 정말 다 샀다. 엄마가 데리러 오셔서 태연이, 주혁이를 데려다주고, 나도 집에 갔다.
(2021.3.26)

마침 주말에 비가 와서 참 힘들기도 했을 텐데 마음을 냈다는 게 고마웠다. 저마다 준비한 재료를 꺼내고 맛나방에 있는 기구들을 활용해서 쿠키도 만들고, 떡볶이도 만든다. 또 치즈가 듬뿍 들어간 샌드위치도 제법 먹음직스럽게 만들었다. 또 어떤 모둠은 아이들이 좋아하는 카드나 물건을 가져와 팔기도 했다. 무엇보다 아이들 동선을 잘 살펴서 책상 위치도 바꾸고, 모둠마다 적당한 위치에 자리를 잡아서 준비했다.

"애들아, 준비됐어? 시작할까?"

"아뇨, 10분만 시간 더 주세요."

반죽하는 아이들 그리고 오븐에 식빵을 넣는 아이들, 저마다 모둠에서 준비하는 아이들이 손놀림을 빨리 했다.

드디어 바자회 하는 맛나방 문이 열리고 3학년 아이들이 우르르 들어왔다. 그리고 5학년 아이들도 들어온다. 제일 먼저 마실 주스도 사고, 쿠키와 물건도 산다. 모둠마다 아이들 줄이 길게 늘어섰다. 쉴 틈도 없이 아이들은 아주 바빴다. 이리저리 분주하게 다니기도 하고, 먹을거리를 찾는 아이들에게 소리 높여 자기 물건을 사달라고 말하기도 했다.

바쁘기는 하지만 아이들 표정이 아주 밝다. 뿌듯함이 그대로 얼굴에 묻어난다. 바자회 중간중간 설거지를 하는 아이들, 빗자루를 들고 바닥을 쓰는 아이들, 걸레로 바닥을 닦는 아이들, 모둠 준비물을 정리하는 아이들, 밖에서 노는 아이들, 이렇게 아이들은 저마다 역할을 하고 있다. 특히 설거지를 하는 아이들은 자세를 잡고 하는 모습이 한두 번 해본 솜씨가 아니었다.

바자회 강윤아 (장승초 6학년)

오늘 바자회를 해서 집에서 빨리 나왔다. 그리고 학교에 갔는데 내가 어제 만든 잔돈 통을 깜빡하고 못 가져와서 다시 집에 갔다 왔다. 그렇게 왔다 갔다 하니까 전주 버스가 벌써 왔다. 일단 준비를 해야 하니 풍선에 헬륨가스를 넣고, 맛나방에서 준비를 하는데 또 잔돈 통을 책가방에 놓고 와서 가지고 왔는데 맛나방에 태연이랑 아인이가 와있었다. 그래서 어제 준비했던 스콘이랑 미쯔, 화이트 쿠키, 초코칩 쿠키를 준비해놓고 와플은 오븐에 먼저 넣어놓았다. 그리고 생크림을 만들려고 휘핑 기계를 켰는데 고장이 났는지 안 되어서 다른 휘핑 기계로 휘핑을 해서 생크림을 만들었다. 그리고 청을 컵에 넣고 얼음도 넣어놓았다. 그리고 아인이가 그린 그림을 준비하고 팔찌 만드는 것도 준비해놓았다. 그렇게 준비를 하니까 시간이 벌써 다 되었다.

아이들이 우르르 들어왔다. 처음에는 우리가 아직 준비가 덜 되어 있어서 안 왔다. 그래서 당황했는데 다행히 좀 지나니까 애들이 많이 왔다. 거의 와플을 많이 사 갔다. 근데 애들이 만 원이나 오천 원을 줘서 거스름돈을 많이 줘야 했다. 그래서 잔돈이 많이 부족했다. 그리고 에이드는 원래 천오백 원으로 해서 자기 물통에 넣어주려고 했는데 애들 대부분이 물통이 없다고 해서 그냥 컵에 넣어서 오백 원으로 바꿨다. 나는 가격이랑 이름이랑 메뉴랑 학년을 써야 하는데 그걸 까먹고 못 써서 알아서 썼다. 그리고 제일 먼저 아인이가 그린 그림과 팔찌를 다 팔았다. 그리고 와플을 다 팔아서 산 와플 믹스를 물이랑 섞어서 반죽을 만든 다음 와플 팬에 넣어서 와플을 만들었다. 1,2학년이 늦게 와서 음식을 남겨 놓았는데 스콘도 금세 팔렸다. 그리고 윤슬이가 계속 우리 가게 쪽을 어슬렁거리고 있어서 내가 윤슬이한테 떡볶이를 사오라고 해서 사와서 먹었는데 정말 맛있었다. 그 떡볶이는 정경찡 떡볶이라는 가게에서 산 거다. 그리고 에이드가 안 팔려서 내가 떡볶이랑 같이 맛있게 먹었다. 다른 애들 음식이나 다른 물건들은 못 먹거나 사지 못해서 아쉬웠다.

바자회가 끝나고 번 돈을 세어봤는데 14만 원이 넘게 나왔다. 정말 많이 번 것 같다. 그리고 다른 가게랑 모금함에 있는 돈은 모두 80만 원이 넘었다.

미얀마 시민들에게 도움이 되었으면 좋겠다. 처음엔 그냥 바자회를 하지 않고 그냥 바자회를 할 돈으로 그냥 기부를 하는 게 더 좋을

거 같았는데 이렇게 하는 게 더 좋은 것 같다. (2021.3.30)

설거지 박예준(장승초 6학년)

1묶음에 바자회를 시작해서 2묶음에 끝나고 맛나방을 정리했다. 책상을 닦고 싱크대 앞에 와서 소매를 걷도 설거지를 시작했다. 박찬우가 먼저 설거지를 하고 있었다. 나는 옆 싱크대 앞에 서서 설거지를 시작했다. 얼마 뒤에 박지성, 이민혁도 와서 같이 설거지를 했다. 숟가락, 그릇, 컵 등등 바자회에서 쓴 요리 도구들을 퐁퐁으로 한 번 닦고 물로 헹궜다. 하는 김에 남은 그릇들도 하려고 '또 할 게 있나?' 하면서 둘러보았다. 그때 아직 책상 정리 못한 곳에 설거지 할 그릇들이 많이 보였다. 나는 얼른 가서 그릇을 들고 싱크대로 다시 왔다. 가지고 온 그릇들을 싱크대에 놓고 보니 아까 전에 했던 그릇들이 눈앞에 보여서 설거지거리가 싱크대에 가득 찬 것 같았다. 다시 정신을 차리고 설거지를 했다. 박지성이 "어디서 자꾸 계속 와."라고 했다. 맞는 말. 설거지를 끝내면 뒤에서 애들이나 선생님들이 또 가져다준다. 그래서 맛나방에서 쓴 그릇들이 아닌 급식실에서 오는 것 같았다. 끝이 없다. 언제 또 와플 기계를 가져왔는지 박찬우가 와플 기계를 닦고 있었다. 또 이민혁은 떡볶이 떡이 붙은 그릇을 닦고 있었다. 와플 기계는 반죽이 사이사이에 붙어 있어 안 떨어지고 떡이 붙은 그릇은 떡이 붙어서 안 떨어졌다. 이민혁이랑 떡을 떼어내다가 박찬우를 도와주었다. 손톱으로 긁어서 박찬우랑 같이 "아!" "아오, 아파."
이러면서 닦았다. 그러다 보니 설거지는 끝! 다 같이 하니 빨리 끝난
거 같다. (2021.3.30)

물론 많은 돈을 벌어서 기부한 것도 참 귀한 일이지만 그냥 바자회
만 열고 끝난 게 아니라 청소하고 설거지하는 것도 바자회의 중요한
과정이다. 아이들은 너나 가리지 않고 설거지와 청소를 열심히 했다.

"쌤, 우리 ○○ 벌었어요."

"우리는 더 벌었어요. 돈 봐봐요."

모둠마다 번 돈들을 보여준다. 교무실에서 돈 정리를 하고 나니
833,850원을 벌었다. 장승 식구들이 듬뿍듬뿍 함께 마음을 내준 덕이
다.

"우리 833,850원 벌었어."

"와~~~~~"

저절로 교실에 함성 소리가 울렸다. 믿어주고 응원해주고 할 수 있
도록 판을 만들어주면 의미 있는 활동을 아이들과 함께 할 수 있다.

기행문 쓰기

장승초 5, 6학년 아이들은 지리산 성삼재부터 연하천, 벽소령, 세석, 장터목, 천왕봉, 백무동까지 약 36킬로미터를 해마다 2박 3일 동안 걷는다. 아이들에게 너무 힘든 과정을 하는 게 아니냐는 이야기를 자주 듣지만, 십여 년 해오면서 졸업한 아이들과 이야기를 나눠보면 이보다 더 멋진 교육과정이 없음을 다시금 느끼게 된다.

"지리산에서 힘들고 어려운 과정을 겪으면서 조금 어려운 일을 겪으면 별거 아니네, 하는 생각도 하게 되고, 다른 아이들은 대학생이 되었는데도 지리산 종주는커녕 힘든 일을 잘 몰라요."

졸업생 가운데 한 아이가 한 이야기다. 지리산 종주를 하면서 보고 듣고 느끼는 과정이 삶을 살아가는 데 큰 힘이 되고 있음을 알 수 있다.

다른 교육적인 내용을 빼고도 해마다 쓰는 지리산 종주 기행문 쓰기는 연례행사가 되어 지리산을 다녀오면 기행문을 써야 하는구나, 생각한다. 2017년에 장승초를 졸업한 산하라는 아이는 2박 3일 지리산 종주를 놀랍게도 A4 11포인트 글자 크기로 무려 29쪽이나 썼다. 요즘도 지리산을 다녀온 아이들에게 산하 글을 읽어주는데 누구나 반응이 놀랍다를 넘어 입을 다물지 못할 경지라고 입을 모은다. 산하가 쓴 글을 다 실을 수는 없고, 재미나거나 잘 표현한 부분을 소개하고 싶다. 가만히 보다 보면 어떻게 저런 장면까지 떠올릴 수 있는지 놀랍기만 하다. 2박 3일 동안 겪었던 모든 장면을 마치 카메라나 동영상으로 찍은 것만 같다.

1) 역시 힘든 길은 힘든 길이다. 온통 엄청난 돌계단뿐이라서 걷기가 힘들었다. '이 돌계단의 끝이 어딜까?' 하는 생각도 들었지만 끝이 없을 리가 없으니까 노고단 대피소를 향해 열심히 걸었다. 그리고 열심히 걷긴 했지만 정신은 멍한 상태였다. 다리는 그냥 움직일 뿐이었다.

2) 가는 길에는 아무도 아무 말 없이 열심히만 걸으니 삼도봉에 도착했다. 작년에 삼도봉에서 서현이한테 영상통화를 걸으면서 경치를 구경하고 기뻐했는데 이제는 일단 쉬는 게 우선이었다.

3) 화개재에서 연하천까지 많이 남았지만 그동안 걸은 것을 생각하니 기분이 좋았다. 나는 그 생각하며 한창 잘 걷다가 앞에 있던 정현민이 오르막길에서 내가 앞으로 가라고 해서 갔는데 걔가 가방끈을 잡고 자기 체중을 실으면서 편하게 올라가는 것이었다.

4) 대피소에 들어갔는데 불이 다 꺼져있었다. 그리고 다영이가 들어오자 불이 켜지면서 "생일 축하합니다~" 노래를 불렀다. 너무 크게 불러서인지 다영이는 들어오다가 나가면서 문을 쾅 닫아버렸다. 우리는 모두 당황했다. 아마 다영이도 당황했을 것 같다. 난 그 느낌

이 어떨지 궁금하다. 예상하지 못했는데 생일 축하를 받는 것. 난 한 번도 느껴보지 못해서 그저 다영이가 부러울 뿐이다.

5) 잠시 쉬어 가는데 킹콩이 어떤 꽃을 보고 "저게 투구꽃인데 투구같이 생겨서 투구꽃이야"라고 하셔서 투구같이 생겼는지 살펴봤는데 해마같이 생긴 것 같았다. 그래서 내가 "해마같이 생겼다." 그러니까 다영이가 "새같이 생겼어" 그러고 유승민은 "아기가 서 있는 것 같아"라고 했다.

6) 가다가 너무 심심해서 내가 "원숭이 엉덩이는 빠알개 빨가면 사과 사과는..." 이렇게 말을 하니까 어느새 다른 애들도 따라서 하고 있었다. 그러다가 "백두산은 뾰족해, 뾰족하면 바늘.."까지 했는데 그게 아는 것의 끝이었다. 그래서 나는 그냥 바로 지어서 "바늘은 얍실해" 했는데 다 따라 하는 것이었다. 그래서 또 그다음 것을 곰곰이 생각하다가 나는 빼빼로가 떠올라서 자연스럽게 "얍실하면 빼빼로" 그랬다. 그리고 또 빼빼로 다음 뭘 할까, 생각하다가 내가 "빼빼로는 달콤해, 달콤하면 사탕" 그랬다.

7) 출발하고 조금 가다가 다인이 신발 끈이 풀어졌는데 다인이가 신발 끈을 못 묶어서 지나가던 양양이 묶는 방법을 알려주셨다. 근데 민이가 그 틈을 타서 다인이 가방에 단무지를 넣었는데 주위에 있던

다른 애들이 웃었다. 다인이는 얼마나 집중했으면 느낌도 못 느끼고 계속 신발 끈 강의를 듣다가 출발했다.

8) 돌 위에 앉아서 쉬고 있는데 여자애들이 왔다. 그리고 어찌어찌하다가 얘기를 하게 되었는데 서현이가 왜 나를 나쁘다고 했냐면 세석대피소까지 갈 때 같이 가자고 약속했으면서 먼저 가서 배신당한 느낌이었는데 내가 자꾸 나쁘다고 말하니까 더 짜증이 났다고 했다. 결국 오해를 풀고 화해했다.

9) 가다 보니 앞으로 갈 길이 보이는 곳이 있었는데 엄청 난 돌계단들이 까마득하게 있었다. 나는 "저기를 어떻게 가!" 하고 놀라며 말했다. 그리고 갈 곳을 다시 보지 않은 채 밑만 보고 걸었다.

10) 천천히 내려가서 물을 채우고 다시 올라가는데 내려갈 때보다 계단이 더 많이 생긴 느낌이었다. 역시 내리막보다는 오르막이 더 힘든 것 같다. 그렇게 물을 뜨고 가다가 매점에 가니까 매점 문이 닫혀있었다. 알고 보니 매점은 8시에 닫는데 우리가 8시 3분에 도착했기 때문에 3분 늦어서 못 샀다. 매점 문 닫는 시간이 참 철저한 것 같다.

무려 30쪽에 달하는 산하가 쓴 글을 읽다 보면 어떻게 저런 장면까지 떠올릴 수 있는지 놀랍기만 하다. 2박 3일 지리산을 걷는 일은 보통 아이들 같으면 힘들어서 아무 생각이 안 날 것 같은데, 2박 3일 동안 겪었던 모든 장면을 마치 카메라나 동영상으로 찍은 것같이 주고받은 말과 행동, 일어난 일까지 자세하게 쓰고 있다. 같은 일을 겪어도 무슨 말과 행동을 했는지 또렷하게 떠올리는 건 누구나 할 수 없는 일이다.

다음 글도 한라산을 다녀와서 서원이가 쓴 글이다. 장면이 잘 떠오르고 가는 도중에 어떤 생각이 떠올랐는지 생각이 잘 드러난 기행문이다.

한라산 신서원(장승초 6학년)

처음 가는 한라산이 나도 모르게 걱정되고 설레었는지 엄청나게 졸린데 눈이 떠진다. 아침에 비몽사몽 일어나서 준비하고 아침 먹으러 내려가서 아침을 먹고 버스를 탄다. 버스를 타니 눈이 스르륵 감긴다. 눈을 떠보니 한라산 입구 성판악에 도착해 있었다. 버스에서 내리니 엄청난 추위가 느껴지고 몸이 막 떨렸다. 그래도 산을 오르다 보면 괜찮아지겠지, 생각했다. 발열 체크를 하고 산을 올라가는데 낯설었다. 산이 열 체크하고 올라가는 곳인가?

앞에 먼저 간 남자애들은 막 뛰어가서 보이지도 않았다. 올라가는데 몸에 열이 하나도 안 났다. 이게 산인가 산책하는 곳인가 생각이

들기도 했다. 처음에는 쉬지 않고 주머니에 손 넣고 애들과 이야기하며 갔다. 그러다가 점점 거리도 벌어지고 하다가 또 만나고 그랬다. 얼마나 올라갔을까. 옆에 올라가시는 분들이 많았다. 거의 오르막이 없는 길을 가다 보니 표지판에 속밭 대피소가 나왔다. 어떤 어른 한 분이 "학생들 여기서 많이 쉬고 가야 해." 여기부터는 좀 힘들다 그러셔서 충분히 쉬고 다시 올라갔다. 가다 보니 노란색 선으로 그어진 길은 다 왔고 빨간색 길만 남았다. 킹콩이랑 애들이랑 간식도 나눠 먹고 재밌는 이야기도 하며 다시 걸어갔는데 어느새 나는 추위를 잊고 있었다. 하지만 딱 감기 걸리기 좋은 날씨였다. 무릎에 손을 올리며 계단을 올라가고 있는데 사라오름 입구라고 표지판이 있었다. 애들이랑 나는 하도 숨이 차서 "여기 사라오름 올라가서 이야기하다 라면 먹고 내려갈까?" 그랬다. 하지만 그러기엔 너무 아쉬웠다. 그때 성규랑 주혁이, 준성이가 "우린 한라산에서 라면 먹을 거다." 그래서 딴 생각하고 있던 나랑 윤아는 정신 차리고 다시 올라갔다. 정말 빨간 코스여서 그런지 좀 힘들었다. 구봉을 올라간 사람끼리는 "구봉에 비하면 엄청 쉬운 거다." 하며 억지 용기를 내며 올라갔다. 오르락내리락하면서 힘들게 올라가고 있었는데 진달래밭 대피소가 나왔다. 정말 신이 났다.

"애들아 이제부터는 초록색 길이야~~"

"오예~~"

'이제부터는 정상이 눈에 훤히 보이는구나.' 하는 생각으로 올라갔다. 나, 준성, 아인, 윤아 이렇게 같이 올라가는데 내려오시는 어떤 분이 "그 애는 식성이 그렇게 좋아서 먹을 거 욕심을 그렇게 부린다 더라" 그랬는데 듣고 있던 내가 "먹을 거에 욕심부리는 거 혹시 내 얘기인가?" 그러고 준성이는 "나 순간 나 말하는 줄 알고 찔렸잖아." 그러고 윤아도 "인정, 나 말하는 줄 알고 깜짝." 그랬다. 우리는 같은 생각을 하고 있었다는 것을 알고 너무 웃겨서 계속 웃었다. 엄청 많 이 온 것 같은데 도착한 것 같지는 않아서 준성이가 내려오는 분께 "혹시 얼마나 남았어요?" 하고 물어보니 "학생들 동심 파괴하기 싫은 데 정상 갈려면 한참 멀었어요." 그러셨다. 우린 단체로 충격 먹었다. '와 얼마나 더 가야 하는 거야. 우리 오늘 안에 도착하는 거 맞겠지?' 하는 생각이 계속 들었다. 그분이 그 말만 하지 않으셨어도 우리는 '곧 도착'이라는 큰 기대를 안고 올라가는 거였는데. 얼마쯤 더 가니 무슨 만리장성도 아니고 쭉 꼬불꼬불 계단이 엄청나게 길게 있었다.

　"애들아 우리 저길 올라가야 하나 봐"

　나는 정말 두려웠다. 높은 지대에 올라와서 그런지 바람도 세게 불고 춥고 따뜻한 라면이 너무 먹고 싶었다. 그런 마음 덕분인지 두 칸씩 계단을 올라갔다. 그리고 무엇보다도 나는 백록담을 너무 너 무 너무 보고 싶었다. 지옥의 무한 계단을 거의 다 올라갈 때쯤 풍경 을 봤는데 입이 떡 벌어지게 예뻤다. 눈 온 것처럼 하얗게 뭔가가 있 었고 나에게 보여주듯 막힌 것이 하나 없이 제주도가 펼쳐져 있었다. 그렇게 한참 바라보고 있다가 다시 계단지옥을 올라갔다. 그렇게 아무 말 없이 가다가 윤아가 "우리 들어갈 때 손잡고 들어가야 해 알겠지?" 그래서 "응 당연히 그래야지." 그랬다. 그때 준성이 핸드폰으로 전화가 왔다. 박찬우인가? 어쨌든 남자애들 중 한 명의 전화였다. 전화 통화가 끝나고 준성이는 우리한테 "먼저 올라간 남자애들이 우리 가방 들어 주러 내려온다는데?" 우리는 "오케이~~! 야 빨리 내려오라고 해 힘들어 죽겠다고." 그랬다. 그렇게 우리는 애들이 내려오는 줄 알고 천천히 쉬엄쉬엄 걸었다. 근데 전화 통화 한 지 30분 가까이 되는데 남자애들은 안 내려오고 우리는 기다리면서 걷고 그랬다.

"문준성, 애들 내려오는 거 맞아?"

"응 분명 내려온다고 했는데."

우리는 그냥 사기쳤나 보다 생각하고 올라갔다. 정상이 가까워진 것처럼 손이 달달 떨리게 춥고 롱페딩이 시급하게 필요했다. 그때 손잡이를 잡고 올라가는 바위가 보였다. 손잡이가 있는데 손이 엄청 시려서 주머니에서 손을 빼지도 못했다. 그런 다음 준성, 아인, 윤아, 나는 대충 손을 잡고 갔고 다시 손을 놓고 주머니 속에 손을 집어넣었다. 계획은 끝까지 손을 잡고 가는 거였는데 개뿔 손을 3초라도 다 같이 잡고 있었을까 싶다.

그렇게 정상에 도착해서 우리 반을 찾았다. 데크 같은 곳에 모여 있었다. 얼른 거기로 가서 라면을 꺼내려고 하는데 바람이 내 귀싸대기를 막 때렸다. 와, 이렇게 추울 수가. 그렇게 덜덜 떨며 라면을 꺼내고 보온병도 꺼냈다. 빨리 뜨끈한 라면 국물을 먹고 싶었다. 근데 라면에 물을 붓는데 뭔가 이상한 낌새가 느껴졌다. 옆에서 킹콩은 라면 과자를 먹고 있고. 다른 애들은 물이 차갑다. 어쨌든 내 물은 연기가 나고 있으니 일단 물을 부었다. 그러고 3분 정도 지나고 라면을 봤는데 아래는 익고 위에는 안 익어서 라면을 뒤집고 또 기다렸다. 기다리는 동안 나는 보온병에 물이 남아서 손에 물을 부었다. 그리고 옆에 윤아한테도 "너도 좀 부어줄까?" 하니 "응" 그래서 나한테 붓고 윤아한테도 부었는데 그 따뜻함도 잠시 엄청나게 추워서 따뜻한 물이 내 손에서 얼음이 된 듯했다. 갑자기 드는 생각. '아, 내가 왜 이 생각을 못 했지?' 더 더 더 추움이 배가 됐다. 그렇게 나는 불어터진 라면을 먹고 이제 뜨끈한 국물을 먹어봤는데 그 뜨끈한 국물이 어디로 갔을까. 내가 먹은 건 차가운 국물이었다. 서러웠다. '내가 뜨거운 국물 마시려고 어제 편의점에서 태연이랑 얼마나 고민했는데 짜파게티 같은 라면이 먹고 싶었는데 태연이가 한라산을 추울 거 같다고 해서 국물이 있는 라면 고른 건데 나름 생각 많이 했다고 생각했는데 내가 차가운 국물을 먹게 될 줄이야.'

어쨌든 선생님들이 국물 버릴 때도 없고 음식물 버릴 때도 없다고, 남긴 것은 가지고 내려가야 한다고 해서 먹을 수 있는 만큼 먹었는데 누가 차가운 라면이 먹고 싶겠어. 그래서 나는 좀 많이 남겨서 다 먹은 밀키스 병에다가 남은 라면 국물을 넣고 나름 편하게 갔다. 그리고 줄이 긴 비석 말고 줄이 짧은 비석에 가서 단체 사진을 찍었다. 그리고는 백록담을 봤다. "우와~~~ 진짜 멋있다~~~"라는 말이 연신 나왔다. '황홀하다'라는 말을 이럴 때 쓰는 것인가? 이거 보러 온 것 같은 느낌이었다.

킹콩이 하산해도 된다고 해서 산을 내려갔다. 내려갈 땐 되게 쉬웠다. 나는 유연이랑 남자애들이랑 내려갔는데 막 뛰어서 내려가니 진달래밭 대피소까지 25분 걸렸나? 그쯤 걸리고 또 조금 쉬다가 다시 뛰어서 내려가는 데 뛰어 내려가는 우리를 보고 사람들이 "쟤넨 뭔데 저렇게 빨리 내려가?" 그러고 "와~~" 함성소리를 질렀다. 막 박지성을 좇아 내려가는데 어라? 왜 유연이가 없지? 그랬다. 어느새 첫 번째로 나랑 박지성만 내려가고 있었다. 계단은 다리를 쭉쭉 뻗어 가며 내려갔고 바위도 그냥 점프해서 내려갔다. 어떤 분은 "야 너희 조심하며 가라" 걱정해주시기도 했지만 나랑 박지성은 그냥 막 뛰어 갔다. 쉬지 않고 막 뛰어가는데 앞으로 40분 남았다고 쓰여 있었다.

막 가다 좀 스산한 길이 있었는데 거기서 갑자기 고라니? 사슴? 같은 동물 두 마리가 갑자기 튀어나와서 소스라치게 놀랐다. 산속에서 저런 동물을 본 것은 처음이었다. 그리고 다시 뛰어 내려갔다. 그러다 도착했다. 한라산에서 12시 50분에 내려오기 시작했는데 도착한 시간은 2시 45분쯤 됐다. 약 2시간 만에 내려온 것이다. 애들이 내려오기까지 버스에서 1시간 좀 넘게 애들을 목 빠지게 기다렸다. 우리 다음 두 번째로 유연이가 내려오고 하나둘씩 애들이 내려왔다. 내려오고 난 후에는 내가 정말 한라산을 등반했구나, 라는 게 실감이 났다. 정말 힘들었지만 그 힘든 것이 오늘 내가 본 풍경의 값을 치러준 거라고 생각한다. 뜻깊은 시간이었다.

만약 지인들한테 "나 구봉산 다녀왔어." 하면 별로 안 놀랄 텐데 "나 한라산 다녀왔어." 하면 놀랄 것이다.

그리고 한라산 등반하며 제일 다행이었던 것은 비가 안 와서 정말 다행이고 또 다행이었다.

과학 시간에 시 쓰기

과학 전담을 하던 어느 날 학교 운영위원장님이 집에서 낳은 강아지 네 마리를 학교에 주셨다. 마침 과학 전담을 맡고 있고, 3학년 과학 책에 동물의 한살이가 나와서 옳다구나 싶어 넙죽 강아지 네 마리를 받았다.

과학 실습비로 강아지 사료도 사고, 아이들은 목공 시간에 강아지가 살 수 있도록 집을 만들어주었다. 아침에 아이들이 학교에 오면 강아지 네 마리가 기다렸다는 듯이 아이들 곁으로 달려간다. 강아지가 마중을 나오니 아이들도 학교 오는 것이 마냥 즐겁기만 하다. 아이들도 강아지를 향해 달려가고 강아지도 아이들을 향해 달려가니 마치 오랫동안 보지 못한 이산가족이 상봉하듯 날마다 아침이면 학교 운동장에서 보기 힘든 진풍경이 벌어졌다. 아이마다 얼굴에 웃음꽃이 피고, 쉬는 시간이면 강아지를 보러 아이들이 몰려왔다.

막내 이나영(장승초 6학년)

우리 학교에는 막내라는 개가 있다.
막내는 사람을 좋아한다.
그렇지만 막내는
사람들이 모두 가버리면
혼자가 되고 만다.
막내를 보다가 교실로 들어가야 될 때
인사를 하면
막내의 눈빛은 나에게 이렇게 말한다.
'외로워, 가지마, 풀어줘.'
그렇게 모두가 다 가면
막내는 어떤 느낌일까?
울지만 않으면 좋겠다. (2016.7.18)

막내가 곁에 있으니 아이들은 순간마다 막내를 보면서 여러 가지
생각을 하게 된다. 단순하게 개 한 마리 키우는 수준이 아니다. 막내
처지가 되어 생각해보기도 하고, 평소 무심했던 아이들도 살피는 마음
이 더 생기게 되었다. 그래서 더 좋게 개집도 지어주고, 먹이도 당번을
짜서 준다. 주말이면 학교가 비게 되니 먹이를 주러 학교에 일부러 오

는 아이들도 있다.

막내는 벌써 10년이 훌쩍 지나 열 살이 넘었다. 사람 나이로 치면 노인에 해당한다. 하지만 여전히 막내는 장승에서 가장 사랑받는 대상이다. 장승 식구인지 아닌지 가릴 수 있고, 교무실도 알고, 학교 곳곳에 가야 할 곳과 가지 말아야 할 곳도 안다. 장승의 터줏대감이다.

예전에 나고 자란 어른들이야 집에서 누에를 키운 분들도 있겠고, 키우지는 않았지만 자라는 걸 본 분들이 제법 있지만 요즘 아이들은 누에를 본 아이들이 거의 없다. 더군다나 개미누에부터 시간을 두고 살필 일은 더욱 없다. 그래서 아주 작은 개미누에를 사서 아이들과 함께 길렀다. 신기하게도 아주 작은 그 개미누에가 살아 있음을 느꼈을 때 아이들은 또 다른 생명의 신비를 알게 된다.

개미누에 김현석(장승초 3학년)

개미누에가 꿈틀꿈틀
눈으로 보면 잘 모르겠는데
돋보기로 보면
아주 크게 꿈틀꿈틀
눈으로 보면 잘 모르겠는데
돋보기로 보면
신기하게도 크게 꿈틀꿈틀 (2013.6.19)

작은 개미누에가 1령이 지나고, 조금 크고 2령이 지나고 조금씩 조금씩 크면서 그걸 살피는 것도 재미나다. 와서 살피라고 하지 않아도 늘 과학실에 와서 오늘은 얼마나 컸나, 살피러 온다. 혹시 누에가 먹어야 할 뽕잎이 떨어지면 어쩌나 싶어 말하지 않아도 학교 뒷산에서 삼삼오오 뽕잎을 따오기도 한다. 점점 자라면서 누에가 5령 말기가 지나면 고치를 튼다. 그렇게 감아서 고치가 되면 아이들과 함께 따스한 물에 고치를 풀어서 실을 뽑는 것도 해보고, 나방이 되어 고치를 뚫고 나오는 것도 살피게 된다. 그 실이 비단실이라는 것도, 비단실로 만든 옷을 보여주면 더 많이 놀란다.

아주 작은 배추흰나비 알을 관찰하면 길쭉한 옥수수 모양인 것도 알게 되고, 서서히 자라서 알이 애벌레가 되는 과정을 살피며 그 애벌레가 배추(또는 케일)잎을 갉아먹는 모습도 보게 된다. 살아 있는 생명이 자라는 과정은 모두 신비함이다. 그런 신비함을 보고 시를 쓰는 마음도 참 귀하고 소중하다.

배추흰나비 애벌레 윤민(장승초 3학년)

꼬물꼬물
케일 잎 위에서
꼬물거린다.
우리 배추흰나비 애벌레는

먹보입니다.

네 마리나 되는 애벌레

케일을 먹고 자라

번데기가 되면

나비가 되어

텃밭에서 날고 있겠죠? (2013.9.2)

과학 전담을 하던 해에 학교에 부화기를 하나 장만했다. 알이 부화하는 모습을 아이들에게 보여주고 싶었다. 그리고 태어난 병아리를 키우고 닭이 되는 모습도 보고, 닭이 또 알을 낳고 자연 부화하는 모습을 보여주고 싶었다. 그해에 부화한 병아리들은 학교 뒷산 쪽에 아빠들이 닭장을 만들어주었다. 그곳에서 무럭무럭 자라서 정말 자연 부화도 하고, 그 안에서 또 병아리가 태어났다.

병아리 최인겸(장승초 3학년)

삐약거리던 병아리가

많이 많이 컸다.

한때 깨어나다가

죽은 불쌍한 내 병아리도

하늘나라에서
잘살고 있을까?
날갯짓도 잘하고
간지러운 곳도
잘 긁는다. (2013.9.17)

아이들은 날마다 들러서 병아리를 살피고 마음을 주었다. 뒷산에 있
는 풀도 뜯어서 넣어주고, 알도 모아서 학부모들에게 팔아 기부금도 만
들었다. 나날이 병아리가 자연 부화하니 닭 숫자도 늘어났다. 그런데
어느 날 닭장이 있던 곳에 새 건물이 들어서게 되었다. 아이들에게는
날벼락이었다. 아이들과 선생님들이 자치회에서 살아 있는 닭들을 어
찌해야 할지 여러 번 토론한 결과 봄 운동회 때 운동장에 닭을 풀고, 닭
을 잡은 사람들이 가져가기로 했고, 운동회 날 각자 잡아서 가져갔다.
　과학 전담을 한 해 하면서 아이들과 좌충우돌 여러 살아 있는 생물
들을 키웠다. 그러면서 아이들은 또 다른 새로운 생명을 알게 되고, 그
렇게 더 생각도 깊어지리라 믿는다.

우리글 바로 쓰기

　말을 다루는 것은 의사소통 말고도 중요한 알맹이라 할 수 있는 말의 얼이 있다. 하지만 수십 년 학교 교육에서 말의 얼은 다소 무시되고 교과서에서는 미국의 국어교육을 흉내 내어 따라가느라 다루지 못한 부분이 있다. 또한 우리말과 글로 생각을 드러내고 적은 역사가 기껏해야 50년 안팎으로 짧은 편이다.

　소쉬르(말 사용 이전을 '랑그', 사용 이후를 '파롤'이라고 함) 이전에는 '말씀은 하나님과 같이 거룩한 것이기에 사람들이 함부로 다루어서는 안 된다.'고 생각했다. 소쉬르는 언어가 진정한 과학이 되기 위해서 말을 깨뜨려야 한다고 생각하고 언어는 도구라고 말했던 것이다. 하지만 일제 강점기 역사를 거치면서 소쉬르의 근본 바탕이 되는 생각과는 다르게 경성제국대학 고바야시 교수의 영향을 받아 단지 언어는 '도구'라고 주장하게 되었다. 언어는 신성하고 소중한 것이라는 바탕에 '도구'라는 주장을 해야 하는데, 근본은 쏙 빼고 도구라고 주장을 한 것이다. 여기에는 교묘한 속셈이 있었는데 '굳이 조선말을 고집할 필요가 있느냐? 소통만 되면 되지 않느냐?' 하고 주장하기 위한 바탕이 되었다. 이희승 학자를 비롯한 우리 학자들이 지금까지 그 생각을 이어받아 지금 우리 아이들이 공부하고 있는 교과서도 '언어는 도구'라는 생각이 밑에 깔려 있다.

　우리가 일상생활에서 흔히 쓰는 말에도 별 문제의식이 없이 쓰는 말이 제법 많다. 그 가운데 '감사합니다'나 '고맙습니다'는 아마도 일상생활에서 가장 많이 쓰는 말이 아닐까 싶다. 큰 생각 없이 '감사합니다'를 썼다가 어떤 때는 '고맙습니다'도 때때로 쓴다. 같은 우리말이자 같은 뜻으로 알기 때문이다. 하지만 따져보면 뿌리가 같은 우리말이 아니다. 일제 강점기 전에 우리나라에서 나온 어떤 자료를 찾아보아도 '감사하다'는 표현을 찾아볼 수 없기 때문이다. 우리 민중이 쓰지 않았다는 말이다.

'감사합니다'는 일제 강점기를 거치면서 들어왔는데 일본어 かんしゃ(감사, 感謝), 일본식 발음으로 '간샤'라고 읽는다. 여기서 '감(感)'은 일본의 신(神)을 나타낸다. 말 그대로 아주 많이, 엄청나게 신에게 머리 숙여 표현해라, 하는 말이다. 다시 말하면 일본 신에게 머리 숙여 고마움을 표하는 말이기도 하다.

'고맙습니다'는 일제 강점기 전에 썼던 고유한 우리말이다. 여기서 '고마'는 '곰'을 뜻한다. 단군신화에 나오는 바로 그 곰이다. 신화에 나오듯 우리 민족은 오랫동안 곰을 숭상했고, '곰' 신은 존경의 대상이었다. 따라서 '곰답다'는 표현은 우리가 숭상하는 신만큼 당신을 사랑한다는 뜻이기도 하다. 진심으로 사랑과 존경의 마음을 듬뿍 담은 말이다. 그런데도 많은 사람들이 '고맙습니다'보다는 '감사합니다'가 더 귀하고 존중하는 말인 것처럼 착각하는 경우가 제법 많다. 어떤 일본인이 말하길 한국말에도 '고맙다'는 표현이 있을 터인데, 왜 일본말인 '감사합니다'를 쓰느냐며 이해할 수 없다는 말을 했다고 한다. 나라마다 고맙다는 표현은 생활양식이나 문화가 다르기에 다 다를 수밖에 없다. 하지만 슬프게도 일제 강점기를 거치며 '감사합니다'라는 표현이 마치 오래전부터 쓰던 우리말인 것처럼 자리 잡았다.

'-적'이라는 표현도 그렇다. '일반적', '기본적', '공통적' 따위 말은 이젠 우리말이 되어서 쓰지 않는 것이 어색할 정도다. 하지만 이 말도 일제 강점기 때, 그 유명한 육당 최남선은 일본에서 공부를 하고 온 최고 지식인이었다. 그는 우리 잡지에 처음으로 '-적'이라는 표현을 쓰기 시작했다. 지식인이 쓰는 말은 민중들에게 큰 영향을 끼친다. 그렇게 썼던 '-적'이라는 표현은 지금은 문장이나 글 한 편에서 안 쓰는 게 불편할 정도다.

'감사합니다', '-적'이라는 표현은 글을 쓸 때 머리로 알아차리고 생각하지 않으면 무의식 가운데 자연스레 쓰고 만다. 하지만 이 말이 어떤 유래로 우리말이 되었는지 알고 쓴다면 조금은 줄일 수 있지 않을까. 일본이 우리말을 없애려 했던 까닭은 말은 곧 우리 민족의 '얼'이자 '혼'이기 때문이었다. 따라서 말이 사라지면 '얼'과 '혼'이 사라지는 것과 마찬가지다.

한자어도 일본에서 들어온 말과 크게 다르지 않다. 우리말의 약 7할이 한자말이라는 소리로 초등학교부터 한자어를 가르쳐야 한다는 주장은 지금도 진행형이다. 하지만 중국말인 한자어를 쓰던 시절, 우리 민중은 말은 할 수 있었지만 말을 한자어로 표현하거나 읽을 수 없었다. 오직 양반들만 쓸 수 있던 한자어는 양반들을 더욱 특별한 사람들로 여기게 했다. '어디 감히 양반이 쓰는 말을 상놈들이 써?' 하고 생각하게 했다. 누구나 읽을 수 있는 한글을 썼다면 양반들이 누렸던 지식인이라는 말이 특별하게 들리지 않을 터이니 그 특별함을 '한자어'라는 말로 누리고 싶었으리라.

'고맙습니다' 하면 쉬운데 굳이 '감사합니다' 해야 점잖고, '밥 먹자' 하면 쉬운데 구태여 '식사하자'라고 해야 유식한 듯하다. '걱정스럽다' 하면 될 것을 '우려스럽다'고 굳이 말한다. '쉬운 말', '또렷한 말', '아름다운 말', '누구나 다 알아들을 수 있는 말'이 바로 좋은 말이자 귀한 우리말이다.

아이들과 귀한 우리말 공부를 꼭 하면 좋겠다. 이오덕 선생님이 쓰신 《우리글 바로쓰기 세트》(한길사, 2009)는 아이들 수준에서 꼭 알아야 하는 낱말이나 문장을 공부하기에 좋다.

글쓰기로 함께 성장하는 교실

앞에서 이야기한 것처럼 어떤 것이든 마음을 주게 되면 좀 더 의미 있게 다가온다. 하지만 아무리 좋은 경험도 스스로 마음을 주지 않으면 별 의미 없는 경험이 되고 만다. 그래서 좋은 겪기를 하고, 꼭 글쓰기를 하는 과정이 필요하다.

겪기는 일회성이 아니라 학교 철학에 따라 지속성을 유지하며 해야한다. 그런 까닭은 몸과 마음의 문제 때문에 그렇다. 몸과 가장 가까운 마음은 느낌(오감-눈으로 보고, 귀로 듣고, 냄새를 맡고, 입으로 맛보고, 손으로 만지는 것)이다. 좋은 느낌, 즉 좋은 것을 보고 듣고 냄새 맡고 맛보고 만질 때 좋은 느낌이 쌓여서 느낌보다 좀 더 깊은 마음인 생각이 좋아지게 된다. 그리고 좋은 생각이 쌓이면 생각보다 더 깊은 마음인 뜻을 세우게 된다. 몸과 마음은 붙어 있기에 따로 떼어서 설명할 수 없다. 그래서 더욱 좋은 겪기는 초등 또래 아이들에게 중요하다. 그래서 겪기를 계획할 때는 "올해는 어디 갈까요?" 하고 해마다 정할 일이 아니라, 학교의 철학을 또렷하게 세우고 6년 동안 체계를 잡아 꾸준히 겪기 계획을 짜야 한다. 장승초에서 6년 동안 놀이공원에 가지 않고 해마다 학년에 따라 고원길 걷기나 지리산 둘레길 걷기, 지리산 종주를 꾸준히 하는 것도 이런 까닭이다.

이렇게 겪은 일은 좋은 글쓰기 소재가 된다. 마땅히 평범한 하루 생활에도 다 글쓰기가 되지만 자신이 의미 있게 한 활동은 더 활발한 글쓰기가 된다.

꾸준한 글쓰기를

과학 시간에 글쓰기를 할 수 있는 것처럼 다른 시간에도 글쓰기를 할 수 있다. 여러 겪기를 하거나 공부하고 나서 글을 쓰는 것은 내용을 정리하는 아주 좋은 전략이기도 하다.

모든 시간에 매번 글쓰기를 할 수는 없겠지만 주마다 한 번 또는 두 주에 한 번씩 꾸준히 글을 쓰는 시간을 정해놓고 글을 쓰면 좋다. 아이들도 자연스레 이번 시간에는 글을 쓰겠구나, 하고 생각하게 된다. 그러면 어떤 내용으로 글을 쓸지 미리 정하게 되고, 좀 더 자연스럽게 글을 쓸 수 있게 된다. 앞의 글쓰기 내용처럼 학년 초에 아이들에게 글쓰는 방법을 가르치고 한 달 정도 지났을 때부터 꾸준히 하는 것이 좋다. 무엇이든 첫술에 배부를 수 없으니 인내심을 가지고 지도해야 한다.

처음 글쓰기를 지도할 때는 나는 왜 글쓰기 지도를 잘 못할까, 다른 선생님들은 잘 지도해서 글이 참 좋은데 내가 지도하는 아이들은 왜 글을 잘 못 쓰지, 하고 고민하게 된다. 그런데 처음부터 잘 지도하는 교사는 없다. 특히 글쓰기는 더욱 그렇다. 나름의 노하우가 쌓여야 하고, 금세 글쓰기 실력이 느는 것이 아니다. 한 해 내내 지도해도 나아지지 않는 아이들도 있다. 그 아이는 올 한 해 꾸준히 지도했다면 내년에 다른 선생님과 지내면서 글을 잘 쓰게 되겠지, 하고 생각해야 한다.

스스로 결정하는 교실

글쓰기로 삶을 가꾸는 교실은 몇 가지 특징이 있는데, 그 가운데 가장 또렷한 것은 아이들 스스로 결정하고, 결정한 것을 존중하는 학급 문화가 잘 이루어진다는 점이다. 자치가 잘 된다는 교실에서도 벌 규칙만 정하다가 한 해가 간다는 이야기를 들은 적이 있다.

"떠든 사람은 운동장 세 바퀴를 돌아야 합니다."

"욕을 한 사람은 반성문을 쓰게 해야 합니다."

"공부 시간에 떠든 사람은 뒤에 서 있어야 합니다."

스스로 정하는 규칙인데 아이들은 좋은 규칙이 아니라 좋지 않은 규칙으로 스스로 삶을 옥죄는 경우가 종종 있다. 물론 지키지 않는 사람들 때문에 규칙을 지키는 사람이 피해를 보거나 교실 분위기가 안 좋아질 수 있기 때문에 그런 의견을 내고 규칙을 정하게 된다. 하지만 문제는 통제한다고 규칙이 더 잘 지켜지지 않는다는 것이다. 지켜지지 않으면 좀 더 강한 규칙을 만들게 되고, 좀 더 강한 규칙이 나오게 된다. 그러다 어느 순간에 아무도 지킬 수 없는 무시무시한 규칙이 생겨난다. 악순환이 되는 셈이다.

선순환 교실에서는 좋은 실천을 하는 사람을 칭찬하고 더 잘하려고 노력하는 분위기가 형성된다. 혹시 잘못한 것이 있더라도 비난하거나 소외시키는 것이 아니라 다음에는 잘 할 수 있도록 격려하고 응원한다. 물론 이런 과정에서 긍정의 생각으로 분위기가 만들어질 수 있도록 담임교사가 중요한 역할을 해야 한다. 꾸준한 글쓰기만큼 꾸준한 교실 회의도 보장해주어야 한다. 결정된 것은 <u>스스로</u> 지킬 수 있도록 해야 한다.

일기 쓰기, 어떻게 할까?

요즘은 일기를 쓰지 않는 교실이 많다. 무엇보다 사생활을 중요하게 생각하는 요즘은 더욱 그렇다. 2005년 국가인권위원회에서 일기 검사가 어린이의 사생활 비밀과 자유 등 헌법에 보장된 아동 인권을 침해한다며 교육부에 개선을 권고하였고, 2010년부터 서울과 광주, 경기 등 몇몇 교육청에서도 학생 인권 조례를 만들어 교직원이 학생 개인의 기록물을 보지 않도록 하는 조항을 넣기도 했다. 다만 날마다 일기 쓰기를 강요하지는 않더라도 소통과 나눔의 의미로 모둠 일기를 써보는 것이 어떨까 생각해본다. 한 해 내내 하지 않고 한 학기에 한 달 또는 두 달 정도 쓰면 좋겠다. 또 다섯 명의 아이가 한 모둠이 되어 한 권의 일기장에 한 주에 한 번 돌아가면서 쓰면 된다. 주마다 한 번이니 부담이 적고 다른 아이들이 어찌 살고 있는지 살필 수 있다. 또 그 일기 아래에 댓글도 달 수 있다. 물론 교사도 댓글을 단다. 다만 한 주에 한 번이니 대충 쓰지 않고 정성 들여 쓸 수 있도록 해야 한다. 하지만 이렇게 모둠 일기를 하면서도 일기장을 놓고 오거나 쓰지 않는 아이들도 있다. 그러면 다음 날로 미뤄 꼭 써올 수 있도록 해야 한다. 너무 오랜 기간 모둠 일기를 쓰면 되레 역효과가 날 수 있으니 기간 조절도 잘 해야 한다.

학생 수가 많거나 학급에 학부모 호응을 높이기 위해 학부모, 아이와 함께 모둠 일기를 쓰는 것도 좋다. 학부모들이 쓴 모둠 일기는 따로 엮어서 문집으로 내도 좋다.

글쓰기로 함께 성장하기

평생 글쓰기 지도를 하다 돌아가신 이오덕 선생님은 시에 대해 말씀하시기를 "시는 가슴으로 마음으로 느끼는 것이고, 온몸으로 쓰는 것"이라고 하셨다. 머리로 짜 맞추거나 거짓으로 지어서 쓴 시는 좋은 시라 할 수 없다. 가슴 그대로 느끼고 겪고 사는 삶이 곧 시를 쓰는 마음이고 시의 마음이다. 시뿐만 아니라 모든 갈래의 글쓰기가 그렇다. 자신의 마음을 꾸미지 않고, 있는 그대로 드러내고 삶의 관점에서 글을 바라보는 시선이 중요하다.

이오덕 선생님도 한 해 동안 꾸준히 글쓰기 지도를 했던 아이가 다음 해가 되니 담임 맡기 전과 같은 글을 쓰는 모습을 보고 안타까웠다는 말을 하셨다고 한다. 그럼에도 그 아이가 한 해 동안 배우고 익힌 삶을 가꾸는 글쓰기는 사라지지 않는다. 단순히 글쓰기 재주가 아니라 삶과 동떨어지지 않았기 때문이다.

한 해 동안 담임을 맡으면서 꾸준히 글쓰기 지도를 했던 아이들이 나중에 자라서 그때 글쓰기 공부했던 것이 많은 도움이 되고 있다는 이야기를 할 때면 마음이 참 뿌듯해진다. 물론 아이가 자라는 과정에서 애쓴 여러 선생님 노력으로 아이는 성장하겠지만 그 과정에서 도움이 되었다는 뿌듯함이 있기 때문이다.

나는 왜 글쓰기 지도가 잘되지 않을까, 하고 실망이 크던 때가 있었다. 생각해보니 공부는 아주 짧게 해놓고 큰 결과를 바랐다. 나부터 더 공부하고, 글을 쓰고, 삶으로 실천하며 살지도 않으면서 눈에 보이는 아이들 글쓰기 지도는 잘하고 싶었던 게다. 하지만 뜻대로 잘되지 않았다. 시간이 지나면서 책도 더 읽고, 글을 쓰는 노력도 하면서 점차 글을 보는 힘도 생기게 되었고, 스스로 글을 쓰는 힘도 생기게 되었다. 하루 아침에 되는 건 정말 없구나, 하는 깨달음을 얻게 되었다. 글쓰기 지도에 대한 조급함도, 아이들에 대한 욕심도 조금씩 내려놓게 되었다.

천천히 노력하다 보면 언젠가는 되겠지, 하는 느긋한 마음으로 글쓰기 지도를 했으면 좋겠다. 과정이 조금 힘들고 어려움이 있더라도 한 계단씩 천천히 밟아가다 보면 어느새 원하던 고지에 다다르는 것처럼 글쓰기로 성장하는 과정도 마찬가지가 아닐까? 이런 과정에서 교사인 나도, 아이들도 성장한 모습을 발견하게 된다.

킹콩샘의 어린이 글쓰기 수업

1판 1쇄	2023년 11월 15일
지은이	윤일호

펴낸이	윤을식
펴낸곳	도서출판 지식프레임
출판등록	2008년 1월 4일 제 2023-000024호
전화	(02)521-3172
팩스	(02)6007-1835
이메일	editor@jisikframe.com
홈페이지	http://www.jisikframe.com

ISBN	979-11-982213-4-6 (03370)